USANDO O ARENA EM SIMULAÇÃO

SÉRIE PESQUISA OPERACIONAL

VOLUME 3

DARCI PRADO, Ph.D.

MAGNO YAMAGUCHI

USANDO O ARENA EM SIMULAÇÃO

SÉRIE PESQUISA OPERACIONAL

VOLUME 3

falconi

Av. Presidente Juscelino Kubitschek, 1327 – 17° andar
Itaim Bibi – São Paulo – SP – Brasil – CEP: 04543-011
Tel.: +55 11 3512-6000
<www.falconi.com>

Ficha catalográfica

P896u Prado, Darci Santos do.
Usando o ARENA em simulação / Darci Santos do Prado. — 6ª ed. — Nova Lima: Falconi Editora, 2019. — (Série Pesquisa Operacional, vol. 3)

388 p.: il.

ISBN: 978-85-5556-025-5

1. Arena (Programa de computador). 2. Simulação (Computadores). 3. Pesquisa operacional. I. Título.

CDD: 519.6.86

Capa: África São Paulo Publicidade Ltda.

Editoração eletrônica: Jeferson Teixeira Soares

Revisão do texto: Dila Bragança de Mendonça

Para Rosana Freire Costa

Sumário

Apresentação

Simulação é uma palavra que recebe várias definições, mas é de conhecimento geral que, quando alguém "simula" algo, está reproduzindo ou imitando alguma coisa. Essa noção básica se mantém intacta na técnica denominada "simulação de eventos discretos", que é parte da pesquisa operacional.

Esse tipo de simulação reproduz o comportamento dinâmico de sistemas como células produtivas, transporte e armazenagem, siderurgia, centrais de atendimento telefônico, entre outros, permitindo medir seu desempenho e testar novas situações.

Desde que a Paragon começou a trabalhar com simulação em 1992, muitas coisas mudaram. Quando começamos, não era comum encontrar nas empresas alguém que conhecesse essa técnica e, mais raro ainda, quem a usasse. Naquela época, havia um ou dois computadores nas companhias, e nossos treinamentos eram mais longos, pois os alunos precisavam antes aprender a usar uma "peça tecnológica" exótica – o *mouse* – para poderem trabalhar com o ARENA.

Hoje o computador é praticamente um eletrodoméstico e está na mesa de qualquer profissional. Usar o *mouse* é quase tão natural quanto respirar. A simulação é ensinada nas melhores faculdades de engenharia, e a maioria delas usa o ARENA. O mercado está cheio de profissionais que conhecem essa técnica e também a ferramenta, e já sabem que não precisam ficar no escuro na hora de tomar decisões difíceis, arriscadas, com grandes investimentos envolvidos. Basta usar simulação e testar as alternativas antes de escolher qual delas vai ser usada.

Nesse cenário, o livro do Professor Darci Prado é uma importante contribuição e fonte de conhecimento. É uma publicação que já conta com algumas gerações de alunos que aprenderam e continuam aprendendo com ela. O ARENA evoluiu muito nos últimos anos, mas manteve intacta a maneira como se constrói o modelo e as estruturas usadas. Sua linguagem simples e intuitiva é aqui apresentada de forma bastante didática e abrangente.

São Paulo, junho de 2012

Marcelo Moretti Fioroni, Prof. Dr. Eng°

Diretor de Pesquisa e Desenvolvimento

marcelo@paragon.com.br

Paragon Tecnologia – <www.paragon.com.br>

Prefácio

Simulação é uma técnica de planejamento largamente difundida no mundo atual, principalmente nos EUA, no Japão e na Europa. No Brasil essa técnica tem sido utilizada, principalmente no ambiente das grandes empresas desde a década de 1970. Entre os programas atualmente existentes, o ARENA é um dos mais utilizados em todo o mundo tanto por empresas quanto por universidades. No Brasil ele é, sem sombra de dúvidas, o mais popular. Lançado pela Systems Modeling (USA) em 1992, ele sucedeu a SIMAN e CINEMA, produtos que também tiveram muito sucesso. A versão atual é produzida pela Rockwell *Software*.

Este livro é o resultado de uma longa vivência com o assunto (desde 1972) como professor na Escola de Engenharia da UFMG e como consultor ou analista de sistemas na IBM, DPI, FDG e Falconi Consultores S.A. Neste livro apresentamos o *software* ARENA e esperamos que, ao final do seu estudo, o leitor esteja apto a modelar sistemas reais de média complexidade. É importante lembrar que o ARENA é um *software* muito poderoso e, obviamente, é impossível esgotar seus recursos em um livro desse porte. Assim, os manuais do fabricante são necessários aos que desejam mais aprofundamento.

Agradecemos à preciosa ajuda de Luiz Augusto Francese, da Paragon (representante para a América Latina da Rockwell System, USA) pela cessão da cópia do ARENA que é distribuída neste livro. Ao Dr. Luiz Cláudio M. Montenegro, da UFMG, pelas sugestões e auxílio na solução de exercícios. Ao Victor Viana pelo apoio na criação do material disponível na internet.

Darci Prado

Belo Horizonte (MG)

1ª edição – setembro 1999

6ª edição – outubro 2019

Capítulo 1

Simulação

1 Simulação

Ao efetuar certos tipos de estudos de planejamento, é comum depararmos com problemas de dimensionamento, desempenho ou fluxo cuja solução é aparentemente complexa. O cenário pode ser a linha de produção de uma fábrica, o trânsito de uma cidade, o fluxo de documentos em um escritório, o movimento de navios e cargas em um porto, o movimento de veículos, equipamentos e minério em uma mineração, etc. Estes estudos podem ser efetuados para obter modificações de *layout*, ampliações de fábricas, troca de equipamentos, reengenharia, automatização, dimensionamento de uma nova fábrica, etc. Geralmente estamos interessados em dimensionar:

- A quantidade correta de equipamentos (sejam eles máquinas, veículos, etc.) e de pessoas;
- O desempenho de processos, equipamentos e pessoas;
- O melhor *layout* e o melhor fluxo dentro do sistema que está sendo analisado.

Ou seja, desejamos que o sistema tenha um funcionamento **eficiente**. Algumas vezes procuramos uma solução **otimizada** e, em outras, apenas a **mais adequada**. Por ***otimizado*** queremos dizer que teremos um ***custo adequado*** e que teremos ***usuários satisfeitos*** com o ambiente ou com o serviço oferecido. Dizemos também que um sistema ou processo adequadamente dimensionado está **balanceado**. Chamamos tais estudos de **modelagem de sistemas.**

1.1 Modelagem de sistemas

Estudos de modelagem de sistemas podem envolver modificações de *layout*, ampliações de fábricas, troca de equipamentos, reengenharia, automatização, dimensionamento de uma nova fábrica, melhorias nos processos existentes, etc. Assim, dado um objetivo de produção ou de qualidade de atendimento, o estudo vai procurar definir a quantidade de atendentes (equipamentos, ferramentas, veículos, etc.) e pessoas que devem ser colocados em cada estação de trabalho, assim como o melhor *layout* e o melhor fluxo. Ou também vai procurar identificar novas e melhores formas de executar os processos existentes. Para dimensionar adequadamente um sistema, devemos dedicar especial atenção aos **gargalos**, ou seja, pontos onde ocorrem **filas**.

Dentre as técnicas disponíveis para a **modelagem de sistemas** temos a **teoria das filas** e a **simulação**, que é a mais utilizada. A teoria das filas é um método analítico que aborda o assunto por meio de fórmulas matemáticas. Já a simulação é uma técnica que, usando o computador digital, procura montar um modelo que melhor represente o sistema em estudo. Simulação, como o próprio nome indica, é uma técnica que permite imitar o funcionamento de um sistema real. Os modernos programas de computador permitem construir modelos nos quais é possível visualizar na tela o funcionamento do sistema em estudo, tal como em um filme. Podemos visualizar o funcionamento de um banco, uma fábrica, um pedágio, um porto, um escritório, etc., tal como se estivéssemos em uma posição privilegiada em cada um desses cenários. Antes de efetuar alterações em uma fábrica real, podemos interagir com uma **fábrica virtual**. A junção da tradicional teoria da simulação com as técnicas modernas de computação e jogos (tais como *videogames*) tem possibilitado esses avanços.

1.2 Aspectos históricos

1.2.1 Teoria das filas

A abordagem matemática de filas se iniciou no princípio do século XX (1908), em Copenhague, Dinamarca, com A. K. Erlang, considerado o pai da teoria das filas, quando trabalhava em uma companhia telefônica estudando o problema de redimensionamento de centrais telefônicas. Foi somente a partir da Segunda Guerra Mundial que a teoria foi aplicada a outros problemas de filas. Apesar do enorme progresso alcançado pela teoria, inúmeros problemas não são adequadamente resolvidos em decorrência de complexidades matemáticas.

1.2.2 Simulação

Com o surgimento do computador na década de 1950, a modelagem de filas pôde ser analisada pelo ângulo da simulação, em que não mais se usam fórmulas matemáticas, mas apenas se tenta imitar o funcionamento do sistema real. As linguagens de simulação apareceram na década de 1960 e hoje, graças aos microcomputadores, podem ser facilmente usadas. A técnica de **simulação visual**, cujo uso se iniciou na década de 1980, teve uma aceitação surpreendente por causa da sua maior capacidade de comunicação. Além disso, por ter um menor nível de complexidade, seu uso também cresceu enormemente. O ensino dessa técnica ainda se concentra em escolas de graduação, mas já tem havido iniciativas em ensino de segundo grau (cursos técnicos). Algumas linguagens são mundialmente conhecidas, como GPSS, GASP, SIMSCRIPT, SIMAN, ARENA, PROMODEL, AUTOMOD, TAYLOR, etc.

1.3 Aplicações de simulação

A simulação tem inúmeras aplicações no mundo atual, nas áreas mais diversas, que vão desde produção em uma manufatura até o movimento de papéis em um escritório. Costuma-se dizer que "tudo que pode ser descrito pode ser simulado". Vejamos algumas dessas aplicações.

1.3.1 Linhas de produção

Esta é a área que tem apresentado a maior quantidade de aplicações de modelagem. Inúmeros cenários se encaixam nesse item, desde empresas manufatureiras até minerações. Os seguintes casos podem ser analisados:

a) Modificações em sistemas existentes, tais como as produzidas pela expansão da atual produção, pela troca de equipamentos ou pela adição de novos produtos, que vão afetar a dinâmica do atual processo. Pode se antecipar onde serão formados os gargalos oriundos de modificações no sistema existente. Pela introdução de modificações apropriadas (tais como modificações no fluxo, alterações na programação das atividades ou pela adição de novos recursos), após algumas tentativas pode-se chegar ao melhor modelo que incorpore as modificações requeridas.

b) Um setor de produção totalmente novo pode ser planejado, obtendo-se o melhor fluxo dentro dele.

c) A melhor política de estoques pode ser obtida por meio de simulação. O modelo deve incluir a função "solicitação de material" e a função "atendimento pelos fornecedores". Como resultado se obtém o "ponto de pedido" e a "quantidade do pedido".

d) O efeito de alterações nas características das variáveis do processo tais como a redução da variabilidade ou deslocamento da média. Por exemplo, se uma etapa do processo existir oportunidades em padronizar o trabalho manual de pessoas, podemos simular o efeito no resultado final com a redução da variabilidade entre pessoas.

1.3.2 Logística

Esta é outra área em que temos observado uso crescente de simulação. O cenário pode ser uma fábrica, um banco, o tráfego de uma cidade, etc. O meio de transporte pode ser empilhadeira, caminhão, trem, navio, etc. Além disso, aspectos inerentes a empresas que trabalham exclusivamente com transportes podem ser analisados, tais como os que são detalhados a seguir.

No **transporte ferroviário**, o pátio de consertos e serviços apresenta problemas interessantes, que incluem o número e a localização dos desvios e da alocação de máquinas de serviço (com base em uma tabela de trens e carros a serem removidos ou adicionados), além da tabela de horários de trens diretos que passam pelo local. Por outro lado, o sistema ferroviário pode ser analisado como um todo, com o objetivo de minimizar o movimento de carros vazios.

No **transporte marítimo e aéreo**, as aplicações se referem à confecção da tabela de horários e ao dimensionamento de portos e aeroportos.

No **modelo rodoviário**, é possível dimensionar um pedágio ou estabelecer o melhor esquema do fluxo de veículos pelas ruas de uma cidade, com a duração dos semáforos, de modo a melhorar o serviço, agilizando o sistema e, consequentemente, diminuindo os gastos com combustível.

No **modelo de elevadores**, é possível minimizar o tempo de espera e o custo de movimentação dos elevadores, pois quanto mais paradas ocorrem entre andares maior o custo. A partir da distribuição de chegada de pessoas aos vários andares, juntamente com seus destinos, é possível utilizar um modelo para determinar o número de elevadores em funcionamento para atender um dado padrão de serviço.

1.3.3 Comunicações

Uma ampla variedade de problemas de comunicação pode ser analisada pela modelagem de filas. A configuração ótima de uma rede de comunicações pode ser modelada. Informações sobre o tempo de resposta e sobre chamadas perdidas podem ser obtidas. Regras para análise de rotas alternadas podem ser comparadas, e um estudo econômico pode avaliar o valor de concentradores, canalizadores de linha, etc. Empresas de telefonia podem fazer proveitosos usos dessa técnica no estudo de seus complexos de comunicações.

1.3.4 Bancos, supermercados, escritórios, etc.

Pela simulação pode se dimensionar o número de caixas de modo que as filas se mantenham abaixo de um valor especificado. Pode-se também avaliar o uso de caixas especiais, tais como "caixas rápidos" dos supermercados. No caso de bancos, o uso de "fila única" pode trazer um melhor atendimento aos clientes, apesar de poder assustar pelo tamanho que geralmente costuma ter.

1.3.5 Confiabilidade

A confiabilidade (ou disponibilidade) de um sistema complexo frequentemente deve satisfazer rigorosas necessidades. Isso é bastante válido para sistemas militares ou de computadores *online*. A simulação é uma excelente ferramenta para se obter uma medição quantitativa da confiabilidade do sistema, se as características dos componentes individuais são conhecidas. Especificamente, o tempo médio de falha e o tempo médio de reparo de cada componente devem ser conhecidos, em adição ao tempo necessário para substituir cada componente. Um planejamento de manutenção preventiva pode também ser construído por meio da simulação. Mediante diversas tentativas no modelo, os componentes vitais de estoque podem ser determinados. Isso pode ser feito para diferentes requisitos de disponibilidade do sistema e, então, obtém-se a relação entre disponibilidade e custo total. A validade da duplicação de certos componentes do sistema também pode ser testada. Modelos dessa natureza têm sido usados para os mais diversos testes de sistemas, desde sistemas de processamento de dados até esquadrões aéreos.

1.3.6 Processamento de dados

A modelagem de filas tem sido amplamente usada pelas empresas que desenvolvem computadores e pelas universidades para medir a produtividade ou o tempo de resposta de um sistema de computadores e terminais. A área de teleprocessamento tem inúmeras opções de uso. Outra área que está se tornando popular dentro da comunidade de informática é o estudo de *performance* e de capacidade, que permite identificar gargalos e indicar opções de crescimento.

1.3.7 *Call Center*

Empresas de *Call Center* podem contar com centenas de pessoas trabalhando simultaneamente no atendimento a clientes e são sujeitas a críticas dos usuários caso não ofereçam um serviço adequado. O correto dimensionamento da quantidade de atendentes é vital para manter tais empresas lucrativas e competitivas. Ademais, casos de fusão de empresas ou de adoção de um novo serviço são comuns, o que torna o dimensionamento particularmente importante.

1.4 Uso do computador em simulação

O conceito de simulação mais aceito atualmente é:

> Simulação é uma técnica de solução de um problema pela análise de um modelo que descreve o comportamento do sistema usando um computador digital.

Portanto, é parte da definição de simulação o uso do computador digital para se chegar aos resultados. O computador foi desenvolvido na década de 1940 e passou a ser usado comercialmente a partir de 1951. Na década de 1950 as linguagens FORTRAN e ALGOL foram bastante utilizadas para a confecção de programas de simulação. A principal característica dessa fase é o fato de que o usuário necessitava ter um forte conhecimento de programação ou então contar com o auxílio de um programador.

Na década de 1960 começaram a aparecer as linguagens de simulação baseadas no fato de que, de modo geral, qualquer programa de simulação era constituído de partes semelhantes. Entre as linguagens surgidas nessa década destacamos o GPSS, que foi criado em 1961 em um trabalho conjunto da IBM com os laboratórios BELL. Essa linguagem se tornou um ícone da simulação e por muito tempo foi a mais usada em todo o mundo em virtude de seu poderio e sua facilidade de uso.

Naquela década, apesar da existência das linguagens, poucos eram os computadores capazes de executar tais programas, tendo em vista que necessitavam de um espaço de memória não comum na época. Por exemplo, a versão inicial do GPSS requeria 170kb de memória e, na média, os computadores da época tinham algo em torno de 64kb de memória, e apenas os chamados computadores para uso científico eram capazes de atender as necessidades do GPSS.

A década de 1970 é chamada de década de ouro da simulação, pela enorme divulgação que essa técnica teve em todo o mundo. Novas linguagens foram desenvolvidas, tais como o GASP, SIMSCRIPT e EXELSIM. Naquela época já eram comuns computadores de 2Mb, e isso facilitou enormemente a difusão do uso da simulação. O *main-frame* continuava imperando.

A partir de meados da década de 1980, a simulação passou a explorar o enorme potencial do computador pessoal, e surgiu a chamada simulação visual. Essa é a onda que continua predominando e temos com essa habilidade programas como: ARENA, TAYLOR, PROMODEL, AUDOMOD, GPSS (nova versão), etc.

Neste livro vamos explorar os recursos do ARENA, que produz um resultado capaz de entusiasmar qualquer um no assunto, porque pode mostrar na tela imagens que lembram exatamente o processo que está sendo simulado, tal como se ele tivesse sido filmado.

1.5 Características de um *software* para simulação

Cada *software* de simulação tem uma característica básica que o diferencia dos outros: a **visão do mundo**. Esse termo significa a forma como o *software* foi concebido ou como ele vê um sistema a ser simulado. A consequência disso é que a maneira como os dados serão fornecidos a cada *software* é diferente dos outros, e os relatórios gerados também têm características peculiares.

Capítulo 2

Usando o ARENA em simulação

2 Usando o ARENA em simulação

O ARENA foi lançado pela empresa americana Systems Modeling em 1993 e é o sucessor de dois outros produtos de sucesso da mesma empresa: SIMAN (primeiro *software* de simulação para PC) e CINEMA, desenvolvidos em 1982 e 1984, respectivamente. O SIMAN é uma evolução da arquitetura do GPSS, lançado pela IBM em 1961 e que, durante anos, foi o líder entre os produtos de *simulação de uso geral* no mercado mundial. Em 1984 o SIMAN recebeu um complemento chamado CINEMA (primeiro *software* de animação para PC), que adicionava habilidades de animação gráfica. Esse conjunto foi continuamente melhorado e, a partir de 1993, os dois programas foram unificados e aperfeiçoados em um único *software*, o ARENA. A partir de 1998 a empresa Rockwell *Software* incorporou a Systems Modeling.

O ARENA tem um conjunto de blocos (ou módulos) que são utilizados para se descrever uma aplicação real. Esses blocos funcionam como comandos de uma linguagem de programação como o Fortran, Cobol, VB, Delphy, etc. Obviamente foram projetados sob a ótica da simulação e, por isso, facilitam muito a tarefa de programação.

Para simplificar o processo de construção de modelos, o ARENA usa uma *interface* gráfica para o usuário (ou GUI – *Graphical User Interface*), que em muito automatiza o processo e reduz a necessidade do teclado, pois o *mouse* é a ferramenta utilizada. Além de permitir a construção de modelos de simulação, o ARENA tem ainda ferramentas muito úteis:

- Analisador de dados de entrada *(Input Analyzer)*.
- Analisador de resultados *(Output Analyzer)*.

O *Input Analyzer* permite analisar dados reais do funcionamento do processo e escolher a melhor distribuição estatística que se aplica a eles. Essa distribuição pode ser incorporada diretamente ao modelo.

O *Output Analyzer* é uma ferramenta com diversos recursos que permite analisar dados coletados durante a simulação. A análise pode ser gráfica e tem ainda recursos para efetuar importantes comparações estatísticas.

2.1 A visão do mundo do ARENA

Tal como a maioria dos *softwares* de simulação, o ARENA visualiza o sistema a ser modelado como constituído de um conjunto de **estações de trabalho** que contêm um ou mais **recursos** que prestam serviços a **clientes** (também chamados de entidades ou transações), **que se movem através do sistema**. O movimento pode ser feito pela própria entidade ou por transportadores (empilhadeiras, por exemplo) ou correias. Essa característica básica pode ser usada de inúmeras maneiras. Podemos, por exemplo, ter:

- Pessoas (entidades) percorrendo as diversas seções *(stations)* de um supermercado onde efetuam compras;
- Um automóvel (entidade) sendo fabricado nas diversas seções *(stations)* de uma fábrica;
- Uma apólice de seguro (entidade) sendo processada nas diversas seções *(stations)* de uma seguradora;
- Clientes (entidades) chegam a um banco e utilizam os serviços dos diversos departamentos *(stations)* do banco.

Assim, para montar um modelo com o ARENA devemos inicialmente construir um desenho mostrando o sistema que está sendo simulado, constituído de (veja FIG. 2.1):

- Estações de trabalho (onde a entidade receberá algum serviço);
- Opções de fluxo para a entidade entre as estações de trabalho.

As opções de fluxo para a entidade serão tratadas pela lógica da programação do modelo. Por exemplo, em uma fábrica de geladeiras, a entidade é uma geladeira que vai sendo montada nas diversas estações de trabalho. O fluxo de uma entidade vai depender do modelo de geladeira que está sendo montado.

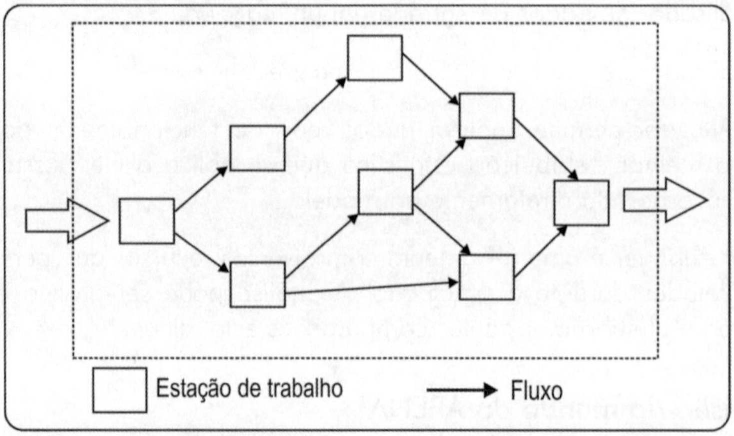

FIGURA 2.1 – Estações de trabalho e opções de fluxo para a entidade

2.2 Variáveis de um sistema

Para efetuar o dimensionamento de um sistema, sempre estaremos nos referindo a variáveis como o tempo de espera do cliente na fila, a quantidade de atendentes, etc. Em simulação, essas variáveis são randômicas, ou seja, são descritas por uma distribuição de probabilidades.

> O texto seguinte é um pequeno resumo de aspectos de teoria das filas. Caso o leitor se interesse, recomendamos a leitura do livro *Teoria das filas e da simulação* [1].

Consideremos o sistema de filas da FIG. 2.2, ao qual clientes chegam e entram em fila, onde há servidores (ou atendentes) para atendê-los. As principais variáveis randômicas utilizadas em dimensionamento são:

- Variáveis referentes ao sistema

  TS = Tempo médio de permanência no sistema

  NS = Número médio de clientes no sistema

- Variáveis referentes ao processo de chegada

  λ = Ritmo médio de chegada

  IC = Intervalo médio entre chegadas (*Time Between Arrivals* no ARENA)

  Por definição: $IC = 1/\lambda$

- Variáveis referentes à fila

  TF = Tempo médio de permanência na fila (*Waiting Time* no ARENA)

  NF = Número médio de clientes na fila (*Number Waiting* no ARENA)

- Variáveis referentes ao processo de atendimento

  TA = Tempo médio de atendimento ou de serviço (*Process Time* ou *Delay Time* no ARENA)

  c = Quantidade de atendentes

  NA = Número médio de clientes que estão sendo atendidos

  μ = Ritmo médio de atendimento de cada atendente

  Por definição: $TA = 1/\mu$

2.2.1 Relações básicas

Existem duas relações óbvias entre as variáveis randômicas da FIG. 2.2:

NS = NF + NA

TS = TF + TA

2.2.2 Taxa de utilização dos atendentes

Para o caso de uma fila/um atendente, chamamos de taxa de utilização do atendente à relação entre seu tempo total ocupado e o tempo total disponível. Pode se demonstrar, com alguma facilidade, que essa definição pode também se expressar por:

$$\rho = \lambda / \mu$$

em que λ = ritmo médio de chegada e μ = ritmo médio de atendimento.

No caso de "uma fila/vários atendentes", a expressão se torna:

$$\rho = \lambda / c\,\mu$$

em que c é o número de atendentes.

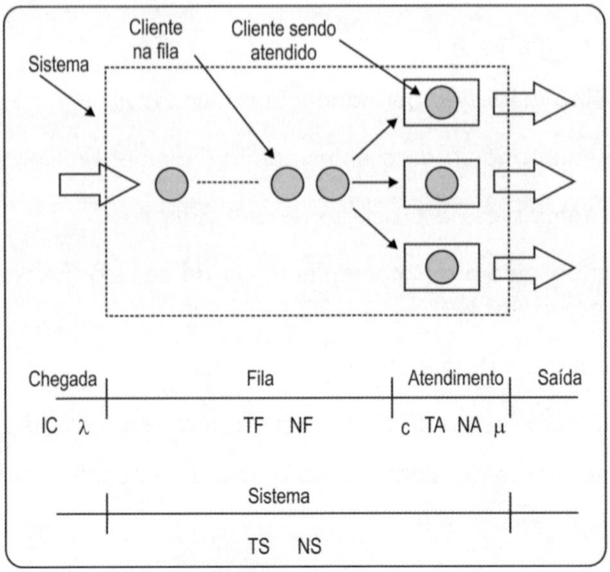

FIGURA 2.2 – Localização das variáveis

Portanto, ρ representa a fração média do tempo em que cada servidor está ocupado. Por exemplo, com um atendente, se chegam 4 clientes por hora e se o atendente tem capacidade para atender 10 clientes por hora, dizemos que a taxa de utilização é 0,40 e podemos também afirmar que o atendente fica 40% do tempo ocupado e 60% do tempo livre (essa afirmativa é intuitiva mas pode ser matematicamente demonstrada).

O ARENA calcula o valor da taxa de utilização (chamada de *Utilization*), durante a execução da simulação, computando os tempos ocupados de cada servidor e dividindo esse valor pelo tempo total.

2.3 Fornecendo dados ao ARENA

Para montar um modelo em ARENA, devemos fornecer informações sobre o que acontece em cada estação de trabalho, sobre o deslocamento entre as estações, etc.

2.3.1 O processo de chegada

O estabelecimento do processo de chegada de entidades ao sistema que está sendo simulado é uma etapa muito importante da criação do modelo. Por processo de chegada geralmente estaremos nos referindo a uma distribuição de probabilidades que descreve corretamente a chegada de clientes ao sistema. Cada caso deve ser analisado individualmente, mas os mais comuns são:

- Os intervalos entre chegadas seguem a distribuição exponencial negativa;
- Os intervalos entre chegadas seguem uma tabela que descreve o processo.

O primeiro caso é bastante comum: dentre as distribuições estatísticas, a exponencial negativa (FIG. 2.3) se adapta a quase todos os processos de chegada.

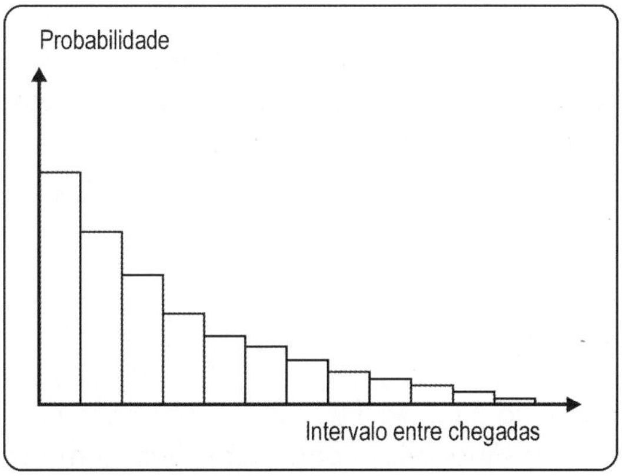

FIGURA 2.3 – A distribuição exponencial negativa

Assim, para expressar no ARENA que clientes chegam a um sistema a cada 5 minutos, segundo a distribuição exponencial negativa, diremos que o valor para *Time Between Arrivals* é EXPO(5).

2.3.2 O processo de atendimento

Ao chegar a uma estação de trabalho, a entidade sofre um atendimento durante um período de tempo. Para esse caso não existe uma distribuição estatística que se adapte a todos os cenários; pelo contrário, cada cenário deve ser analisado individualmente. As possibilidades teóricas são:

- A distribuição de Erlang;
- A distribuição exponencial negativa;
- A distribuição triangular;
- A distribuição retangular ou uniforme.
- Etc.

Na FIG. 2.4 mostramos o formato das possibilidades acima.

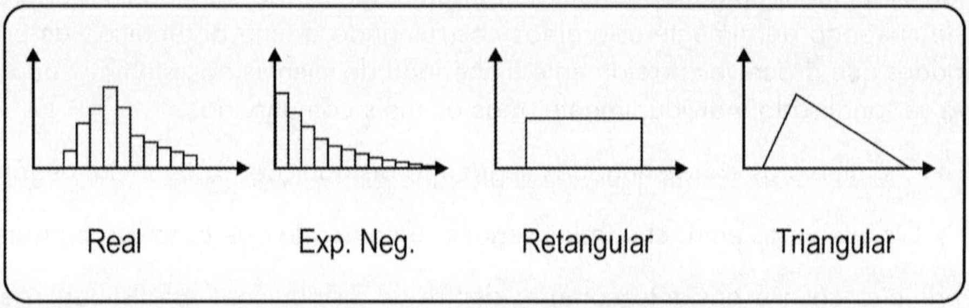

FIGURA 2.4 – Possíveis distribuições para a duração do atendimento

Assim, por exemplo, para expressar no ARENA que o atendimento em uma dada estação de trabalho segue a distribuição triangular, podemos dizer que o valor para o *Process Time* é TRIA(10,15,25), em que:

- Valor mínimo = 10
- Moda = 15
- Valor máximo = 25

O formato da distribuição real na FIG. 2.4 é bastante comum, mas representa apenas uma das diversas situações encontradas. Sua forma varia muito em função do tipo de atendimento. Eventualmente pode ter o formato da distribuição exponencial negativa, como é o caso do atendimento telefônico. Além disso, é muito comum o caso em que nenhuma das distribuições teóricas se adapta a um caso real. Então devemos utilizar os próprios dados reais para a simulação.

2.3.3 O deslocamento entre estações

Os dados de durações do deslocamento podem contemplar:

- Deslocamento efetuado pelo próprio cliente;
- Deslocamento efetuado por um equipamento (como uma ponte rolante ou uma esteira).

No primeiro caso geralmente devemos fornecer uma distribuição de probabilidades, semelhante às utilizadas no processo de atendimento. No segundo caso devemos fornecer os dados de funcionamento do equipamento.

2.4 A programação visual

Um modelo em ARENA é constituído de duas partes:

- Lógica
- Animação

Lógica

Nesta parte montamos um programa utilizando comandos (também chamados de blocos ou módulos) do ARENA.

Animação

Nesta parte são colocados desenhos e símbolos para representar as estações de trabalho e os caminhos por onde passa a entidade. O ARENA simula a evolução do tempo e movimenta a entidade pelos caminhos e estações.

2.5 A execução do modelo

Quando um modelo é executado, o ARENA vai criando entidades e movimentando-as entre as estações de trabalho. **O ARENA simula e gerencia o transcorrer do tempo:** a cada instante, no tempo que está sendo simulado, algum evento pode acontecer, tal como:

- Um novo cliente chega ao sistema.
- Uma entidade inicia o deslocamento entre duas estações de trabalho.

- Um servidor de uma estação de trabalho inicia o atendimento a um cliente.

Para a execução, o ARENA se baseia na lógica da programação fornecida para o modelo. Ele se encarrega de manusear todos os dados surgidos na própria simulação, tais como tempo de espera na fila, taxa de utilização de atendentes, etc. Além disso, ele faz com que a animação na tela tenha um aspecto próximo à realidade. Ao final da simulação, ele disponibiliza relatórios que mostram os principais resultados do processo.

O método de Monte Carlo

Quando uma cliente chega a uma estação de trabalho, a duração do atendimento daquele cliente geralmente é diferente do atendimento dos outros clientes, visto que o processo é randômico e descrito por uma distribuição de probabilidades. Para descobrir qual a duração do atendimento daquele cliente específico, o ARENA utiliza o método de Monte Carlo. Por esse método é efetuado um sorteio para se encontrar a duraçao do atendimento. O mesmo método é efetuado para o processo de chegada, para o deslocamento entre estações de trabalho, etc.

O método de Monte Carlo utiliza números aleatórios e a função de probabilidades que descreve o fenômeno real. Para que a simulação forneça resultados confiáveis, é necessário que a amostra simulada seja de tamanho adequado, o que significa que, se o tamanho da amostra for aumentado, os resultados não se alteram. O uso de amostras de pequeno tamanho pode fornecer resultados diferentes do real.

Para outras informações, veja [1].

Referência

1 PRADO, D. *Teoria das filas e da simulação.* 6ª ed. Nova Lima (MG): Editora Falconi, 2017

Capítulo 3

Modelos de demonstração

3 Modelos de demonstração

O objetivo deste capítulo é apresentar os exemplos de demonstração existentes no material disponível na internet que acompanha este livro e que devem ser instalados conforme instruções constantes do Apêndice F. Depois de instalados, os exemplos de demonstração se encontram no diretório:

C:\Livro_Arena15\Demonstracao

3.1 Acionando o ARENA

Clique no ícone do ARENA na tela do Windows para que sua tela inicial seja mostrada.

Para carregar um modelo qualquer:

- Clique em *Arquivo;*
- Escolha *Abrir* (veja FIG. 3.1);
- Ative o diretório no qual foram instaladas as demonstrações do material disponível na internet anexo a este livro (C:\Livro_Arena15\Demonstracao);
- Escolha o arquivo desejado.
- Clique em *Abrir*.

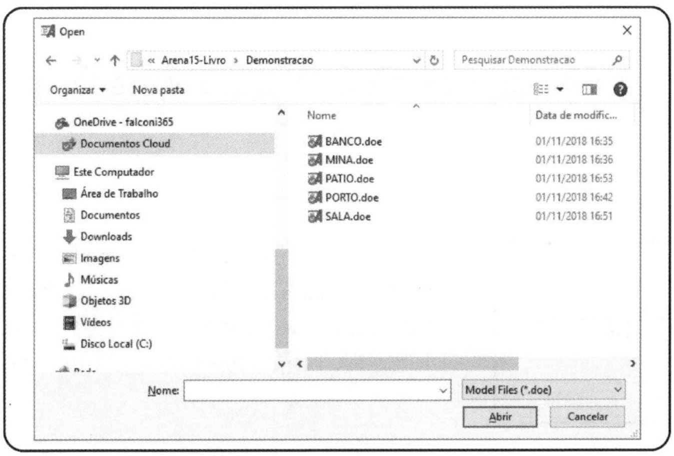

FIGURA 3.1 – Carregando um modelo

3.2 O modelo da agência bancária

Carregue, então, o modelo **Banco.doe:** a tela ganha o formato da FIG. 3.2-esquerda. Para executar o modelo, clique em *Rodar*, no menu principal e a seguir clique em *Rodar*. Pode-se ainda teclar F5 no teclado. Ao ser executada, a tela ganha o formato da FIG. 3.2-direita. Com a execução, podemos observar o cenário de um banco ao qual clientes chegam, aguardam em uma fila, são atendidos e se retiram. A quantidade de atendentes é variável conforme o tamanho da fila de clientes.

A simulação vai terminar após 21.600 unidades de tempo (segundos) ou 6 horas de trabalho no banco. O verdadeiro *tempo de relógio* gasto para executar toda a simulação depende da velocidade em que ela é acionada no computador. Para uma velocidade normal, esse tempo é de aproximadamente 4 minutos, com visualização da animação ou 1 segundo sem visualização da animação. Observe durante a animação que a quantidade de atendentes é alterada quando o tamanho da fila atinge valores tais como 10, 15, 20, 25 e 30. Observe também o efeito dessa alteração no tamanho da fila e no tempo de espera na fila, conforme os gráficos mostrados **em tempo real**. Observe principalmente o tempo do cliente dentro do banco, que é o principal desejo de estudos como este.

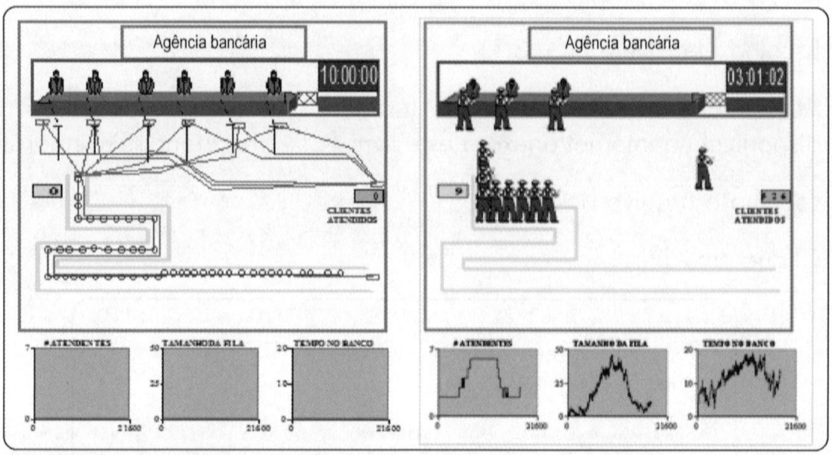

FIGURA 3.2 – O modelo Banco.doe

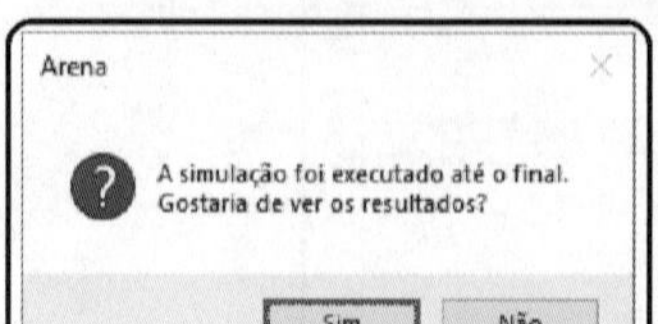

Ao final o programa informa o encerramento e mostra a caixa de diálogo conforme figura ao lado, perguntando se o usuário deseja ver os relatórios da simulação. No nosso caso, clique em *Não*.

Barra de ferramentas *Comandos de Execução*

A **barra de comandos de execução** contém os ícones que comandam a execução de um modelo:

- ***Executar:*** Executar o modelo;

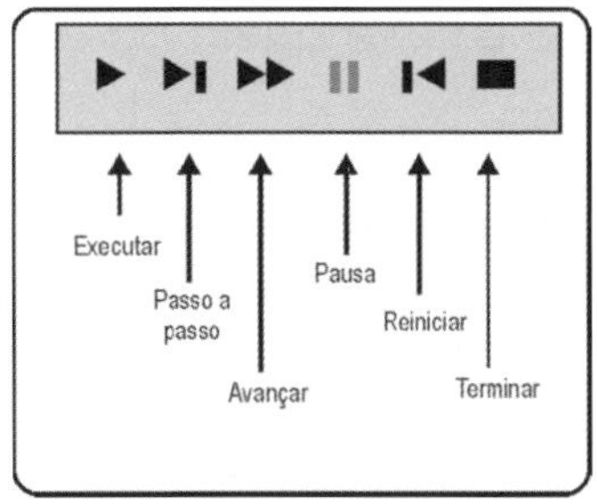

- *Passo-a-Passo:* Executar passo a passo;
- *Avançar:* Executar sem ativar a animação;
- *Pausa:* Interromper provisoriamente;
- *Reiniciar:* Iniciar novamente;
- *Terminar:* Finalizar execução;

Executando novamente o modelo

Antes de executar novamente o modelo é necessário encerrar totalmente a execução anterior. Apesar de ter sido atingido o limite de tempo esperado, o modelo ainda contém os dados estatísticos na memória. Para apagar esses dados, clique no ícone TERMINAR.

Clique então em EXECUTAR (ou aperte F5).

Alterando a velocidade de execução

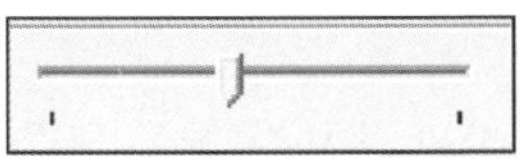

Você pode alterar a velocidade de execução por meio do ícone *AJUSTAR VELOCIDADE*. É muito fácil.

No quadro abaixo temos algumas opções de teclado que podem ser utilizadas para alterar a execução do modelo. Tente todas elas.

Tecla	Função
Esc	Interrompe a simulação
+ ou -	*Zoom*
Setas	Desloca o modelo na tela
<	Diminui a velocidade da execução
>	Aumenta a velocidade da execução

Para encerrar definitivamente a corrida antes de a animação atingir 21.600 segundos, tecle *ESC* (ou clique em *PAUSE*) e, a seguir, clique em *TERMINAR* (ou *RODAR + FINALIZAR*, no menu principal). Para desativar esse modelo:

- Encerre a corrida (tecle *ESC* e clique em *TERMINAR* da barra de execução);
- Clique em *ARQUIVO*;
- Clique em *FECHAR*;
- Ou clique no (canto superior direito da tela). 

3.3 O modelo da mineração

Carregue agora o modelo **Mina.doe** usando os mesmos procedimentos mostrados no exemplo anterior. Você receberá uma tela semelhante à FIG. 3.3. Clique em *EXECUTAR* para executar a simulação. Nesse modelo temos um cenário de uma minera-ção na qual diversos caminhões executam um ciclo em que se abastecem de minério nas escavadeiras e o descarregam no britador. Observe os seguintes aspectos do modelo:

- O caminhão pode aparecer em dois desenhos: carregado e vazio;
- Existe um semáforo que aponta para qual escavadeira o caminhão deve se dirigir (na FIG. 3.3 ele está mostrando o valor "1", que significa que o caminhão deve se dirigir para a escavadeira número 1 que, no caso, é a mostrada no canto superior direito da tela);
- Após ser descarregado no britador, o minério é remetido para o beneficiamento na fábrica por meio de correia transportadora;
- Após beneficiado, o minério é estocado em um pátio;
- A cada 360 minutos chega um comboio de vagões para carregar o minério;
- O tempo de simulação é de 600 minutos (10 horas). No computador gasta-se cerca de 3 minutos.

O cenário da animação apresenta ainda uma tabela que mostra **em tempo real** os seguintes valores da simulação:

Informação	Significado
Viagens	Total de viagens realizadas pelos caminhões
Ciclo	Duração média de um ciclo efetuado pelo caminhão
T. fila	Tempo médio gasto pelo caminhão em filas (britador e escavadeiras)

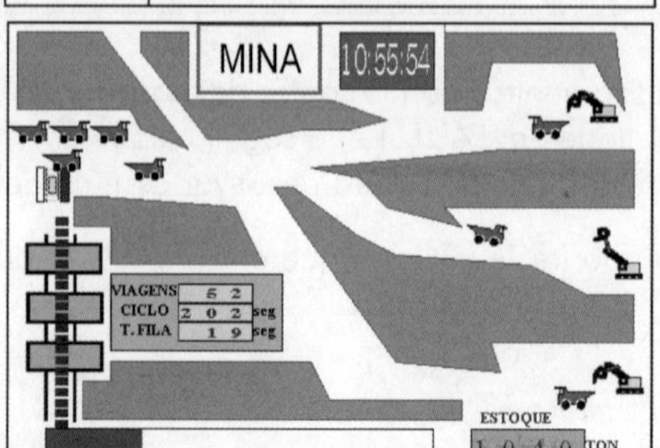

FIGURA 3.3 – O modelo Mina.doe

3.4 O modelo do porto

Utilizando os mesmos procedimentos anteriores, carregue o modelo do porto **(Porto.doe)**. Aqui temos navios que chegam a um porto a cada 24 horas para se abastecerem do minério que está estocado no pátio, o qual é abastecido por trens com 20 vagões que chegam a cada 12 horas. Existem três cais de atracação.

3.5 O modelo do depósito

Carregue o modelo do depósito **(Patio.doe)**, ao qual caminhões chegam para receber uma carga. Ao chegar ao pátio, o caminhão aguarda em uma fila até chegar sua vez, quando, então, se dirige à plataforma onde uma empilhadeira efetua a carga. Após carregado, o caminhão retira-se do pátio.

3.6 O modelo da sala de testes

Carregue agora o modelo da sala de testes **(Sala.doe)**. Nesse modelo pessoas se dirigem a um local para fazer uma prova (ou teste). O portão abre às 07:00, os testes se iniciam às 08:00 e duram 50 minutos, após o que as pessoas se retiram, e uma nova turma entra. Às 17:00 entra a última turma, e o portão fecha; não se admite novas entradas.

3.7 Outros exemplos

Além dos exemplos mostrados neste capítulo, o ARENA contém seus próprios exemplos, que podem ser encontrados no diretório

C:\Arquivo de Programas\Rockwell Software\Arena\Examples.

Capítulo 4

Conhecendo o ambiente de trabalho do ARENA

4 Conhecendo o ambiente de trabalho do ARENA

Vamos agora conhecer o ambiente de trabalho do ARENA: Para isso, carregue o programa.

Carregue agora o arquivo **Pedagio.doe** da seguinte forma:

- Clique em *ARQUIVO* e escolha *ABRIR*;
- Procure o diretório onde estão os exemplos relacionados neste livro. Conforme sugerido no Apêndice G, o diretório deve ser **C:\Livro_Arena15\Exemplos;**
- Escolha o arquivo Pedagio.doe.

Você receberá a tela mostrada na FIG. 4.1.

4.1 Os espaços do ARENA

Na FIG. 4.1 mostramos os principais espaços de trabalho do ARENA. Observe, inicialmente, a existência de linhas de separação de áreas. Essas linhas são móveis e podem aumentar ou diminuir o tamanho das áreas permitindo que, em determinadas situações, se tenha uma visão mais ampla de uma das áreas. Para movimentar uma linha, basta encostar o cursor nela e, mantendo o botão esquerdo do *mouse* pressionado, movimentar o cursor: a linha sofrerá um movimento seguindo o cursor.

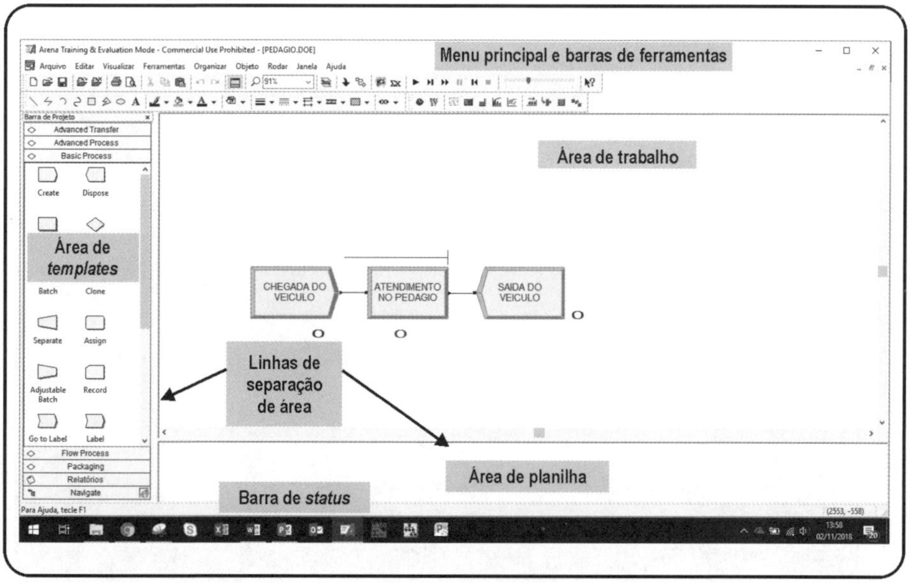

FIGURA 4.1 – O ambiente de trabalho do ARENA (Pedagio.doe)

Conforme mostrado na FIG. 4.1, são as seguintes as áreas:

- Área de trabalho;
- Área de planilhas;
- Área de *templates*.

Ativando uma área específica

Para ativar uma área qualquer, dê um clique em qualquer posição dessa área. Preferencialmente, clique em um ponto vazio.

Área de trabalho

Nessa área (citada como *Contents Area* nos manuais do *software*) são colocados:

- O fluxograma;
- A animação do modelo.

Quando esse espaço está ativado, podemos inserir novos blocos ou efetuar alterações no conteúdo dos blocos existentes. As teclas do teclado, quando acionadas, efetuam funções que afetam esta área:

- As teclas de setas podem ser usadas para movimentar o modelo; e
- As teclas + e – podem ser usadas para ampliar ou diminuir o espaço está sendo visualizado.

Quando clicamos em um bloco, ele fica ativado, e o conteúdo de seus campos aparece na Área de Planilha.

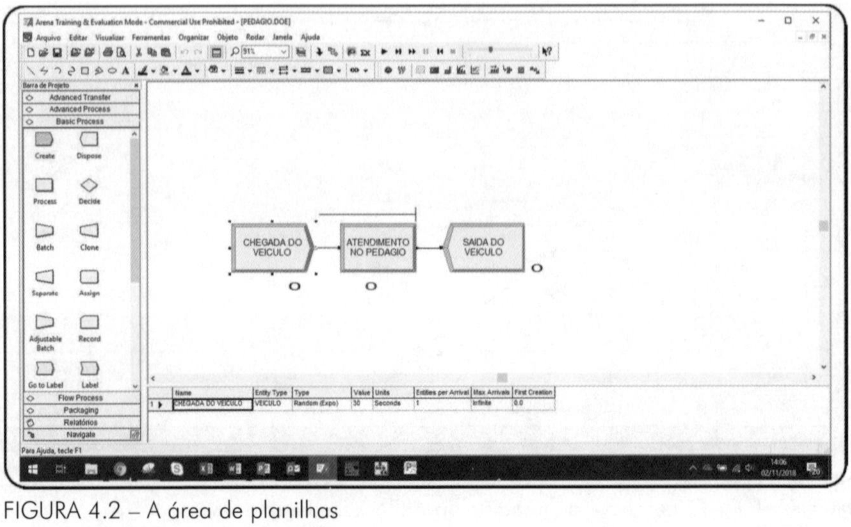

FIGURA 4.2 – A área de planilhas

Área de planilha

Aqui são mostrados os detalhes do módulo ativado tanto na área de trabalho como na área (ou barra) de *templates*. Veja agora a FIG. 4.2, que foi obtida do seguinte modo:

- Clicamos na barra Basic Process da área de *templates;*
- Ativamos o módulo Create na barra de *templates;*
- A área de trabalho destaca todos os módulos Create do modelo. No caso temos somente um;
- A área de planilhas mostra todos os módulos Create do modelo. No caso temos somente um.

Certamente, quando você carregar o modelo Pedagio.doe, não aparecerá nada na área de planilhas. Para isso, basta clicar no módulo Create da área de trabalho ou da barra de *templates*.

Generalizando:

Na área de planilha são mostrados os detalhes daquele bloco que se ativou na área de trabalho ou na área de *templates*.

Quando esse espaço está ativado, podemos efetuar alterações nos campos mostrados. As teclas do teclado, quando acionadas, efetuam funções que afetam essa área. Por exemplo, as teclas de setas podem ser usadas para se movimentar entre os campos. Para efetuar alterações em um campo de determinado bloco da área de trabalho, ative:

- O bloco desejado na área de trabalho;
- A linha desejada na área de planilha;
- O campo desejado na área de planilha.

Área de *templates* (ou barra de *templates*)

Aqui são mostrados os *templates* ativados para o modelo (os manuais do ARENA citam este espaço como *Panel Area*). Cada *template* contém um conjunto de módulos, e um modelo é constituído de um fluxograma (colocado na área de trabalho) confeccionado a partir dos módulos existentes nos *templates*. Para ativar um *template*, basta clicar no ícone *Anexar Template* da barra de ferramentas (veja figura ao lado). Ao clicar neste ícone, recebemos a tela mostrada na FIG. 4.3, que relaciona todos os *templates* do *software* disponíveis no diretório:

c:\Arquivos de programas\Rockwell Software\Arena\Templates

Seu uso será apresentado nos capítulos seguintes:

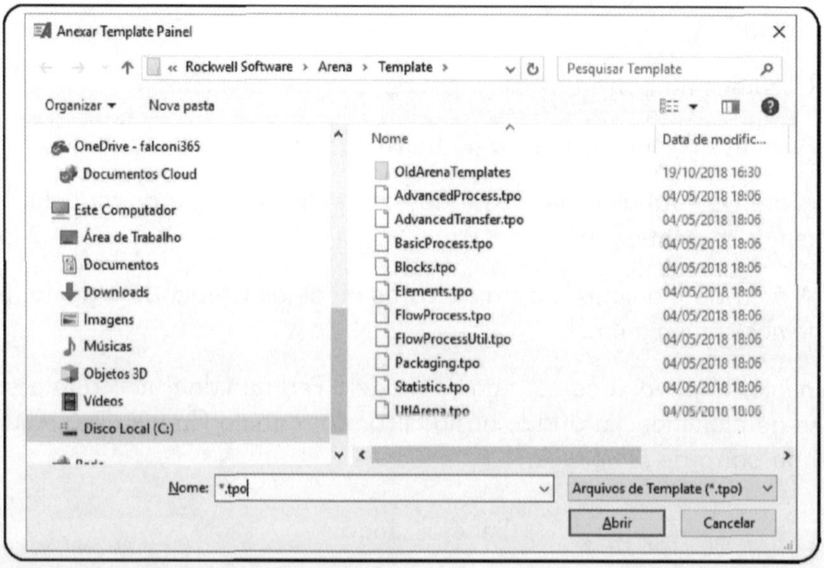

FIGURA 4.3 – Os *templates* disponíveis

Old ARENA

O subdiretório "OldArena Templates" contém os seguintes *templates* da versão 3.5 do ARENA:

- AgentUti
- Common
- ContactData
- CSUti
- Script
- Support
- Transfer

Esses *templates* não mais são utilizados a partir da versão 4 do ARENA. São fornecidos para manter a compatibilidade em modelos desenvolvidos em versões anteriores.

4.2 O conceito de ativação

Conforme se pôde perceber pelo texto acima, utilizamos diversas vezes o termo "ativar" que, no ambiente Windows, significa clicar em algum objeto. No ambiente do ARENA é importante conhecer corretamente a aplicação desse termo. Alguns exemplos:

- Ao clicar em qualquer ponto de uma das três áreas, ativamos aquela área.
- Ao clicar em qualquer objeto de uma das três áreas, ativamos aquele objeto e aquela área. Eventualmente, as outras áreas são alteradas para mostrar detalhes daquele objeto. Exemplo:
  - Ao clicar em um módulo qualquer da área de trabalho, ativamos aquele bloco na área de trabalho e os seus correspondentes detalhes na área de planilhas. Além disso, a área de planilhas mostra os detalhes de **todos** os módulos daquele **mesmo tipo** no modelo.
  - Ao clicar em um campo da área de planilha, ativamos essa área e aquele campo. As informações mostradas na área de planilha podem ser alteradas diretamente (basta digitar os novos valores diretamente nos campos existentes).
  - Ao clicar em um bloco da área de *templates* ativamos aquela área e aquele bloco. Além disso, a área de planilhas mostra os detalhes de todos os módulos daquele mesmo tipo no modelo.

Desativando espaços

Em algumas situações é necessário desativar os espaços mostrados anteriormente. Para efetuar isso, basta acessar *Visualizar* (no menu principal) e:

- Para desativar a área de planilhas, desative *Dividir a Tela;*
- Para desativar a barra de *templates*, desative *Barra de Projetos.*

4.3 Executando um modelo

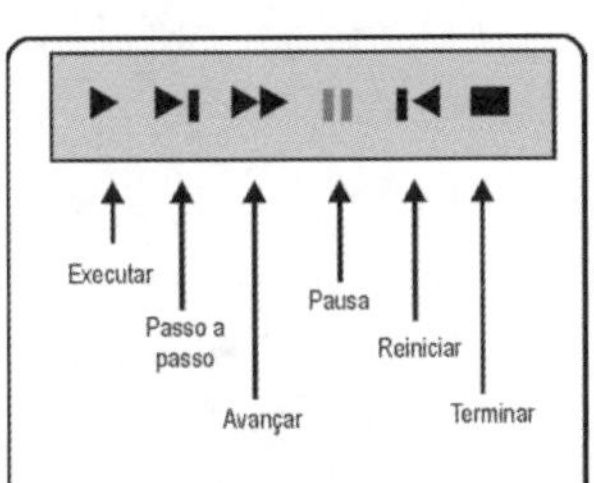

Para executar um modelo, devemos proceder tal como mostrado no capítulo anterior, fazendo uso da **barra de comandos de execução.** Ela contém os ícones que comandam a execução de um modelo. Esses mesmos comandos podem ser encontrados em *Rodar*, no menu principal. Nesse momento, experimente solicitar a execução do modelo do pedágio clicando em *Executar.* Observe, na barra de *status*, que os seguintes processos são efetuados:

- Inicialização *(initializing)*: É feita uma verificação no modelo à procura de erros;
- Rodando *(running)*: Caso não haja erros, o modelo é executado conforme opções de execução.

Ao final do tempo de simulação (36.000 segundos), surge a mensagem:

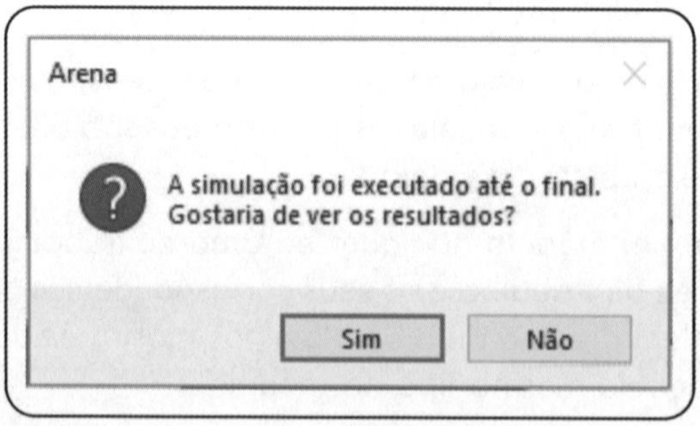

A simulação foi executada até o final. Gostaria de ver os resultados?

Ela indica que o modelo foi executado sem erros e que os resultados estão disponíveis. Nesse momento escolha a opção *Não*.

Encerrando uma execução

Nesse momento, o modelo ainda está ativo, e é possível acessar dados internos da execução (muito útil em situação de procura de erros, conforme mostrado no capítulo 31 – *Ferramentas úteis*). Para encerrar o modelo, clique no ícone *TERMINAR* da barra de comandos de execução.

As opções de execução

Conforme veremos no próximo capítulo, antes de executar um modelo, podemos escolher as opções da execução disponíveis em *RODAR* (menu principal).

Fechando um arquivo

Quando não mais se deseja trabalhar com um modelo, ele pode ser fechado. Tal como em qualquer *software* do ambiente do Windows, basta clicar em *ARQUIVO* e escolher *FECHAR*.

Capítulo 5

Criando um modelo simples

5 Criando um modelo simples

O objetivo deste capítulo é apresentar alguns módulos do ARENA e construir o primeiro modelo: um pedágio. A FIG. 5.1 mostra o sistema a ser modelado. Trata-se do exemplo apresentado no capítulo anterior.

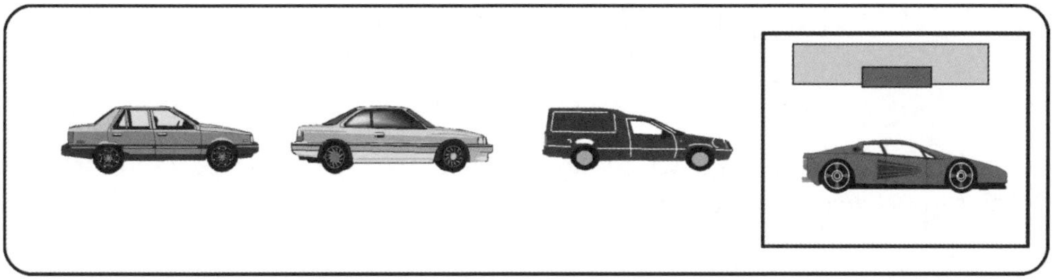

FIGURA 5.1 – O sistema de pedágio a ser modelado com o ARENA

Para o pedágio são disponíveis os seguintes dados:

- Veículos chegam ao pedágio a cada 30 segundos, de acordo com a distribuição exponencial negativa. Usando a terminologia do ARENA, diremos que *Time Between Arrivals* = EXPO(30).
- O atendimento também segue a distribuição exponencial negativa com média de 20 segundos. Usando a terminologia do ARENA, diremos que *Delay Time* = EXPO(20).

Para simular qualquer sistema no ARENA é necessário descrever:

- As estações de trabalho;
- O fluxo dentro do sistema;
- As durações, as distâncias, as velocidades, etc.

A construção completa desse modelo irá ocupar este capítulo e os próximos dois seguintes, pois neste capítulo ainda não apresentaremos o uso de estações de trabalho nem analisaremos os relatórios.

A técnica utilizada pelo ARENA para montar qualquer modelo é a **programação visual**, em que o fluxo do sistema é criado na tela do computador na forma de um **fluxograma**, que corresponde à ocorrência de eventos a um cliente genérico (também chamado de "entidade"), que flui pelo sistema que está sendo modelado. Portanto, cada bloco do fluxograma representa um evento no sistema, por exemplo, a chegada de um veículo, seu atendimento, etc. No caso do pedágio, os eventos seriam os seguintes: chegada – atendimento – saída. A cada evento corresponde um módulo do ARENA, e sua sequência forma um fluxograma ou diagrama de blocos, conforme mostramos na FIG. 5.2. Dizemos então que o modelo mostrado na FIG. 5.2 representa completamente o sistema de pedágio que desejamos simular, segundo a visão do mundo do ARENA.

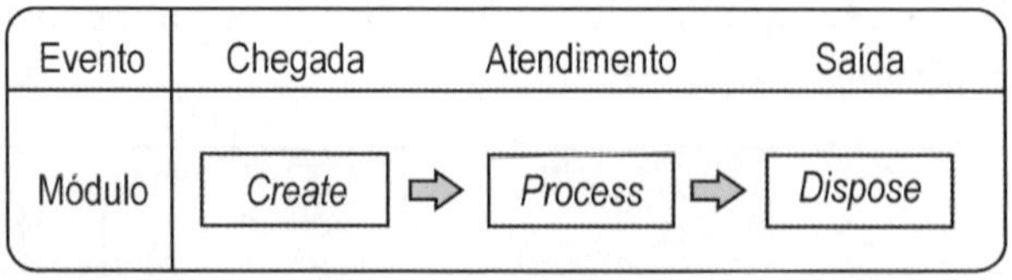

FIGURA 5.2 – Eventos e o fluxograma

Concluindo, para modelar o pedágio com o ARENA, devemos representar os eventos por meio de módulos:

- Surge um novo veículo no sistema: módulo CREATE;
- O veículo é atendido pelo atendente: módulo PROCESS, compreendendo as seguintes etapas:
    - entrada na fila e espera, até chegar sua vez;
    - atendimento (ou ocupação do atendente);
    - liberação (ou desocupação do atendente).
- O veículo sai do sistema: módulo DISPOSE.

5.1 Os módulos do ARENA

Um fluxograma é construído a partir dos módulos do ARENA, os quais estão disponíveis nos diversos *templates* e podem ser mostrados *(Anexar Templates)* na barra de *templates*. Conforme mostramos no capítulo anterior (FIG. 4.3), estão disponibilizados os seguintes *templates*:

- *Advanced Process*
- *Advanced Transfer*
- *Basic Process*
- *Blocks*
- *Elements*
- *FlowProcess*
- *FlowProcessUtil*
- *Packing*

- *Statistic*
- *UtilArena*

Para efeito de compatibilidade com versões anteriores, estão disponibilizados também os *templates* da versão 3.5 (OldArena).

Os módulos de um *template* se dividem em duas categorias (FIG. 5.3):

- Módulos de fluxograma: São usados para construir o diagrama de blocos ou fluxograma dentro da área de trabalho (veja um diagrama de blocos na FIG. 4.1). Para se colocar um módulo dentro da área de trabalho, ele deve ser arrastado a partir da área de *templates*, conforme mostraremos adiante, neste capítulo.
- Módulos de dados: Recebem dados referentes ao modelo, mas não são colocados dentro da área de trabalho.

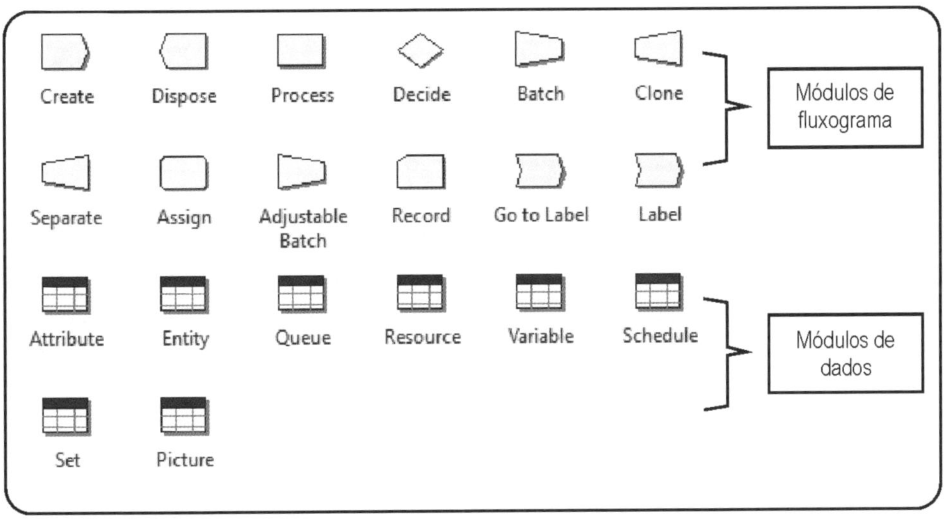

FIGURA 5.3 – Módulos do *template Basic Process*

5.2 Criando o fluxograma

Para montar o modelo do pedágio, necessitamos inicialmente construir um fluxograma usando os módulos do ARENA. Para isso, tornam-se necessários alguns procedimentos.

Carregando o *template Basic Process*

Após carregar o ARENA:

- Clique em *File* seguido de *New*;

- Carregue o *template Basic Process* na barra de *templates* (eventualmente ele já pode estar carregado, porque o ARENA foi utilizado anteriormente com outros exemplos).

Para efetuar a segunda ação acima, deve-se clicar no ícone *Anexar Template* da barra de ferramentas *standard* e escolher o *template Basic Process*. Outra forma de conseguir o mesmo resultado é clicar em *Arquivo + Painel Template + Anexar.*

Arrastando os módulos para a área de trabalho

O modelo será confeccionado conforme o fluxograma mostrado na FIG. 5.2. Para colocar os módulos na área de trabalho e montar o diagrama de blocos, devemos **arrastar** convenientemente os módulos da barra de *templates* para a área de trabalho. Para arrastar cada módulo:

- Clique no módulo desejado na barra de *templates* com o botão esquerdo do *mouse* e mantenha o botão pressionado.
- Arraste o módulo para a área de trabalho até o ponto desejado. Então, solte o botão esquerdo do *mouse*.

Então, arraste os módulos conforme mostrado na FIG. 5.4.

Interligando os blocos para formar um diagrama de blocos

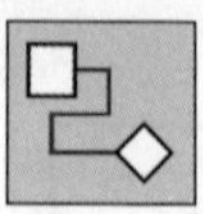

Um modelo é formado por um conjunto de módulos corretamente interconectados. Para conectar os blocos na área de trabalho, devemos utilizar o ícone *CONECTAR* (mostrado ao lado). O ARENA interconecta automaticamente os módulos conforme eles vão sendo arrastados para a área de trabalho, na mesma sequência em que eles são colocados. Eventualmente, podemos necessitar de alterar a sequência de interconexão e, então, necessitamos usar o ícone *CONECTAR*. Por exemplo, para conectar os blocos Create e Process:

- Clique no módulo *Create;*
- Clique no ícone *Connect*. Observe que, após clicado, o cursor muda de formato, saindo de seta para o formato do sinal +.
- Clique no ponto de conexão do bloco Create (veja figura ao lado).

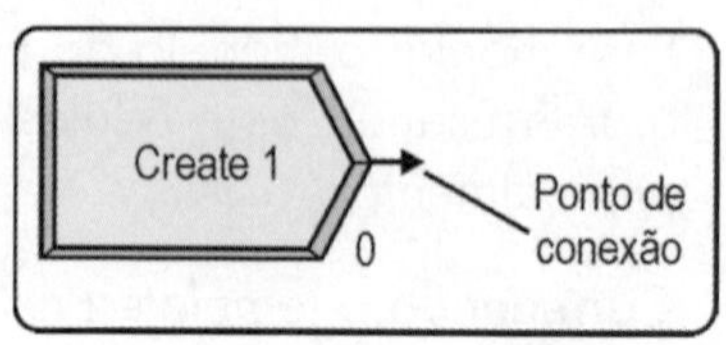

- Leve o cursor até o ponto de conexão do bloco Process e dê um clique. Observe que o cursor volta ao formato seta e que surge uma conexão entre os blocos.

Ao final desses procedimentos, a área de trabalho mostrará o diagrama de blocos, conforme mostrado na FIG. 5.4.

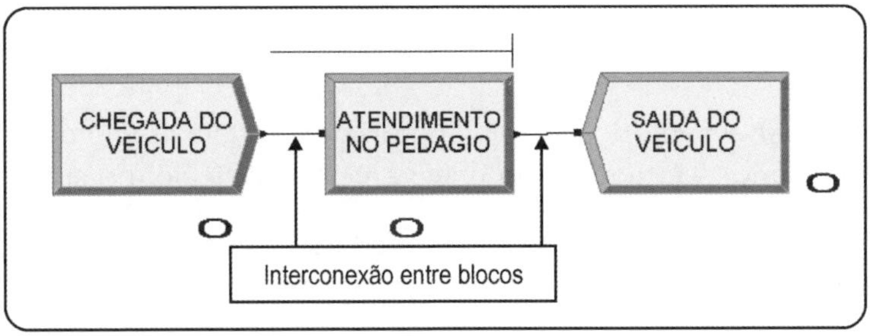

FIGURA 5.4 – O diagrama de blocos

5.3 Fornecendo os dados

Após construído o diagrama de blocos devemos fornecer os dados de cada bloco.

O processo de chegada: módulo *Create*

Os dados do módulo Create podem ser fornecidos na tela Create ou na área de planilha. Para acessar a tela Create:

- Dê um duplo clique no bloco Create localizado na área de trabalho;
- Preencha os dados conforme mostrado na FIG. 5.5.

Observe que o "intervalo entre chegadas" deste exemplo tem média 30 e segue a distribuição exponencial negativa. Esse dado foi fornecido na caixa *Time Beetween Arrivals* da seguinte forma:

- *Type: Random (expo)*

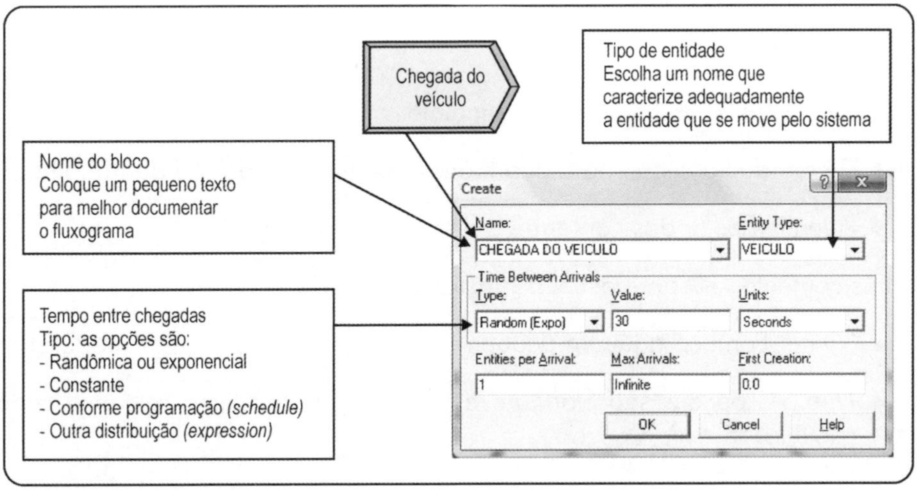

FIGURA 5.5 – A tela *Create*

- *Value: 30*
- *Units: seconds*

Além disso, temos na FIG. 5.5:

- *Entities per Arrival:* 1, ou seja, para cada sorteio (segundo o método de Monte Carlo) é inserida uma única entidade (veículo) no sistema.
- *Max Arrivals: Infinite*, ou seja, o bloco Create criará entidades infinitamente (até ser interrompido pelas opções de execução, conforme explicado à frente).
- *First Creation:* 0, ou seja, a primeira entidade chega ao sistema no momento 0.

Os mesmos dados podem ser fornecidos na área de planilha. Desejando essa opção:

- Clique no bloco Create na área de trabalho;
- Clique na linha correspondente na área de planilha. Forneça os dados de cada campo, conforme mostrado na FIG. 5.6.

Create - Basic Process

	Name	Entity Type	Type	Value	Units	Entities per Arrival	Max Arrivals	First Creation
1	CHEGADA DO VEÍCULO	VEICULO	Random (Expo)	30	Seconds	1	Infinite	0.0

FIGURA 5.6 – Entrando com dados na área de planilha

O processo de atendimento: módulo *Process*

Os dados do módulo Process podem ser fornecidos na tela Process ou na área de planilha.

Para acessar a tela Process, faça o seguinte:

- Dê um duplo clique no bloco Process localizado na área de trabalho;
- Preencha os dados conforme mostrado na FIG. 5.7.

Alguns comentários sobre as telas mostradas na FIG. 5.7:

- *Name:* Forneça aqui um pequeno texto que caracterize este módulo.
- *Type:* As opções são *Standard* e *Submodel* (esta última será explicada no capítulo 15 – *Navegação*.

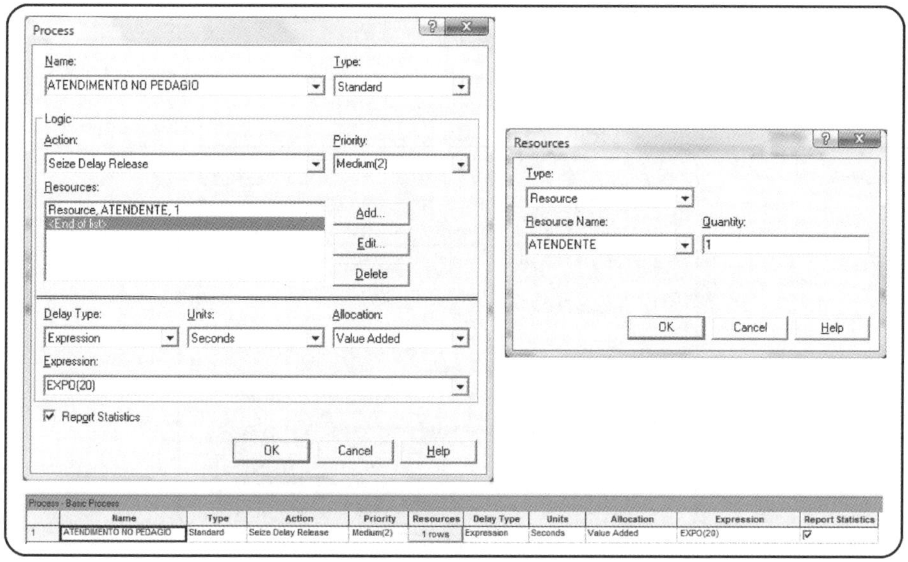

FIGURA 5.7 – Entrando com dados do módulo Process

- *Action*: A escolha foi *"Seize, Delay, Release"*, ou seja, a entidade deve:
  - ocupar o recurso ou aguardar na fila;
  - gastar um certo tempo sendo atendido pelo recurso;
  - liberar o recurso.
- *Priority:* Este assunto será abordado no capítulo 20 – *Prioridades*.
- *Caixa Resources:* Necessitamos adicionar o recurso Atendente. Para isso:
  - Clicou-se em *Add;*
  - Na tela que surgiu (veja a tela do lado direito da FIG. 5.7), se adicionou "Atendente" no campo *Resource Name*. Manteve-se Quantidade = 1.
- *Delay Type:* Aqui devemos fornecer a duração do atendimento que, no caso, segue a distribuição exponencial negativa, com média 20. As opções deste campo são: constante, normal, triangular, uniforme e expressão. Assim escolhemos "expressão" e completamos os dados no campo localizado logo abaixo (veja FIG. 5.7).

A porção inferior da FIG. 5.7 mostra ainda o fornecimento dos dados na área de planilha.

A saída do veículo: o módulo *Dispose*

Após o atendimento pelo recurso Atendente, o veículo sai do sistema. O módulo correspondente é Dispose (FIG. 5.8).

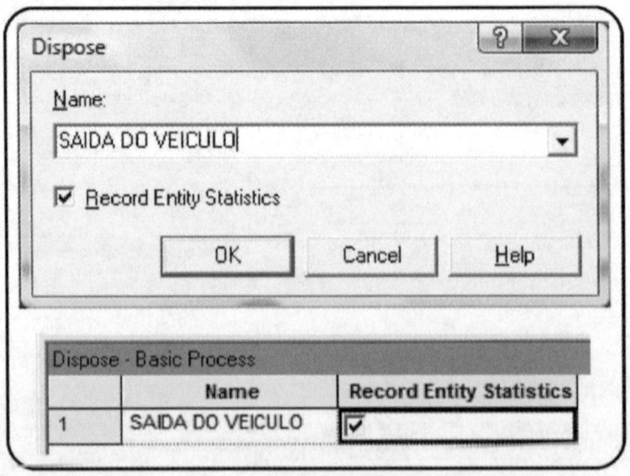

FIGURA 5.8 – A saída do veículo: módulo Dispose

O formato final do fluxograma

Depois de completado, o fluxograma tem o formato da FIG. 5.9.

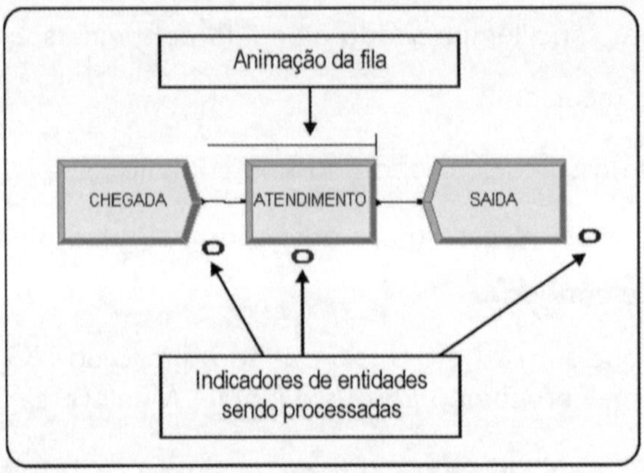

FIGURA 5.9 – Formato final do fluxograma

Observe que estão presentes dois tipos de indicadores de animação que serão visualizados durante o processo de execução do modelo (Veja também o item *Visualizando a Lógica Junto com a Animação* mostrado à frente):

- Indicador de animação da fila;
- Indicadores de entidades que estão sendo processadas dentro de cada bloco a cada instante. Experimente clicar com o botão esquerdo em cada um deles:

- O indicador do bloco Create representa a variável *Chegada do Veículo.NumberOut*, ou seja, o número de entidades (veículos) criadas pelo bloco Create até aquele momento;
- O indicador do bloco Process representa a variável *Atendimento no Pedagio.WIP*, ou seja, a quantidade de entidades (veículos) que estão ao lado do atendente (na fila e sendo atendidos). WIP significa *Within Process;*
- O indicador do bloco Dispose representa a variável *Saída do Veículo.NumberOut*, ou seja, o número de entidades (veículos) que passaram por esse bloco até aquele momento;
- Dando um duplo clique no indicador, surge uma tela na qual é possível alterar a quantidade máxima de dígitos a ser mostrada durante a execução do modelo.

Fornecendo opções de controle da execução

Após completado o fluxograma e antes de solicitar a execução do modelo, devemos fornecer as opções de controle da execução. Para isso, devemos clicar em *RODAR + CONFIGURAR* (menu principal) e preencher adequadamente os campos das abas. No nosso caso foi feito (FIG. 5.10):

- Na aba *Parâmetros do Projeto* se forneceu o título do projeto, o nome do analista que criou o modelo ARENA, e se ativou a solicitação de estatísticas para entidades, recursos, filas e processos.
- Na aba *Parâmetros de Replicação* temos:
  - *Número de replicações* = 1, ou seja, o modelo será executado uma única vez.
  - *Período de Aquecimento* = 0, ou seja, não terá período de aquecimento. Esse valor se aplica quando desejamos que o modelo seja executado durante certo período de tempo sem coleta de dados estatísticos, e somente após esse período é que se começa a coletar estatísticas. É útil quando estamos modelando um sistema complexo e desejamos nos assegurar de que, no ponto de início de coleta de estatísticas, todo o sistema está em pleno funcionamento.
  - *Duração da Replicação* = 36000, ou seja, o modelo será interrompido após transcorridos 36.000 segundos simulados.

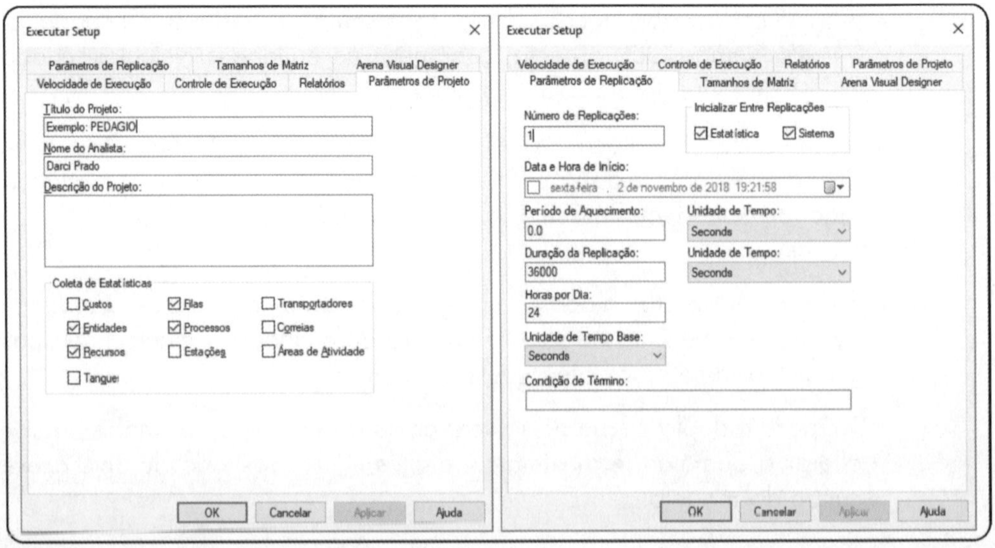

FIGURA 5.10 – Fornecendo opções de execução

5.4 Validando, executando e salvando o modelo

Após todos os dados terem sido fornecidos, podemos verificar se o modelo está correto (não contém erros). Para isso, tecle F4 ou clique em *Rodar + Checar Modelo*. Estando correto, podemos executá-lo teclando F5, ou clicando em *Rodar + Rodar* ou clicando no ícone *Executar* da barra de comandos de execução (veja capítulo anterior). Após a execução poderemos analisar o relatório fornecido, conforme mostraremos no próximo capítulo. Observe, na FIG. 5.11, o visual do modelo ao final da execução. Os números mostrados correspondem a variáveis internas do Arena. Clicando-se em cima de cada um deles é mostrado o nome da variável correspondente:

- Bloco Create: *Chegada do Veículo.NumberOut* = 1280 (foram geradas 1280 transações) – Número de entidades que saíram do bloco.
- Bloco Process: *Atendimento do Veículo.WIP,* = 2 (havia 2 veículos sendo atendidos no momento de encerramento da simulação) – Número de entidades dentro do processo.
- Bloco Dispose: *Saída do Veículo.NumberOut,* = 1278 (foram atendidos 1278 veículos) – número de entidades que saíram deste bloco.

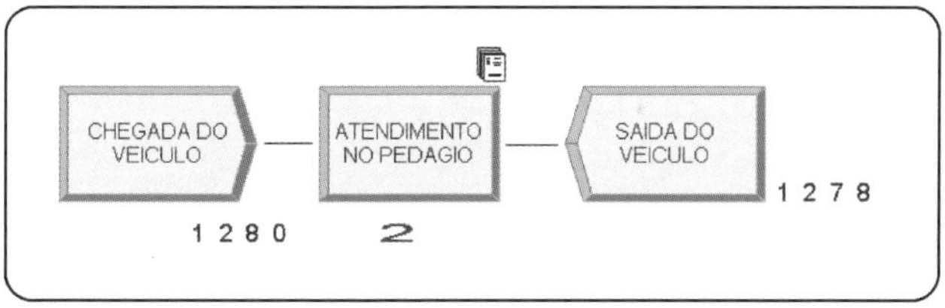

FIGURA 5.11 – Visualização ao final da execução

Finalmente podemos salvar o modelo clicando em *Arquivo* + *Salvar como*. Preferencialmente, escolha um novo diretório para colocar os modelos que forem sendo criados conforme a leitura deste livro.

5.5 Visualizando a animação junto com a lógica

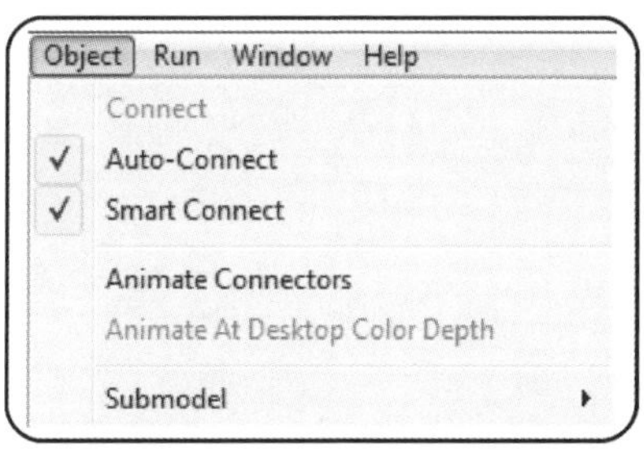

O ARENA permite que se incorpore animação a um modelo, o que será visto em capítulos posteriores. Existe outra animação que pode ser ativada e ser útil na depuração de erros de lógica: ela permite mostrar a sequência de módulos percorrida pela entidade durante a execução. Para ativar essa função, siga a regra seguinte (veja figura ao lado):

> Para que a animação da lógica desse modelo funcione corretamente, é necessário que esteja ativada a opção encontrada em *Objeto* + *Animar Conexões*.

5.6 Uso do *mouse* e do alfabeto

Conforme vimos até aqui, o *mouse* é intensamente utilizado pelo ARENA. Neste texto, sempre que citarmos **clicar no *mouse***, estaremos nos referindo ao **botão esquerdo**. O botão direito também é utilizado, permitindo mostrar os comandos que se aplicam no local em que foi dado o clique. O ARENA utiliza também o **duplo clique** no botão esquerdo, conforme explicaremos em cada caso. O duplo clique pode ser substituído por um clique no bloco seguido de **ENTER** no teclado.

Quanto ao alfabeto, ao fornecer dados nos campos dos blocos do ARENA, utilize o alfabeto inglês. Não se deve usar acentuação nem a letra "ç". Este aspecto é muito importante: sua violação pode acarretar erros no modelo.

Capítulo 6

Relatórios do ARENA

6 Relatórios do ARENA

Vamos agora analisar alguns dos relatórios do ARENA relativos ao modelo Pedagio.doe, criado no capítulo anterior. Portanto, carregue esse modelo e execute-o. Após 36.000 segundos (10 horas) de simulação ele será encerrado, e surgirá na tela a mensagem *A simulação foi executada até o final. Gostaria de ver os resultados?* Responda Sim. Então surgirá na barra de *templates* a lista de todos os relatórios disponíveis (FIG. 6.1) e na área de trabalho podemos visualizar esses relatórios. Podemos também visualizar nessa área as variáveis do modelo, mas isso será assunto para outro capítulo.

6.1 Relatórios do ARENA

Os relatórios do ARENA são os seguintes:

1) *Activity Área;*

2) *Category Overview:* Visão Global da Categoria;

3) *Category by Replication:* Semelhante ao anterior, dividido pelas replicações;

4) *Entities:* entidades;

5) *Frequencies:* frequências;

6) *Processes:* processos;

7) *Queues:* filas;

8) *Resources:* recursos;

9) *Transfer:* transportadores;

10) *User Specified:* variáveis ou atributos especificados pelo usuário;

11) *Tanks.*

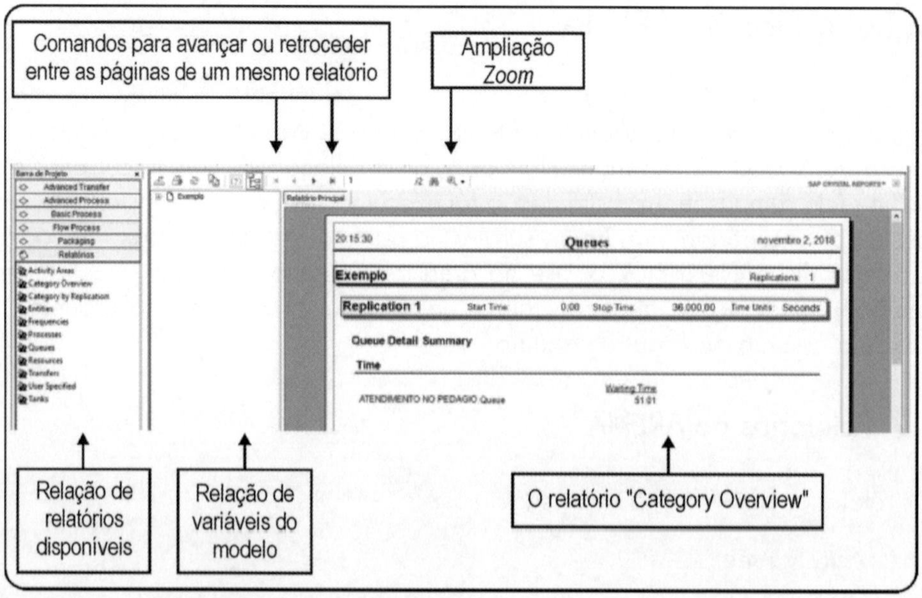

FIGURA 6.1 – Visualizando relatórios no ARENA

Quase todas as informações estão disponíveis resumidamente nas diversas páginas do relatório *Category Overview*, e os outros relatórios contêm informações adicionais. Podemos deduzir que o ARENA é bastante rico em informações estatísticas.

Para o caso de um modelo simples como esse, necessitaríamos de poucas informações, tais como:

Informação	Valor	Como obter (relatório)	Nome do campo no relatório
Tempo médio na fila (TF)	51,01 seg.	*Queues*	*Waiting time*
Tamanho médio na fila (NF)	1,81	*Queues*	*Number waiting*
Utilização média do atendente (ρ)	0,71	*Resources*	*NumBusy*
Total de veículos que passaram pelo sistema	1.278	*Category Overview*	*Number Out*

6.2 Relatório sobre filas (*Queues*)

Nas FIG. 6.2 e 6.3 mostramos as duas páginas do relatório de filas, de onde foram retiradas algumas das informações do quadro anterior.

12:58:02	Queues	março 21, 2008

Exemplo — Replications: 1

Replication 1 — Start Time: 0,00 — Stop Time: 36.000,00 — Time Units: Seconds

Queue Detail Summary

Time

	Waiting Time
ATENDIMENTO NO PEDAGIO.Queue	51.01

Other

	Number Time
ATENDIMENTO NO PEDAGIO.Queue	1.81

FIGURA 6.2 – O relatório *Queues* – página 1 (Filas)

No quadro a seguir mostramos o significado dos campos da FIG. 6.2.

Relatório *Queues:* Página 1		
Fila: ATENDIMENTO NO PEDAGIO.QUEUE		
Campo	**Significado**	**Valor**
Waiting Time	Tempo médio na fila (TF)	51,01 segundos
Number Waiting	Tamanho médio da fila (NF)	1,81

12:58:02	Queues	março 21, 2008

Exemplo — Replications: 1

Replication 1 — Start Time: 0,00 — Stop Time: 36.000,00 — Time Units: Seconds

ATENDIMENTO NO PEDAGIO.Queue

Time	Average	HalfWidth	Minimum	Maximum
Waiting Time	51.0106	(Correlated)	0	304.37

Other	Average	HalfWidth	Minimum	Maximum
Number Waiting	1.8137	(Correlated)	0	15.0000

FIGURA 6.3 – O relatório *Queues* – página 2 (Filas)

No quadro a seguir mostramos o significado dos campos da FIG. 6.3.

Relatório *Queues:* Página 2		
Fila: ATENDIMENTO NO PEDAGIO.QUEUE		
Campo	**Significado**	**Valor**
Waiting Time - Average	Tempo médio na fila (TF)	51,0106
Waiting Time - HalfWidth	Tempo na fila - Meia largura	
Waiting Time - Minimum	Tempo na fila - Valor mínimo	0
Waiting Time - Maximum	Tempo na fila - Valor máximo	304,37
Number Waiting - Average	Tamanho médio da fila (NF)	1,8137
Number Waiting - HalfWidth	Tamanho da fila - Meia largura	
Number Waiting - Minimum	Tamanho da fila - Mínimo	0
Number Waiting - Maximum	Tamanho da fila - Máximo	15,0000

6.3 Relatório sobre recursos *(Resources)*

O relatório *Resources* está mostrado na FIG. 6.4 (duas páginas). Nele vemos dados do recurso "Atendente". As informações mostradas têm os seguintes significados:

Relatório *Resources:* Página 2		
Recurso: ATENDENTE		
Campo	**Significado**	**Valor (Coluna *Average* = Média)**
Number Busy	Quantidade em uso	0,7123
Number Scheduled	Disponibilidade	1,000
Scheduled Utilization	Taxa de utilização	0,7123
Total number seized	Número de vezes que o recurso foi utilizado	1.279

As informações contidas neste relatório serão aprofundadas no capítulo 19 – *Interrupções no serviço*. Por ora, nosso interesse principal é a taxa de utilização.

13:06:01 **Resources** março 21, 2008

Exemplo Replications: 1

Replication 1 Start Time: 0,00 Stop Time: 36.000,00 Time Units: Seconds

Resource Detail Summary

Usage

	Inst Util	Num Busy	Num Sched	Num Seized	Sched Util
ATENDENTE	0,71	0,71	1,00	1.279,00	0,71

13:06:01 **Resources** março 21, 2008

Exemplo Replications: 1

Replication 1 Start Time: 0,00 Stop Time: 36.000,00 Time Units: Seconds

ATENDENTE

Usage	Value			
Total Number Seized	1,279.00			
Scheduled Utilization	0.7123			
Number Scheduled	1.0000	(Insufficient)	1.0000	1.0000
Number Busy	0.7123	0,052169738	0	1.0000
Instantaneous Utilization	0.7123	0,052169738	0	1.0000

FIGURA 6.4 – As duas páginas do relatório *Resources* (Recursos)

6.4 Encerrando a visualização dos relatórios

Desejando retornar ao modelo, é conveniente fechar todos os relatórios que foram abertos. Para isso, basta clicar no X existente no canto superior direito da tela que mostra cada relatório. Após fechados todos os relatórios, é ainda necessário clicar no ícone END da barra de comandos de execução para encerrar a execução. Enquanto isso não é feito, não é possível, por exemplo, efetuar novas alterações no modelo.

Capítulo 7

Efetuando alterações no modelo

7 Efetuando alterações no modelo

Após criado um modelo, geralmente é necessário efetuar algumas modificações para simular diferentes cenários ou para encontrar o melhor fluxo. O que mostramos a seguir é uma pequena introdução a esse assunto, utilizando o modelo Pedagio.doe.

7.1 Alterando a duração da simulação

No ARENA, a duração da simulação é fornecida no campo *Duração da Replicação* encontrado em *Rodar* (menu principal) e escolhendo *Configurações + Parâmetros de Replicação* (veja FIG. 5.8). A escolha da adequada duração da simulação é importante para que os resultados sejam confiáveis. Sabemos que, quando o "tamanho da amostra" é pequeno, os resultados podem ser diferentes do real. Por outro lado, a escolha de um grande valor para a duração da simulação pode resultar num longo tempo de uso do computador. Na tabela a seguir mostramos algumas tentativas efetuadas com o modelo Pedagio.doe, utilizando:

- Intervalos entre chegadas *(Time Beetween Arrivals)* = Expo(30).
- Duração do Atendimento *(Delay Time)*: Expo(20).

Replication lenght	**Tamanho médio da fila**	**Tamanho máximo da fila**
3.600	1,52	8
36.000	1,81	15
360.000	1,34	22
3.600.000	1,35	22

Lembramos que, segundo a teoria das filas, o modelo acima é do tipo M/M/1, e o tamanho médio da fila deve ser 1,33 [1]. Assim, podemos afirmar que o modelo acima se estabiliza quando o *Duração da Replicação* atinge 360.000. Esse assunto será novamente abordado no capítulo 23 *Análise de resultados*.

Finalmente, é bom informar que as corridas acima foram efetuadas sem animação, que resulta num tempo muito menor para a execução no computador. Para desativar a animação do modelo Pedagio.doe, temos duas opções:

- Desativar a opção encontrada em *Objeto + Animar conectores* (geralmente está desativada);
- Ativar a opção encontrada em *Rodar + Controle da Simulação + Rodar em Lote* (sem animação).

7.2 Alterando a capacidade de atendimento

No exemplo do pedágio chegam veículos a cada 30 segundos, e o atendimento médio é de 20 segundos. Se fornecermos *Duração da Replicaçãot* = 360.000, teremos as seguintes informações para a fila:

- Tamanho médio: 1,34 veículos;
- Tamanho máximo: 22 veículos.

Com base no tamanho médio da fila podemos concluir que o sistema está bem dimensionado com um único atendente. O valor para tamanho máximo nos alerta que poderíamos prestar um melhor atendimento se, em alguns momentos, houvesse uma capacidade maior de atendimento. No entanto, são raros esses momentos, o que pode ser suportado pelos clientes.

Alterando o intervalo entre chegadas

Se os veículos chegassem a cada 5 segundos (e não a cada 30 segundos, como temos no modelo), certamente um único posto de atendimento não seria suficiente. Talvez fosse necessário aumentar a capacidade de atendimento para 4 ou mais veículos simultaneamente. Para simular essa situação, inicialmente clique duplamente no bloco Create (área de trabalho) e altere o campo *Time Between Arrival* para EXPO(5).

Alterando a capacidade de atendimento

Para alterar a capacidade de atendimento, é preciso alterar o módulo de dados Resource. Como sabemos, esse módulo não faz parte do fluxograma, pois é um módulo de dados. Portanto:

- Clique no módulo Resource (barra de *templates*).
- Na área de planilha, altere o campo *Capacity* (FIG. 7.1).

Resource - Basic Process

	Name	Type	Capacity	Busy / Hour	Idle / Hour	Per Use	StateSet Name	Failures	Report Statistics
1	ATENDENTE	Fixed Capacity	4	0.0	0.0	0.0		0 rows	☑

FIGURA 7.1 – Alterando a capacidade de atendimento

Dica:

- Para aumentar a capacidade de atendimento, o campo a ser alterado é **Capacity** do módulo de dados Resource.
- O campo **Quantity** do módulo Process (veja FIG. 5.5) é utilizado para fornecer a quantidade de profissionais que devem trabalhar na estação. Esse valor é utilizado para cálculos de custo e não tem impacto no tamanho da fila.

Feita a alteração, clique em *Rodar* da barra de execução. Quando o ARENA encerrar a simulação, veja o resultado. Se você repetir esse processo com outras capacidades de atendimento, os resultados serão os mostrados na TAB. 7.1 (para 360.000 segundos de tempo total simulado). Observação: os dados da tabela foram obtidos dos relatórios *Queue* e *Resources*.

TABELA 7.1

Resultados da execução após alterações em Pedágio.doe sendo:
Tempo de atendimento: *Process Time* = EXPO(20)
Intervalo entre chegadas: *Time Between Arrivals* = EXPO(5)
Tempo de simulação: *Replication Lenght* = 360.000

Capacidade	Taxa de ocupação	Fila média	Fila máxima
4	100%	30,1*	120*
5	79%	1,99	29
6	66%	0,51	20
7	57%	0,16	14
8	49%	0,05	12

* Para capacidade = 4, os dados foram obtidos com a versão *Standard* do ARENA e não com a versão *Training* fornecida neste livro. O motivo é que sua execução implica a existência de um número acima de 150 entidades simultaneamente, o que excede a capacidade da versão *Training* do ARENA. É bom lembrar ainda que a teoria das filas prevê fila infinita para essa situação, ou seja, trata-se de uma situação em que os resultados não se estabilizam independentemente do tamanho da amostra.

Pontos importantes:

- Não se esqueça de clicar no ícone *TERMINAR* para finalizar cada execução.
- Desejando agilizar o processo, elimine a animação clicando em *Rodar + Controle da Simulação + Rodar em Lote (Sem animação)*.

7.3 A escolha da correta distribuição de frequência

No modelo inicial, tanto o intervalo entre chegadas quanto o tempo de atendimento seguem a distribuição exponencial negativa. Como sabemos, o processo de atendimento raramente segue a distribuição exponencial negativa. Assim, é válido perguntar qual teria sido o resultado obtido caso tivéssemos utilizado outras distribuições, tal como a Erlang, a triangular, a uniforme ou a distribuição verdadeira. Na TAB. 7.2 resumimos os resultados obtidos para esse estudo por meio de alterações no modelo Pedagio.doe:

TABELA 7.2

Resultados da execução após alterações em Pedágio.doe sendo:
Intervalo entre chegadas: *Time Between Arrivals* = EXPO(30)
Tempo médio de atendimento: 20 segundos
Distribuição do atendimento: Vide coluna *Distribuição do Atendimento*
Tempo de simulação: *Replication Lenght* = 360.000
Quantidade de atendentes: 1 *(capacity)*

Distribuição de atendimento	Exemplo	Tamanho da fila	
		Médio	Máximo
EXPO(20)	Pedagio	1,34	22
Uniforme - UNIF (10,30)		0,70	13
Triangular - TRIA(10,20,30)		0,68	10
9.5 + GAMM(6.98, 1.51)	Pedagiod	0,81	14
Erlang-5		0,89	14
Dados reais	Pedagioc	0,53	12

Fornecimento de dados

Para fornecer os dados do tempo de atendimento, escolha o tipo de distribuição no campo *Delay Type* (Figura da página seguinte) e forneça os dados restantes.

Distribuição uniforme (ou retangular)

No caso da distribuição triangular, lançamos UNIF(10,48):

Valor mínimo = 10

Valor máximo = 48

Distribuição triangular

No caso da distribuição triangular, lançamos TRIA(10,15,48):

Valor mínimo = 10

Moda = 15

Valor máximo = 48

Distribuição Gamma

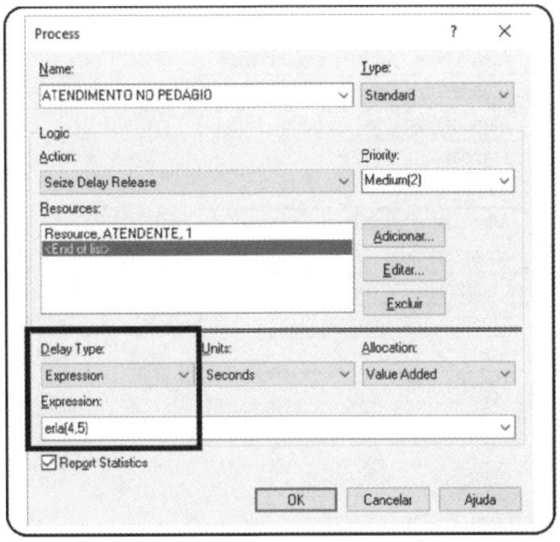

Conforme será visto posteriormente (capítulo "Análise de Dados de Entrada"), trata-se da distribuição teórica que melhor se adapta aos dados reais. Esses dados foram fornecidos em Pedagiod.doe.

Distribuição Erlang

No caso da distribuição Erlang-5, fornecemos *Delay Time* = Erla(4,5). O número 4 foi obtido pela operação.

Tempo médio de atendimento / 5

Distribuição verdadeira

No caso da distribuição verdadeira, utilizamos os dados obtidos no capítulo 22 e, para lançá-los no ARENA, fornecemos os valores da distribuição acumulada, que são os seguintes (veja o exemplo **Pedagioc.doe**):

X	0	11.5	15.5	19.5	23.5	27.5	315	39.5	43.5	47.0
Y	0	0.22	0.47	0.70	0.81	0.86	0.91	0.96	0.98	1.0

Observe, no campo *Process Time* do bloco Process, que lançamos os pontos sequencialmente na forma y,x:

```
CONT(0,0,0.22,11.5,0.47,15.5,0.70,19.5,0.81,23.5,0.86,27.5,0.91,31.5,0.96,39.5,0.98,43.5,1.0,47.)
```

Conclusões

Analisando os resultados mostrados na TAB. 7.2 para as diferentes distribuições, temos uma conclusão óbvia: o uso de outras distribuições que não a verdadeira para esse exemplo levou a resultados diferentes do real. No capítulo *Análise de dados de entrada* veremos como analisar dados reais de um fenômeno. Veremos, por exemplo, que as distribuições triangular e uniforme são as que mais se distanciam das distribuições reais. Todavia, pela facilidade de uso, são extremamente úteis nos momentos iniciais da montagem do modelo.

O ARENA permite o uso de diversos tipos de distribuição de frequência, tal como mostramos no quadro seguinte.

Distribuição	Abrev	Parâmetros	Melhor aplicação
Poisson	POIS	Média	Chegada
Exponencial	EXPO	Média	Chegada
Triangular	TRIA	Min/Media/Max	Atendimento (aproximação inicial)
Uniforme	UNIF	Min/Media/Max	Atendimento (aproximação inicial)
Normal	NORM	Média/Desvio	Atendimento (tempos de máquina)
Johnson	JOHN	G, D, L, X	Atendimento
Log Neperiano	LOGN	Média Logarítmica	Atendimento
Weibull	WEIB	Beta, Alfa	Atendimento (tempo de vida de equipamentos)
Discreta	DISC	P1, V1, ...	Chegada/atendimento
Contínua	CONT	P1, V1, ...	Chegada/atendimento
Erlang	ERLA	Média/K	Atendimento
Gamma	GAMM	Beta, Alfa	Atendimento

Referências

1 Prado, D. *Teoria das filas e da simulação*. Nova Lima: Editora Falconi, 2020, p.101

2 Prado, D. *Teoria das filas e da simulação*. Nova Lima: Editora Falconi, 2020, p.55 e p.101

7.4 Exercícios

1) Considere o exemplo Pedagio.doe. Carregue-o e faça diversas corridas no computador, alterando o valor dos parâmetros do bloco **Create**, escolhendo valores para a distribuição de chegada entre EXPO(17) e EXPO(35). Após a execução, verifique no relatório *Queues* os valores para o tamanho da fila.

2) Repita o exercício anterior com o bloco ***Process***, alterando o tempo de atendimento com qualquer valor entre TRIA(15,20,30) e TRIA(15,25,30) e mantendo, para a chegada, EXPO(25).

3) Navios chegam a um porto a intervalos de EXPO(8) horas e gastam TRIA(3,5,10) horas para descarregar. Faça o diagrama de blocos e submeta-o ao ARENA. Simule 8.760 horas (1 ano). Determine os valores para:

   a) Taxa de ocupação do porto;

   b) Tamanho médio da fila;

   c) Tempo médio na fila.

4) Em uma fábrica de geladeiras, na seção de colocação de motores, a chegada de uma geladeira sem motor ocorre a intervalos de EXPO(50) minutos e gastam-se TRIA(25,35,50) minutos para o serviço. Determine o tamanho médio da fila. Faça o diagrama de blocos e submeta-o ao ARENA. Simule 480 minutos (8 horas).

Capítulo 8

Introduzindo a estação de trabalho

8 Introduzindo a estação de trabalho

O formato com que desenvolvemos o modelo Pedagio.doe (capítulos 5 a 7) nos permitiu a obtenção de resultados da simulação, tais como o tamanho médio da fila, além de algum efeito de animação. Conforme vimos no capítulo 3, o ARENA tem recursos avançados de animação, que aprenderemos a usar a partir do capítulo 10. Antes, porém, necessitamos introduzir o conceito de "estação de trabalho", pois, conforme vimos no capítulo 2, no ARENA uma entidade flui entre estações de trabalho (FIG. 2.1). Por outro lado, como veremos neste capítulo e nos seguintes, esse conceito amplia muito as possibilidades de programação com o ARENA.

8.1 A estação de trabalho

Abra o exemplo **Station1.doe** (FIG. 8.1), que é uma evolução do exemplo Pedagio.doe apresentado nos capítulos anteriores. Para introduzir o conceito de estação de trabalho, inserimos dois novos módulos no modelo:

- Bloco Station: para informar que o veículo ocupou a estação pedágio;
- Bloco Leave: para informar que o veículo desocupou a estação pedágio.

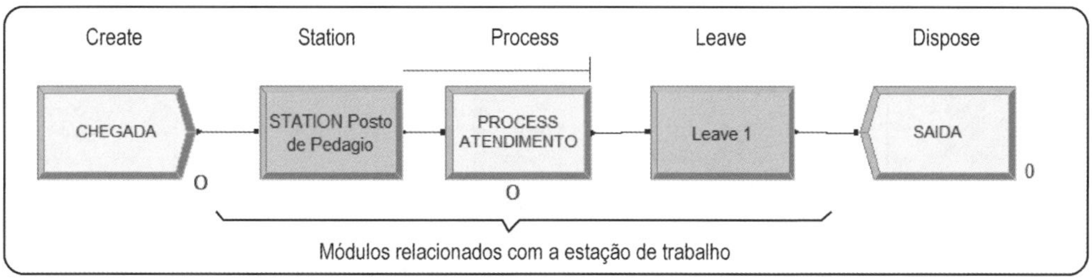

FIGURA 8.1 – A estação de trabalho (Station1.doe)

O *template* Advanced Transfer

Observe que, na área de *templates*, foi anexado mais um *template*: *Advanced Transfer*. Para anexar esse *template* clique no ícone *Anexar Template* ou, então, clique em *Arquivo + Painel de Templates + Anexar* (veja também como anexara no capítulo 4 *Conhecendo o ambiente de trabalho do ARENA*, item 4.1). Os módulos deste *template* (FIG. 8.2), como o próprio nome indica, são utilizados para efetuar o transporte de uma entidade, podendo utilizar, inclusive, recursos como ponte rolante, esteira, etc. Esses aspectos serão abordados em capítulos posteriores.

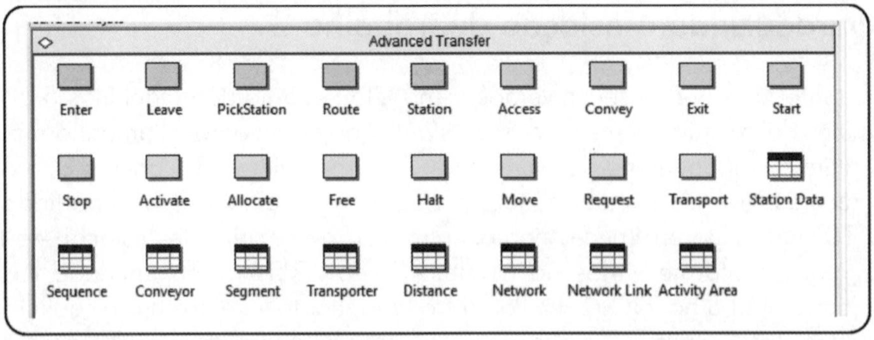

FIGURA 8.2 – O *template* Advanced Transfer

O módulo Station

O módulo Station (FIG. 8.1) é utilizado para informar que a entidade ocupou uma estação. Dê um duplo clique no bloco Station (na área de trabalho): será obtida uma tela igual à FIG. 8.3. As opções disponíveis no campo *Station Type* serão vistas em capítulo posterior.

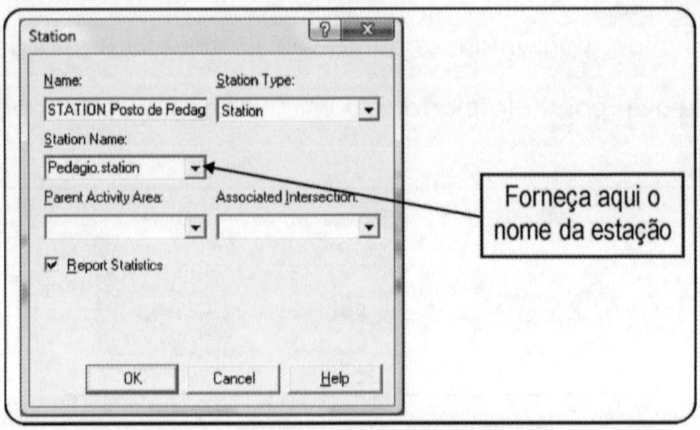

FIGURA 8.3 – O módulo Station (Station1.doe)

O módulo Enter

Este módulo tem a mesma finalidade e a mesma configuração que o módulo Station. Assim, podemos utilizar tanto um como outro.

O módulo Leave

O módulo Leave é utilizado para informar que a entidade desocupou uma estação. No exemplo Station1.doe dê um duplo clique no bloco Leave (na área de trabalho). Será obtida uma tela igual à FIG. 8.4.

- As opções disponíveis no campo *Transfer out* serão vistas em capítulos posteriores.

- Com relação a *Connect type*, estamos utilizando, neste exemplo, a opção *Connect*, o que nos obriga a conectar os blocos Leave e Dispose por meio de uma linha de conexão, tal como explicamos no capítulo *Criando um modelo simples*, item "Criando o Fluxograma".

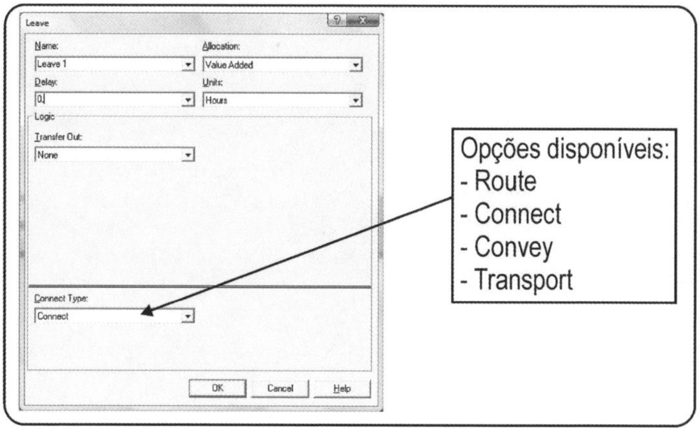

FIGURA 8.4 – O módulo Leave (Station1.doe)

8.2 O conjunto Station + Process + Leave

Este conjunto de módulos é usado corriqueiramente no ARENA para modelar os processos em que temos movimentações e necessitamos de animação ou quando temos um enorme conjunto de estações de finalidade semelhante. Neste último caso, ativamos a opção *SET* (conjunto de estações) existente no módulo *Station*, campo *Station Type* (este assunto será abordado em capítulos posteriores).

> Lembre-se:
> o conjunto
> `Station + Process + Leave`
> é equivalente a
> `Enter + Process + Leave.`

8.3 Exercícios

1) Considere o exercício 3 do capítulo anterior e coloque nele os módulos Station e Leave.

2) Considere o exercício 4 do capítulo anterior e coloque nele os módulos Station e Leave.

Capítulo 9

O módulo Decide

9 O módulo Decide

Neste capítulo apresentaremos o módulo Decide e outras facilidades do ARENA, que ampliam as informações dos capítulos anteriores. Suponha que uma fábrica de roupas deseja analisar seu processo de produção. Os dados são os seguintes (FIG. 9.1):

- Produção diária desejada: 40 unidades;
- Tempos de produção:
  - Corte: Tria(8,10,12) minutos;
  - Costura: Tria(18,22,28) minutos;
  - Inspeção igual a 2 minutos;
- Índice de rejeição na inspeção de qualidade: 20%;
- Tempos de deslocamento:
  - Entre corte e costura: 2 minutos;
  - Entre inspeção e costura: 2 minutos;
  - Entre costura e inspeção: 2 minutos;
  - Entre inspeção e estoque: 2 minutos.

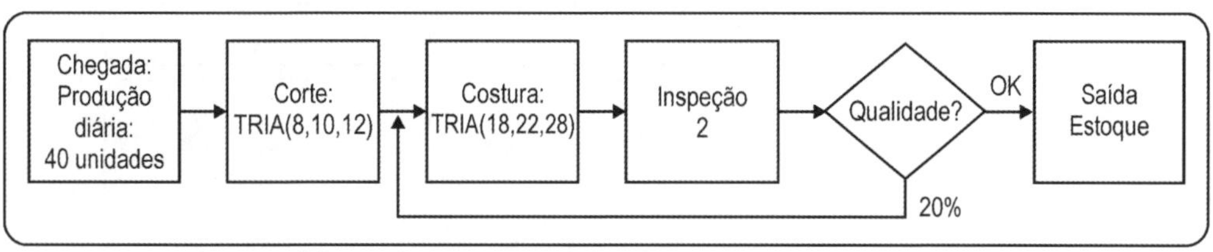

FIGURA 9.1 – Fluxo na fábrica de roupas (Decide1.doe)

Desejamos saber:

- O dimensionamento adequado em cada estação de trabalho;
- O tempo médio de confecção de uma peça de roupa;
- A produção em 600 minutos (10 horas).

9.1 Codificando o modelo

O modelo da FIG. 9.2 consta do seu disco com o nome de **Decide1.doe.** Carregue-o, analise-o e execute-o conforme as instruções já vistas nos capítulos anteriores. Após analisar o modelo, feche o arquivo *(close)*, solicite um modelo novo *(new)* e monte o mesmo diagrama de blocos conforme a FIG. 9.2, acrescentando os dados fornecidos conforme a leitura deste capítulo.

O módulo Decide utilizado neste modelo, é oriundo do *template Advanced Tranfer,* apresentado no capítulo anterior. Além disso, neste modelo, os seguintes aspectos também necessitam de esclarecimentos:

- A nova forma de fornecer dados no modulo Create;
- A nova forma de enviar adiante uma entidade no módulo Leave.

Observe ainda que neste exemplo as três estações de trabalho (corte, costura e inspeção) foram criadas pelos módulos Station (ocupação) e Leave (desocupação). Criamos também a estação Estoque, onde o fluxograma é finalizado. Os nomes usados neste modelo foram:

Estação	Nome da estação	Nome do processo	Nome da fila
Corte	Corte.Station	Processo corte	Processo Corte.Queue
Costura	Costura.Station	Processo costura	Processo Costura.Queue
Inspeção	Inspecao.Station	Processo inspeção	Processo Inspecao.Queue
Estoque	Estoque.Station		

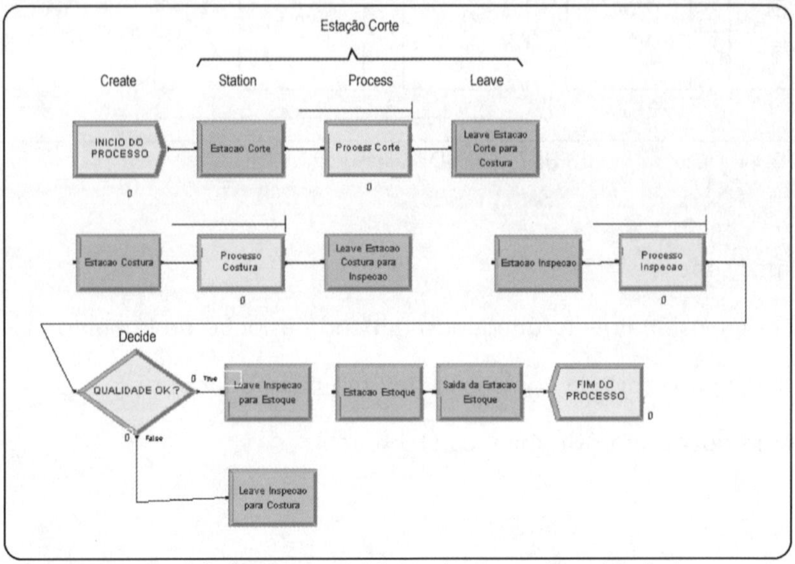

FIGURA 9.2 – Modelo ARENA para fábrica de roupas (Decide1.doe)

O nome da fila

Observe o nome da fila fornecido na tabela anterior: lembre-se de que ele foi criado automaticamente pelo ARENA, adicionando *.Queue* após o nome do processo. Desejando alterar o nome da fila (FIG. 9.3):

- Clique no módulo Queue (*template Basic Process* da área de *template*). Na área de planilhas surgirão todos os módulos Queues do modelo;
- Efetue a alteração desejada na área de planilha.

Queue - Basic Process

	Name	Type	Shared	Report Statistics
1	Processo Corte.Queue	First In First Out	☐	☑
2	Processo Costura.Queue	First In First Out	☐	☑
3	Processo Inspecao.Queue	First In First Out	☐	☑

FIGURA 9.3 – Relação de filas do modelo Decide1.doe

A caixa de diálogo de um módulo de dados

Vamos conhecer agora outra forma de alterar dados em um módulo de dados. Conforme vimos no capítulo 5, os módulos de dados não são colocados na área de trabalho, portanto não podemos usar a modalidade duplo clique para acessar suas respectivas caixas de diálogos. O caminho é pela área de planilhas: por exemplo, para alterar o nome da fila no módulo de dados Queue (figura ao lado), podemos acessar a sua caixa de diálogo conforme as instruções da FIG. 9.4.

Dica

A alteração pode ser feita na modalidade via diálogo da seguinte forma:

- Clique no módulo Queue na Área de *Template*
- Coloque o cursor sobre a linha desejada na Área de Planilha
- Clique com o botão direito e escolha *Editar via Caixa* de Diálogos (vide figura ao lado)
- Faça as alterações necessárias

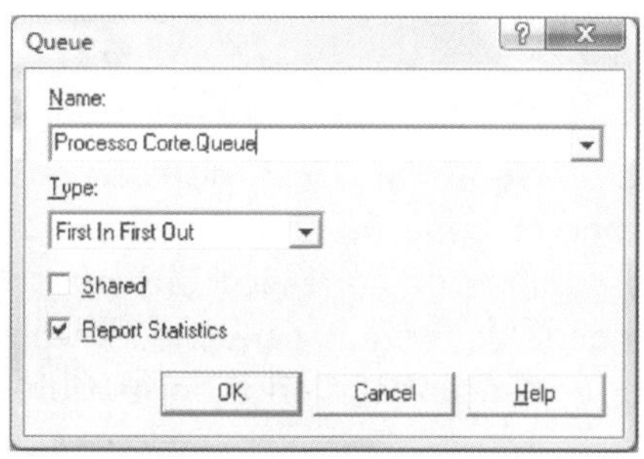

FIGURA 9.4 – Alterando dados de uma fila (Decide1.doe)

A produção diária: módulo Create

Veja como os dados foram fornecidos ao módulo Create (FIG. 9.5):

- *First Creation = 0*: no momento zero...
- *Entities per Arrival = 40*: ... são criadas 40 entidades...
- *Max Arrival = 1*: ... e não mais serão criadas entidades.

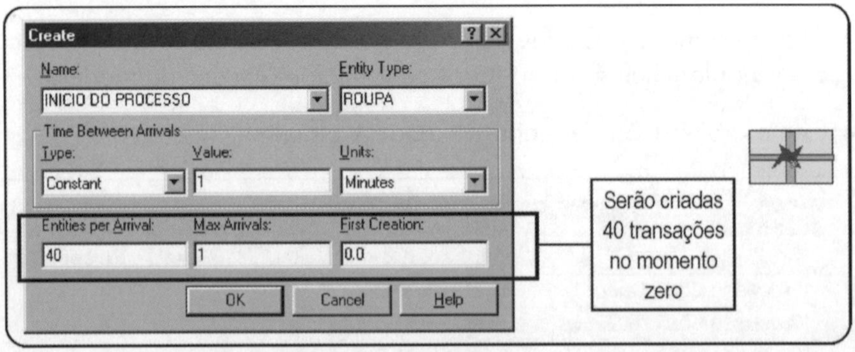

FIGURA 9.5 – O módulo Create (Decide1.doe)

Conforme percebemos, temos aqui uma forma inovadora de uso do módulo *Cretate*: fornecemos a produção diária desejada.

Deslocamento entre estações: módulo Leave

O deslocamento entre estações foi fornecido no módulo Leave e observe que temos 5 desses módulos analisados no modelo.

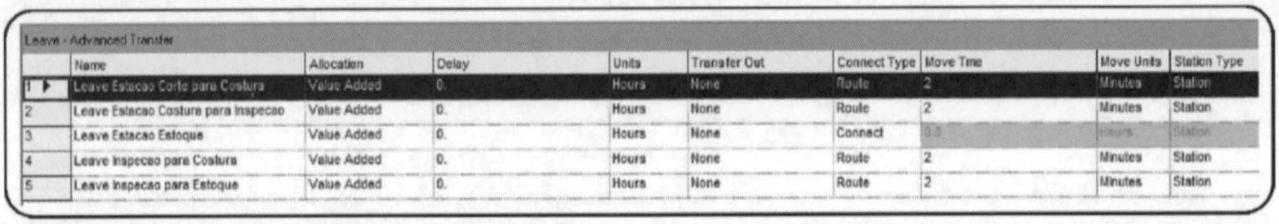

Leave - Advanced Transfer

	Name	Allocation	Delay	Units	Transfer Out	Connect Type	Move Time	Move Units	Station Type
1	Leave Estacao Corte para Costura	Value Added	0.	Hours	None	Route	2	Minutes	Station
2	Leave Estacao Costura para Inspecao	Value Added	0.	Hours	None	Route	2	Minutes	Station
3	Leave Estacao Estoque	Value Added	0.	Hours	None	Connect	0.0	Hours	Station
4	Leave Inspecao para Costura	Value Added	0.	Hours	None	Route	2	Minutes	Station
5	Leave Inspecao para Estoque	Value Added	0.	Hours	None	Route	2	Minutes	Station

FIGURA 9.6 – Módulos Leave (Decide1.doe)

Observe na FIG. 9.2, no caso dos dois primeiros módulos Leave, que não existe linha de conexão com o módulo seguinte. No caso do último módulo Leave temos uma linha de conexão com o módulo Dispose. Para a primeira situação, a informação do módulo seguinte foi feita da seguinte forma (veja a FIG. 9.7, que mostra apenas a parte inferior do módulo Leave):

- *Connect Type = Route:* Esse tipo de conexão envia a entidade para a estação "Corte" gastando 2 minutos. Ao se ativar essa opção, o desenho do módulo (área de trabalho) não mais tem o sinal de conexão. Usando essa opção, fica impossível efetuar a conexão entre o módulo Leave e qualquer outro módulo por meio do ícone Connect apresentado no item 5.2 do capítulo 5.

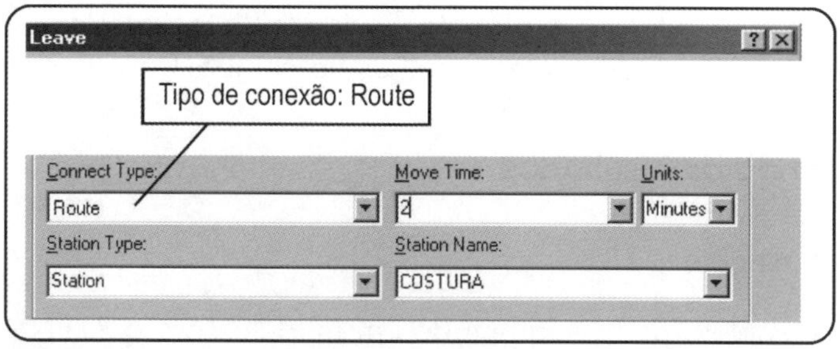

FIGURA 9.7 – O deslocamento entre estações no módulo Leave (Decide1.doe)

O módulo Decide

Utilizamos o módulo Decide quando, em um ponto do fluxo, temos diversas opções de continuação. O texto desse exemplo informa que na estação Inspeção temos duas opções de fluxo:

- 20% das peças apresentam defeito e devem ser reenviadas para correção na estação costura;
- 80% passam no teste de qualidade.

Isto foi obtido com o módulo Decide (FIG. 9.8), no qual vemos:

- *Type = 2-way chance* (2 opções de probabilidades). As outras opções deste campo serão vistas em capítulos posteriores:
  - *n-way chance:* diversas opções de probabilidades;
  - *2-way by condition:* 2 opções de condições;
  - *n-way by condition:* diversas opções de condições.
- *Percent True* (0-100) = 80: ou seja, 80% dos testes devem sair pelo lado True (verdadeiro).

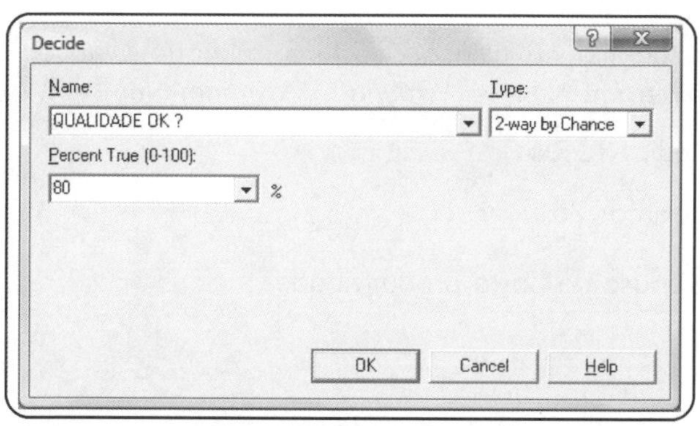

FIGURA 9.8 – O módulo Decide (Decide1.doe)

Observe que a parte inferior do módulo Decide (FIG. 9.8) pode assumir diferentes formatos em função das diferentes escolhas no campo *Type*.

9.2 Analisando os resultados

Executando o modelo

O processo completo de montagem de um modelo com o ARENA requer outros passos ainda não mostrados. Para o estágio atual, as seguintes considerações são importantes:

- O modelo pode ser executado com **animação de fluxograma** por meio da ativação da opção existente em *Objeto + Animar Conexões*. Essa opção é muito útil para validar a lógica desenvolvida;
- O modelo pode ser executado sem nenhuma animação pela ativação da opção existente em *Rodar + Controle da Simulação + Rodar em Lote (sem animação)*. Essa opção permite uma execução ultrarrápida e é adequada para modelos cuja lógica já foi validada previamente.

Analisando os resultados

Analisando os resultados dessa simulação, vemos:

- Total de peças produzidas = 19 (veja relatório *Category Overview*, campo *System Number Out*).
- Tempo médio de produção de uma peça: 296,10 minutos (veja relatório *Entities*, campo *Total Time*). Neste tempo estão incluídos os tempos em fila.

Portanto, não se conseguiu atender ao objetivo solicitado de produzir 40 peças por dia. Procurando possíveis gargalos nesse sistema, observamos que, no final da simulação, existem 20 peças na estação costura (veja fluxograma). Podemos comprovar que a fila na estação costura é muito alta:

- Tamanho da fila na estação costura (relatório *Queue*, segunda página, campos *Average Number Waiting* e *Maximum Number Waiting*):
  - Fila Média: 15,06
  - Fila Máxima: 25

Então essa é a causa da baixa produtividade.

Atenção:

Na estação corte também existiu uma grande fila, mas o motivo deste fato reside no fato de que todas as 40 entidades foram criadas no instante zero e colocadas na fila da estação corte.

O tempo de trânsito

Conforme informamos acima, o tempo de trânsito da entidade CAMISA (nome fornecido no módulo Create) está no relatório *Entities*. Nesse relatório (página 2, coluna *Average*), podemos ver que o tempo é composto de:

- *VA Time (Value Added Time)* = 37,07 minutos: média do somatório dos tempos de processamento pelos recursos;
- *NVA Time (Non Value Added Time)* = 0;
- *Transfer Time* (Tempo de Transferência) = 6,21 minutos;
- *Wait time* (Tempo de espera) = 252,82 minutos: média do somatório dos tempos de espera nas filas;
- *Other Time* = 0;
- *Total Time* = 296,10 minutos (ou 4h-56min-6seg).

O tempo de trânsito *(Total Time)* foi obtido assim: 37,07 + 252,82 + 6,21 = 296,10 minutos. Este é o tempo médio de trânsito das 19 entidades que saíram do sistema. Observe, então, que o relatório Entities fornece todos os componentes de tempos gastos pela entidade para percorrer totalmente o sistema. Por outro lado, observe que uma análise centrada exclusivamente nos tempos em fila (utilizando o relatório Queues) pode nos confundir com relação ao Total Time.

- Processo Corte.Queue: 198,38 minutos;
- Processo Costura.Queue: 170,47 minutos;
- Processo Inspecao.Queue: 0,0 minutos;
- Somatório do tempo total em fila: 368,85 minutos.

Ou seja, o somatório do tempo total em fila não é igual ao tempo de trânsito *(Total Time)*. O *Total Time* (296,10) está relacionado com as 19 entidades que saíram do sistema e o somatório do tempo total em fila (368,85) está relacionado com o total de entidades que entraram no sistema (40) sendo que, ao final da simulação, algumas delas ainda estão dentro do sistema.

Solucionando o problema

Para resolver o problema de baixa produtividade devido a uma grande fila na estação costura, podemos aumentar a capacidade da estação costura, alterando o valor do campo *Capacity*. Para isso (FIG. 9.8):

- Clique no módulo Resource (*template Basic Process* na área de *template*).
- Altere o campo *Capacity* do recurso Costureira (área de planilhas).

Resource - Basic Process

	Name	Type	Capacity	Busy / Hour	Idle / Hour	Per Use	StateSet Name	Failures	Report Statistics
1	COSTUREIRA	Fixed Capacity	2	0.0	0.0	0.0		0 rows	☑
2	CORTADEIRA	Fixed Capacity	1	0.0	0.0	0.0		0 rows	☑
3	INSPETOR	Fixed Capacity	1	0.0	0.0	0.0		0 rows	☑

FIGURA 9.9 – Alterando a capacidade de atendimento do recurso Costureira (Decide1.doe)

Efetuando diversas alterações, encontramos:

Capacidade	Fila média	Fila máxima	Produção diária
2	6,68	14	37
3	2,51	7	40
4	0,05	2	40

Concluímos que a melhor opção para produzir 40 peças é capacidade de atendimento = 3.

Observação: Para os ensaios mostrados, é conveniente ativar *Rodar + Controle da Simulação + Rodar em Lote (sem animação).*

9.3 O tamanho da amostra: replicação

As conclusões mostradas no ensaio anterior ainda não são definitivas, pois o tamanho da amostra é muito pequeno: um único dia. Para simular diversos dias, necessitamos utilizar o recurso replicação, disponível no campo *Número de Replicações* acessando *Rodar + Configurações + Parâmetros de Replicação* (veja FIG. 5.10). Veja na tabela seguinte os resultados obtidos nos relatórios *Queues* e *Entities*, utilizando *Number of Replications = 10.*

Pelos resultados mostrados na tabela seguinte, podemos concluir que a quantidade adequada de atendentes é realmente 3. No entanto, este estudo pode ser olhado por outra ótica: a empresa pode contratar 2 costureiras e pagar hora extra ao final do dia, de modo a concluir a produção de 40 peças.

Dia	Atendentes na estação costura = 2			Atendentes na estação costura = 3		
	Fila		Produção	Fila		Produção
	Média	Máxima		Média	Máxima	
1	6,68	14	37	2,51	7	40
2	4,58	11	40	0,12	2	40
3	5,49	13	36	0,12	2	40
4	6,82	14	36	0,19	2	40
5	2,85	9	38	0,13	2	40
6	4,72	9	40	0,16	2	40
7	6,36	16	40	1,34	5	40
8	5,84	13	38	0,80	3	40
9	3,19	10	39	0,15	2	40
10	2,88	8	40	0,28	3	40

9.4 Exercícios

1) Em uma fábrica chegam pedidos a cada EXPO(23) minutos e vão para a produção (MAQ.A), gastando UNIF(15,25) minutos. A seguir passam por um processo de inspeção, em que:

Duração: TRIA(15,17,20) minutos

Percentual de falha: 30%

As peças defeituosas vão para uma estação de reparo.

As peças sem defeito vão para a expedição.

Na estação de reparo gasta-se UNIF(10,15) e, a seguir, as peças vão para a expedição.

Todos os tempos de deslocamento são de 2 minutos.

Simule 1.000 minutos.

Pede-se:

a) Qual a taxa de ocupação de cada servidor?

b) Qual o tamanho médio de cada fila?

c) Qual o tempo médio em cada fila?

d) Qual o tempo médio para se produzir uma peça?

2) Altere o exemplo da fábrica de roupas (Decide1.doe) incluindo 2 operários na estação de inspeção, e considere 3 operários na estação costura. Verifique os novos tamanhos para as filas. Compare com os valores mostrados no item 9.2 (estação costura) e explique as diferenças.

3) Em uma barbearia, clientes chegam a cada EXPO(10) minutos. Existem 3 barbeiros, e o tempo de corte é de TRIA(15,20,25) minutos. Após cortado o cabelo, 30% dos clientes também fazem a unha com outra profissional, gastando TRIA(10,15,20) minutos. Verifique o tamanho das filas, o tempo nas filas e o tempo que um cliente gasta dentro da barbearia. O tempo de deslocamento entre a seção de corte de cabelo e a seção de corte de unha é de 1 minuto (o cliente gasta algum tempo conversando, etc.). Conte o total de clientes que foram atendidos no período de 8 horas.

4) Em um sistema de filas sequenciais no qual peças fluem pela linha de produção, temos os seguintes valores para ritmos médios (todas as distribuições são exponenciais negativas):

- $\lambda 1 = 10$, $\lambda 2 = 5$ (unidade: chegadas por hora – todas as distribuições são exponenciais negativas).
- $\mu 1 = 15$, $\mu 2 = 30$ e $\mu 3 = 20$ (unidade = atendimentos por hora – todas distribuições Erlang).

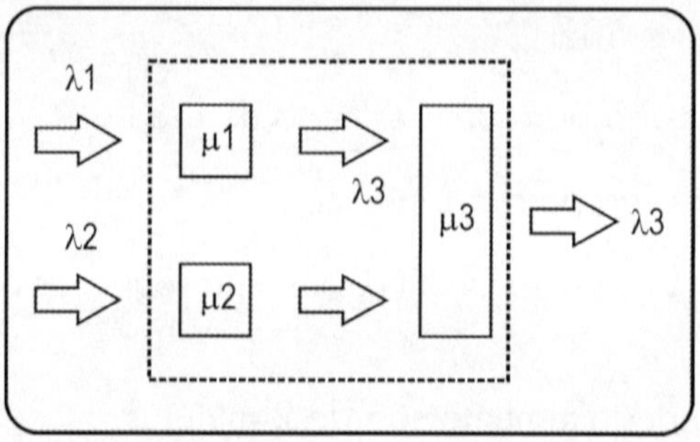

Pede-se:

- Calcular tempo médio na fila, tamanho médio da fila e taxa de ocupação de cada servidor;
- Calcular tempo médio no sistema e quantidade média de pessoas no sistema;
- Simule 1.000 minutos.

Observação: considere as distribuições de atendimento como sendo Erlang-5. A distribuição Erlang-5 deve ser fornecida ao ARENA na forma:

ERLA(ExpoMean,5)

sendo que ExpoMean deve ser calculado como:

ExpoMean = TA/5,

em que TA é o tempo médio de atendimento.

Para trabalharmos com minutos, os valores são:

Atendente	μ	TA (hora)	TA (min)	TA/5	*Process Time*
1	15	0,06	4	0,8	Erla(0.8,5)
2	30	0,03	2	0,4	Erla(0.4,5)
3	20	0,05	3	0,6	Erla(0.6,5)

Atenção: não se esqueça de converter *ritmo de chegada* em *intervalo* entre *chegadas* para fornecer os dados ao módulo Create.

5) No sistema anterior, supondo que houve um crescimento nos ritmos de chegada, em que $\lambda 1 = 25$ e $\lambda 2 = 12$, qual deve ser a quantidade de servidores em cada estação de trabalho tal que o tamanho médio da fila seja menor que 1?

6) Redimensione o sistema de modo que o seu custo seja mínimo. Simule 1.000 minutos. Os dados são:

- Custo diário do atendente: $5
- Custo diário da peça parada ou em produção: $8

Capítulo 10

Animação de cenários

10 Animação de cenários

Neste capítulo veremos como adicionar animação a um modelo pela colocação de símbolos previamente definidos e pela confecção de desenhos na tela. Pela animação podemos tornar o visual da tela muito mais atrativo, além de ser uma excelente ferramenta para verificar se o modelo que montamos está correto. Ademais, a animação é a forma mais simpática e convincente de mostrar os resultados de um estudo para o cliente.

Carregue o modelo **Cenario1.doe** e execute-o: trata-se do mesmo exemplo da fábrica de roupas do capítulo anterior (Decide1.doe), e agora colocamos animação. Faça também referência à FIG. 10.1, pela qual o texto a seguir se orienta.

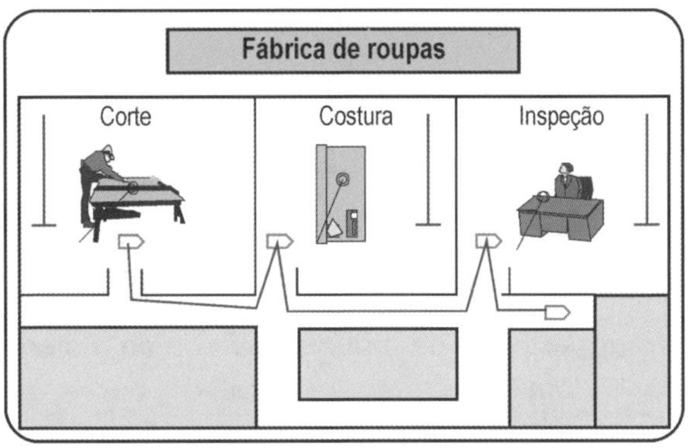

FIGURA 10.1 – Modelo da fábrica de roupas com Animação (Cenario1.doe)

10.1 Etapas para criar um modelo com o ARENA

O objetivo deste capítulo é bem mais amplo que aquele que o seu título inspira: vamos mostrar aqui uma **técnica estruturada** para se montar um modelo com o ARENA. Este assunto será também explorado no capítulo 32 – *Algumas sugestões para um projeto de simulação*. O resultado das etapas que se seguem permitiu criar o modelo **Cenario1.doe**: sugerimos que você carregue esse exemplo, analise-o e execute-o. A seguir, clique em close e carregue **Decide1.doe**, que será o ponto de partida para você acompanhar as etapas descritas a seguir. As etapas para se criar um modelo com o ARENA são:

- Criação do fluxograma (lógica);
- Criação da animação.

10.2 Criação da lógica (fluxograma)

Este aspecto foi abordado de forma introdutória nos capítulos anteriores e, agora, vamos adicionar novas informações. Para criar a lógica, geralmente efetuamos:

1) Criação do *layout* manual;

2) Criação de tabelas referentes aos elementos da simulação;

3) Criação do modelo (ou criação do fluxograma).

1) Criação do *layout* manual

Nesta primeira etapa, elaboramos um desenho do sistema a ser simulado, geralmente de **forma manual** (lápis e papel), que representa o ambiente a ser simulado. Neste desenho é conveniente identificar:

- As estações de trabalho e suas capacidades de processamento;
- Os espaços a serem ocupados por filas e suas capacidades;
- Os espaços a serem ocupados por produtos recém-processados pela estação de trabalho e suas capacidades;
- Os espaços para estoque de matéria-prima e de material acabado;
- O fluxo pelo sistema.

Posteriormente, este desenho será refeito com o Arena ou com outro *software* tal como o AutoCad ou Visio; conforme mostraremos no capítulo 32 *Algumas sugestões para um projeto de simulação.* No contexto global das atividades para se montar um modelo, o desenho manual é feito durante a fase de observação do problema e levantamento de dados.

2) Criação de tabelas referentes aos elementos da simulação

Nesta etapa criamos tabelas como as apresentadas a seguir, em que mostramos os nomes dos elementos a serem simulados e os tempos correspondentes para atendimentos, deslocamentos, etc. Podemos criá-las na forma manuscrita ou com um editor de textos, tal como o MS-Word. Ou MS-Excel.

Estação	**Recurso**	***Delay***	**Fila**
Corte.Station	Cortadeira	TRIA(8,10,12)	Processo Corte.Queue
Costura.Station	Costureira	TRIA(10,12,14)	Processo Costura.Queue
Inspecao.Station	Inspetor	3	Processo Inspecao.Queue
Estoque.Station			

Deslocamentos		
De	**Para**	**Tempo**
Corte	Costura	2
Costura	Inspeção	2
Inspeção	Costura	2
Inspeção	Estoque	2

3) Codificação do modelo ou criação do fluxograma

Nesta etapa criamos a lógica do modelo, colocando os módulos na tela, tal como mostramos nos capítulos anteriores. No nosso caso, o ponto de partida já está confeccionado: Decide1.doe. Em outras situações, o modelo deve ser criado e executado para eliminação de erros com produção de resultados já bastante aproximados. Ao se incluir a animação de cenário, será possível fazer uma melhor depuração no modelo.

Em situações complexas, geralmente o modelo vai sendo desenvolvido em estágios em que vai sofrendo aumentos. Para cada estágio são cumpridas as recomendações deste capítulo.

> **Atenção**
>
> Após montar a lógica do modelo, ele pode ser validado pelos resultados produzidos (obtidos nos relatórios) e pela execução com **animação de fluxograma**. Isso pode ser feito ativando-se a opção existente em *Objeto + Animar conexões*. No entanto, para se criar a **animação de cenário** esta opção não é útil. Assim, sugerimos desativá-la agora.

10.3 Criação da animação de cenário

Conforme veremos a seguir, esta etapa pode ser decomposta em diversos passos:

1) Escolha do símbolo da entidade que flui pelo sistema;

2) Escolha do espaço para animação;

3) Criação do *layout* do sistema sendo simulado;

4) Colocação da animação:

   a) para os recursos;

   b) para pontos de entrada/saída;

   c) para as rotas;

d) para as filas;

e) melhoria do visual;

f) alteração da cor da janela de fundo.

1) Escolha do símbolo da entidade

Ao criarmos um modelo no ARENA sempre é colocado, automaticamente, um símbolo para a entidade se mover pelo sistema. Esse símbolo tem o nome de "Picture.Report" (veja figura ao lado) e pôde ser visto nos modelos desenvolvidos nos capítulos anteriores (Pedagio.doe e Decide1.doe). Nesse modelo a entidade que se move pelo sistema é uma peça de roupa e, portanto, o símbolo padrão não é adequado.

Como ativar um símbolo para o modelo corrente

A ativação de um novo símbolo no modelo corrente é feita no módulo Entity (ele substituirá o símbolo padrão "Picture.Report"). Veja esse módulo no *template Basic Process* na Barra de *Templates*. Dê um clique nesse módulo, e surgirá na área de planilha a tela da FIG. 10.2. O símbolo da entidade é escolhido no campo *Initial Picture*. Clique neste campo e veja as opções existentes.

Entity - Basic Process

	Entity Type	Initial Picture	Holding Cost / Hour	Initial VA Cost	Initial NVA Cost	Initial Waiting Cost	Initial Tran Cost	Initial Other Cost	Report Statistics
1	CAMISA	Picture.Report	0.0	0.0	0.0	0.0	0.0	0.0	☑

FIGURA 10.2 – Módulo Entity, campo *Initial Picture:* o símbolo da entidade (Cenario1.doe)

Observe o valor do campo *Entity Type* (ROUPA) que identifica a linha. Ele foi fornecido anteriormente no módulo Create. O novo símbolo deve ser fornecido no campo *Initial Picture*. No caso deste exemplo (Cenario.doe) escolhemos o símbolo "Picture.Package" (FIG. 10.2). Ele surgirá, ao se executar a animação, após o módulo Create e poderá ser alterado por outros módulos durante a execução do modelo. A seguir apresentamos maiores informações sobre como escolher uma figura inicial. Além disso, o nome deste desenho poderá ser alterado, conforme veremos adiante onde fornecemos um novo nome: CAMISA.

Opções para símbolos de entidade

O ARENA possui diversas coleções de símbolos agrupados em bibliotecas e colocadas no diretório:

C:\Arquivo de Programas\Rockwell Software\Arena

As bibliotecas disponíveis são:

Basicprocess	Factory	Office equipment
Buildings	General	Office
ContactCenter	Jump	People
Equipment	Machine	Symbols
Extras	Medical	Vehicles
Faces	Object	Workers

Para conhecer os símbolos disponíveis para o modelo:

- Clique, no menu principal, em *Editar + Desenho de Entidades Pictures* (FIG. 10.3).

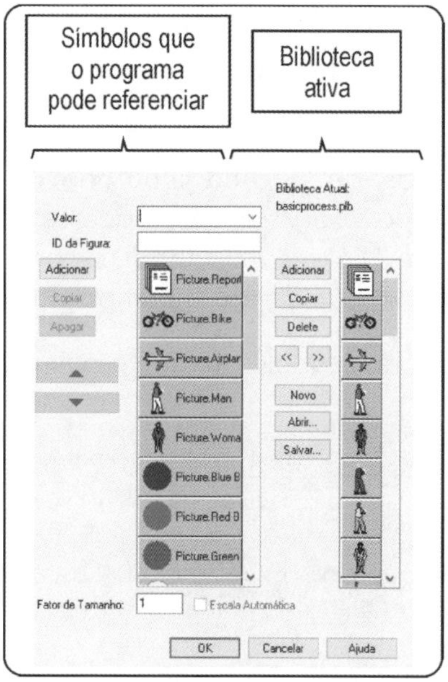

FIGURA 10.3 – Acessando os símbolos disponíveis para a entidade (Cenario1.doe)

Na FIG. 10.3, dividimos a tela em duas partes:

- Lado esquerdo: Os símbolos mostrados deste lado estão disponíveis para o modelo e, portanto, podem ser referenciados por ele.
- Lado direito: Aqui é mostrada a biblioteca ativa e a padrão é a *basicprocess.plb*. Para ativar uma outra biblioteca, clique em *Abrir*, acesse o diretório citado anteriormente e uma das bibliotecas listadas acima. Os símbolos de uma biblioteca ativa podem ser copiados para o lado esquerdo. Para conseguir isso:

- Clique em *Adicionar* no lado esquerdo;
- Escolha o símbolo no lado direito e dê um clique nele;
- Dê um clique na seta voltada para a esquerda. Isto fará com que o símbolo passe para a coluna da esquerda.

Após isso, escolha um símbolo na tabela do lado esquerdo (veja ao lado). Clique no símbolo. Podemos também alterar o nome deste símbolo. Foi o que fizemos: o novo nome é CAMISA. Guarde o nome para o próximo passo.

A escolha do símbolo para o modelo Cenário1.doe

Consolidando e repetindo as informações anteriores, para o modelo Decide1.doe, o símbolo escolhido foi obtido da seguinte maneira.

1) Ativou-se o módulo Entity clicando-se neste módulo na barra de *templates Basic Process;*

2) Na área de planilhas, ao lado da linha para ROUPA ativou-se o símbolo "CAMISA" no campo *Initial Picture* (pode-se também utilizar o recurso "Editar via Caixa de Diálogo" clicando-se com o botão direito). Observe que CAMISA é o novo nome para o campo "Initial Picture".

Eventualmente o tamanho do símbolo durante a animação não agrada. Para alterar o tamanho faça:

1) Ative a tela de símbolos clicando em *Editar + Desenhos de Entidades* (FIG. 10.3);

2) Procure no lado esquerdo, o símbolo que escolhido para representar uma camisa.

3) Modifique o valor do campo *Size Factor:* o valor escolhido (2) foi fruto de diversas tentativas. Esse número representa um tamanho adequado ao cenário da animação.

Observação: Certamente o leitor vai achar que o símbolo escolhido não tem nada a ver com uma camisa (no máximo, podemos imaginar que seja uma camisa em embrulho para presente!...). Infelizmente não encontramos nada melhor em todas as bibliotecas do ARENA. No capítulo 13 *Trabalhando com atributos* criaremos nosso próprio símbolo para uma camisa.

Resumo: Como escolher e ativar um símbolo

Como é um aspecto que geralmente ocasiona erros em montagem de modelos de simulação, resumimos na FIG. 10.4 as etapas para se escolher e ativar um símbolo de animação.

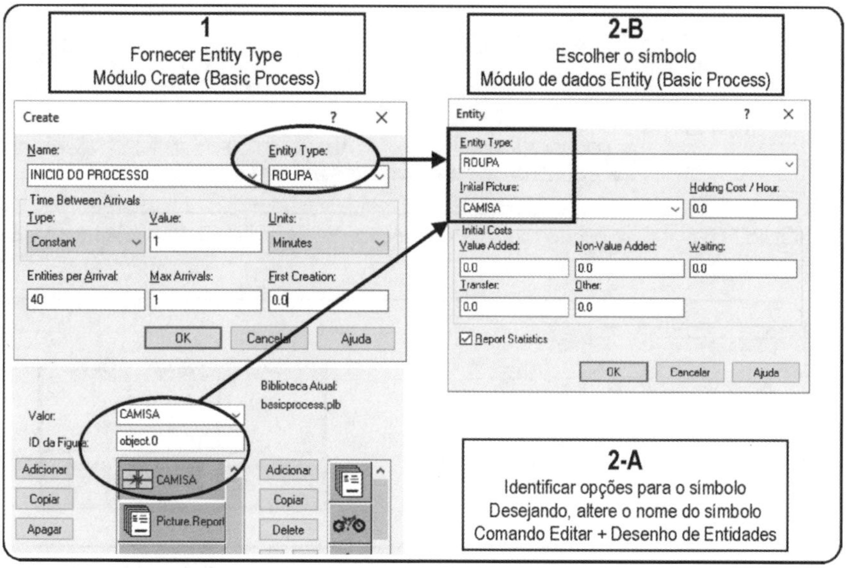

FIGURA 10.4 – Sequência para se escolher o símbolo da animação (Cenario1.doe)

2) Escolhendo o espaço para a animação

Observe que, no modelo Cenário1.doe, o espaço utilizado para a animação está logo ao lado do espaço utilizado para o fluxograma (FIG. 10.5). Esta é uma decisão do usuário: ele coloca a animação onde achar melhor. Conforme iremos percebendo neste livro, ao se montar um modelo profissional, são criados diversos espaços de lógica e diversos espaços de animação, dependendo da complexidade do modelo. O uso adequado deste conhecimento está diretamente relacionado com o nível de experiência do usuário.

3) Criando o *layout* do sistema a ser simulado

Vamos agora aperfeiçoar o desenho, feito inicialmente de forma manual, utilizando o Arena ou outro *software* tal como o AutoCad ou Visio. Conforme dissemos, nosso ponto de partida é o exemplo Decide1.doe, que ainda não tem animação. Assim, criamos o *layout* no espaço do ARENA, conforme mostrado no lado direito da FIG. 10.6. Para compor essa figura, utilizamos os recursos de desenho das barras de ferramentas *Desenhar e Arranjar* (FIG. 10.7).

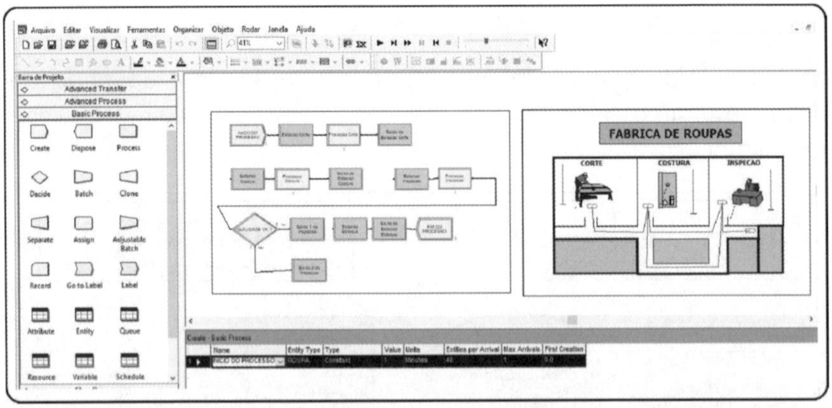

FIGURA 10.5 – Colocando lógica e animação da área de trabalho (Cenario1.doe)

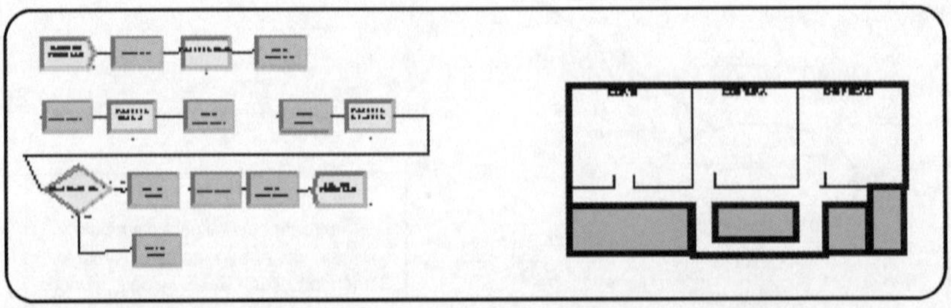

FIGURA 10.6 – Criando o *layout* na área de trabalho (Cenario1.doe)

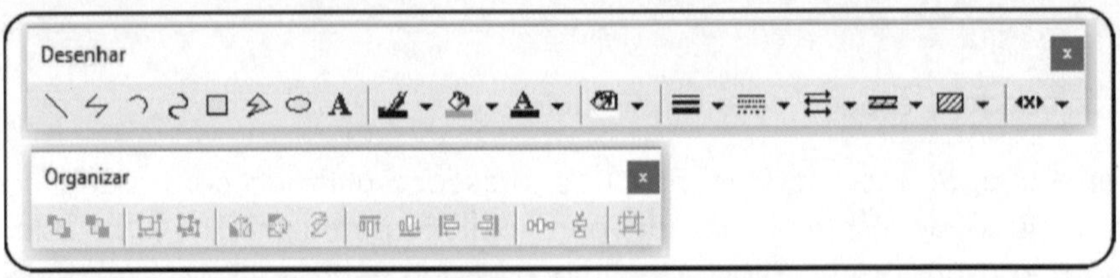

FIGURA 10.7 – As barras de ferramentas *Desenhar* e *Organizar*

Os ícones destas barras permitem:

- Desenhar
  - Desenhar textos;
  - Desenhar linhas, retângulos, áreas irregulares, elipses e textos;
  - Alterar cores dos desenhos do item anterior;
  - Alterar a espessura de uma linha;
  - Estabelecer o tipo de preenchimento de uma área;
  - Alterar a cor do fundo da janela do ARENA.

- Organizar
  - Colocar uma figura à frente ou atrás de outra figura que esteja superposta;
  - Girar uma figura em torno de um eixo.

4) Colocando animação: a barra de ferramentas *Animaçao*

Para conseguir os efeitos da animação, devemos fazer uso da barra de ferramentas *Animação* (FIG. 10.8). Os ícones que estaremos usando neste exemplo estão os assinalados na FIG. 10.8.

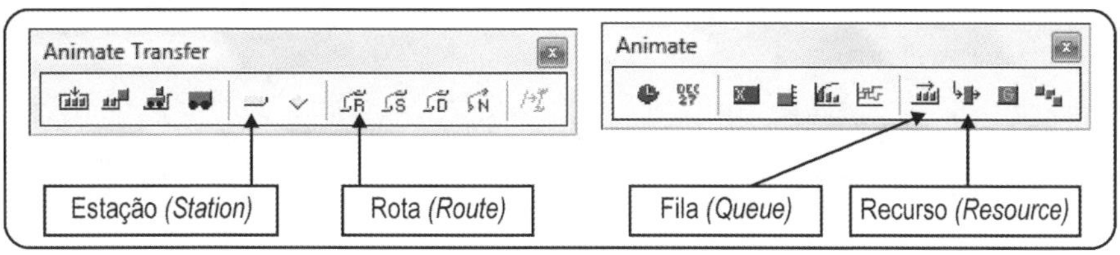

FIGURA 10.8 – As barras de ferramentas *Animação* e *Animação de Transferência*

4.a) Criando animação para os recursos

Para criar as figuras de animação de recursos, clique no ícone *Recurso* na barra de ferramentas *Animação* (veja figura ao lado) e você obterá a tela igual à FIG. 10.9-esquerda. Ela é bastante semelhante à tela da FIG. 10.2 já discutida anteriormente. A diferença principal reside em que devemos agora procurar símbolos para os diversos estados de animação do recurso, que podem assumir os seguintes estados:

- *Idle*: desocupado;
- *Busy*: ocupado;
- *Inactive*: inativo (períodos de descanso, etc.);
- *Failure*: quebra.

No caso do exemplo Cenario1.doe, os símbolos adequados foram encontrados na biblioteca Workers.plb do diretório:

C:\Arquivo de Programas\Rockwell Software\Arena

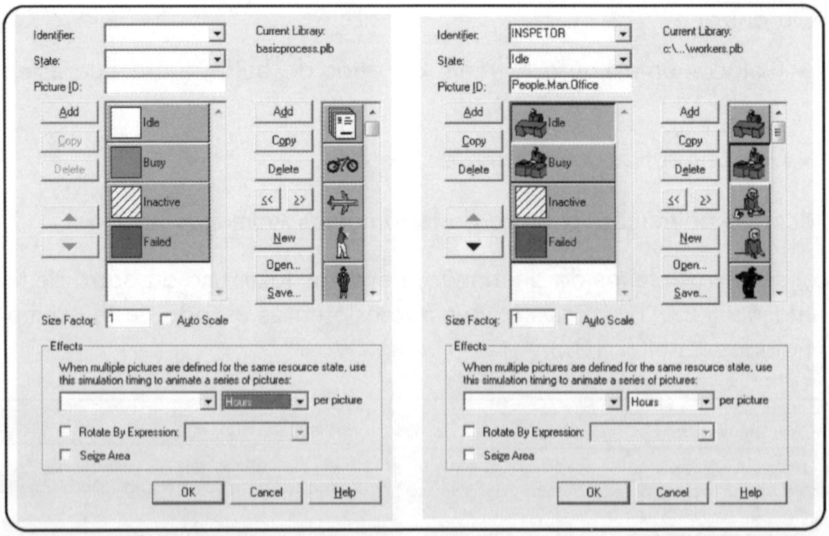

FIGURA 10.9 – Criando a animação de um recurso usando a biblioteca de símbolos *Workers* (Cenario1.doe)

Na FIG. 10.9 mostramos a situação da tela após inseridas as figuras para o recurso "Inspetor". Finalmente, não se esqueça de:

- fornecer o nome de cada recurso no campo *identifier* (no exemplo da FIG. 10.9, temos *Identifier = Inspetor*);
- ativar a opção: Ponto de Ocupação (*Seize Area*) para indicar que se deseja que a entidade seja posicionada sobre o recurso, quando ele estiver atendendo-a.

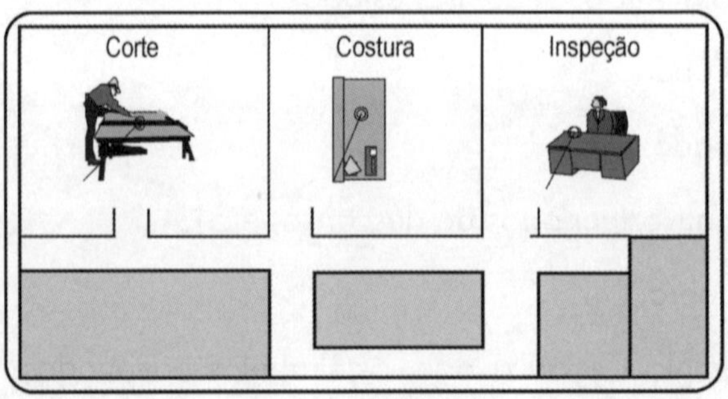

FIGURA 10.10 – Inserindo símbolos para os recursos (Cenario1.doe)

Clique em *OK* e, a seguir, coloque o desenho na posição correta na tela. Aumente ou diminua o tamanho do símbolo do recurso para manter proporcionalidade com o *layout*. Verifique se a posição em que ocorre o atendimento da entidade (um pequeno círculo colocado dentro do símbolo do recurso, conforme mostrado no desenho ao lado) está adequada. Caso não esteja, ele pode ser mudado de posição com o uso do mouse.

Repita o processo para os outros recursos e você obterá uma tela como a FIG. 10.10. Logo após encerrar esse processo, você pode executar o modelo para testar o funcionamento das figuras.

4.b) Criando animação de pontos de entrada/saída para as *Stations*

Para criar a animação dos pontos de entrada/partida das entidades nas *stations*, clique no ícone Estação na barra de ferramentas *Animação* (veja figura ao lado). Na tela obtida, simplesmente preencha o campo *Identificador* com o nome da estação. Em seguida, coloque o desenho no local apropriado ao lado de cada recurso. Achando conveniente, é possível colocar dois símbolos para uma mesma estação: um para o ponto de entrada e outro para o ponto de saída. Não se esqueça de colocar um símbolo para a *station* Estoque. Ao final desse processo você obterá uma tela como a FIG. 10.11.

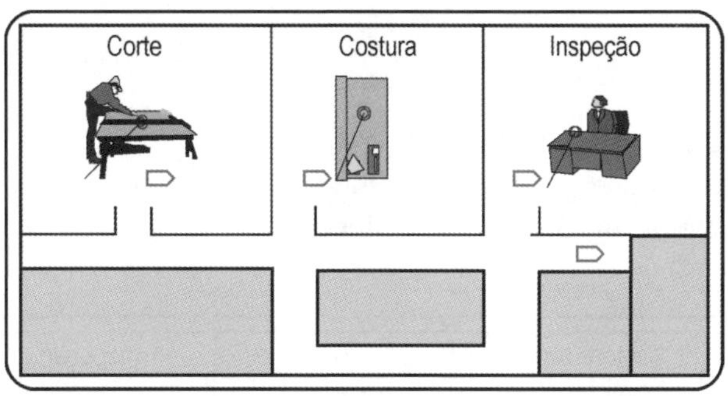

FIGURA 10.11 – Inserindo símbolos para as estações (Cenario1.doe)

4.c) Criando animação para as rotas

Vamos agora interligar as *stations*, conforme o fluxograma mostrado na FIG. 10.1, interligando os pontos inseridos no item anterior. Para conseguir isso, clique no ícone *ROTA* da barra de ferramentas *Animação de Transferências* (veja figura ao lado), clique *OK* na tela seguinte e faça a interligação adequada entre os pontos de entrada/partida das estações, conforme a FIG. 10.12. Logo após, rode o modelo.

4.d) Criando animação para as filas

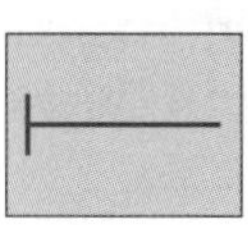

A animação para as filas é feita clicando no ícone *Queue* da barra de ferramentas *Animação*, preenchendo o campo *Identificador* com o nome de cada fila (veja tabela no item 10.2.2) e colocando a fila nos locais adequados (veja figura ao lado e FIG. 10.13). Um comentário importante: esses símbolos de fila foram colocados automaticamente acima de cada módulo Process existente na área de trabalho logo após a montagem do fluxograma. Portanto, devem ser eliminados ou transferidos para a área de animação. Logo após, rode o modelo.

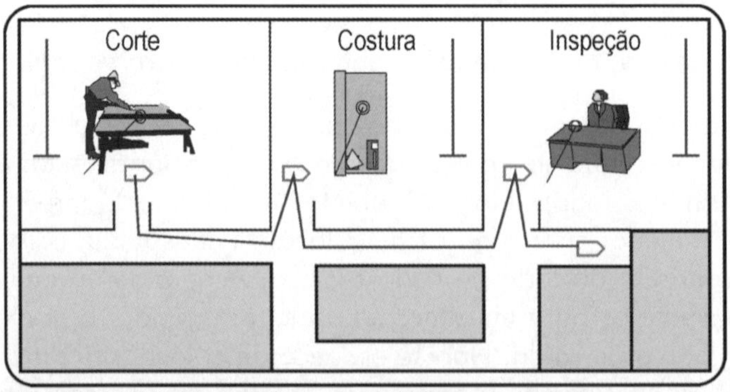

FIGURA 10.12 – Inserindo as rotas (Cenario1.doe)

Repetindo:

Antes de colocar os símbolos de filas, é necessário eliminar ou mover os símbolos de filas colocados automaticamente acima de cada módulo **Process** existente na área de trabalho.

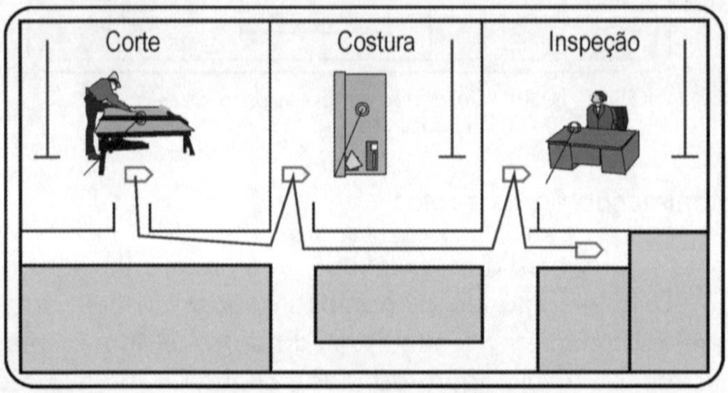

FIGURA 10.13 – Inserindo os símbolos de filas (Cenario1.doe)

4.e) Melhorando o visual

Depois de completada a animação de movimentos, podemos efetuar a inserção de símbolos inanimados para melhorar a qualidade da figura (FIG. 10.14) fazendo uma inserção de título.

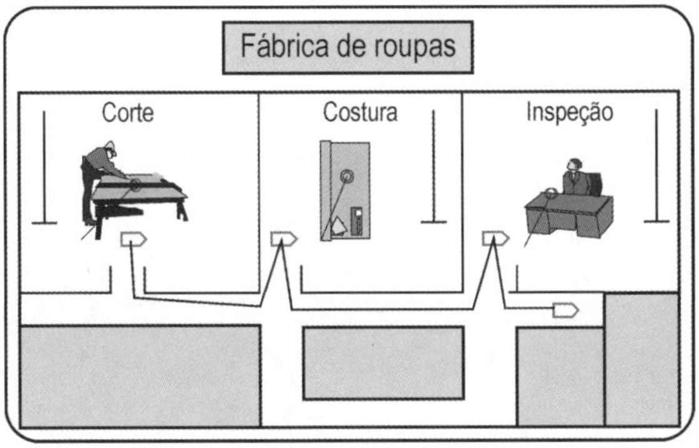

FIGURA 10.14 – Inserindo título (Cenario1.doe)

O título foi obtido da seguinte maneira:

- Criamos um retângulo (símbolo Caixa *(Box)* da barra *Desenhar*);
- Criamos o texto *Fábrica de Roupas* (símbolo *Texto* da barra *Desenhar*) e o colocamos dentro do retângulo.

4.f) Alterando a cor de fundo da janela

Em determinados modelos, é muito conveniente alterar a cor de fundo da janela na qual estamos montando a lógica e a animação. Para trocar a cor, utilize o ícone *"Cor de Fundo da Janela"*, da barra de ferramentas *Desenhar*, mostrado ao lado.

10.4 Executando o modelo: camadas de visibilidade

Quando montamos ou quando executamos um modelo, podemos ativar ou não a visualização de blocos, conectores, etc., por meio de opções existentes na tela que se obtém em *Visualizar + Camadas* (FIG. 10.15). Repetindo: esta tela pode ser ativada:

- tanto durante a criação do modelo (FIG. 10.15-esquerda);
- como no momento de execução do modelo (FIG. 10.15-direita).

Trata-se de um recurso que pode ser usado em situações especiais onde se necessita entender melhor o funcionamento de um modelo (geralmente complexo). Em situações normais, as opções *default* dessa tela são suficientes, tanto para montagem do modelo como para execução do mesmo. Veja, na FIG. 10.15 como elas são diferentes. Para não deixar passar em branco, experimente, durante a execução do modelo Cenario1.doe desativar as opções existentes no quadro *Logica*. Para isso, coloque o modelo em execução, interrompa a execução (clique em Pausa), ative *Visualizar + Camadas* e desative o quadro *Logic*. E não se esqueça de desativar também a opção existente em *Objeto + Animar Conexões*.

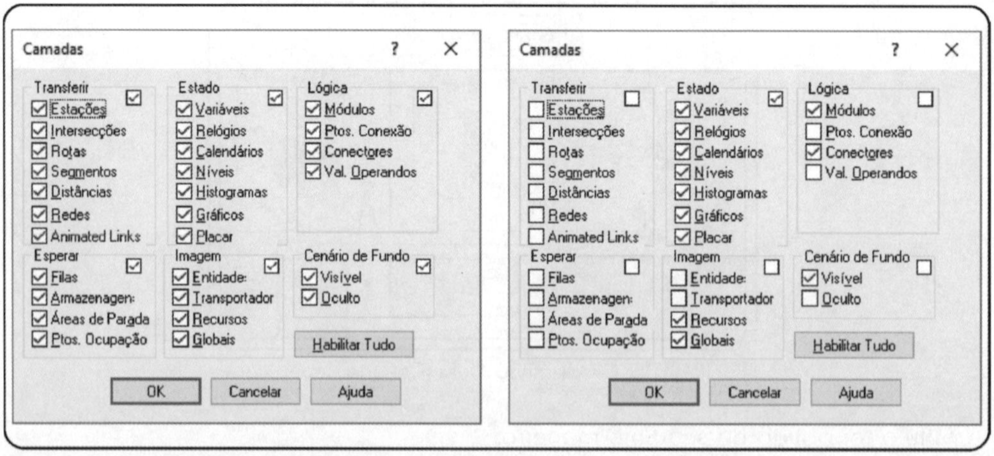

FIGURA 10.15 – Camadas de visibilidade (montagem à esquerda e execução à direita)

10.5 Velocidade de execução da animação

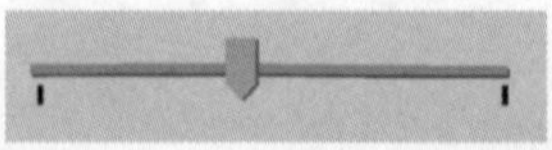

Conforme dissemos no capítulo 3, a velocidade da execução da animação no ARENA pode ser controlada pelo ícone mostrado ao lado ou por teclas:

Tecla	Função
<	Diminui a velocidade da execução
>	Aumenta a velocidade da execução

Além disso, podemos também controlar a velocidade de execução da animação pelas telas (FIG. 10.16):

- *Rodar + Configurações + Fator de Velocidade da Animação* (FIG. 10.16-esquerda): O campo *Fator de Velocidade da Animação* tem a mesma função que as teclas mostradas anteriormente;
- *Rodar + Configurações + Parâmetros de Replicação* (FIG. 10.16-direita): tem a função de utilizar outro padrão de velocidade, que não o utilizado na maioria dos blocos do modelo. Veja, por exemplo, o modelo Porto.doe, do diretório C:/Arena_Livro/Demonstracao. A maioria dos valores de durações deste modelo foi fornecida em horas. Caso colocássemos minutos no campo *Unidade de Tempo Base,* a velocidade de animação ficaria muito mais reduzida.

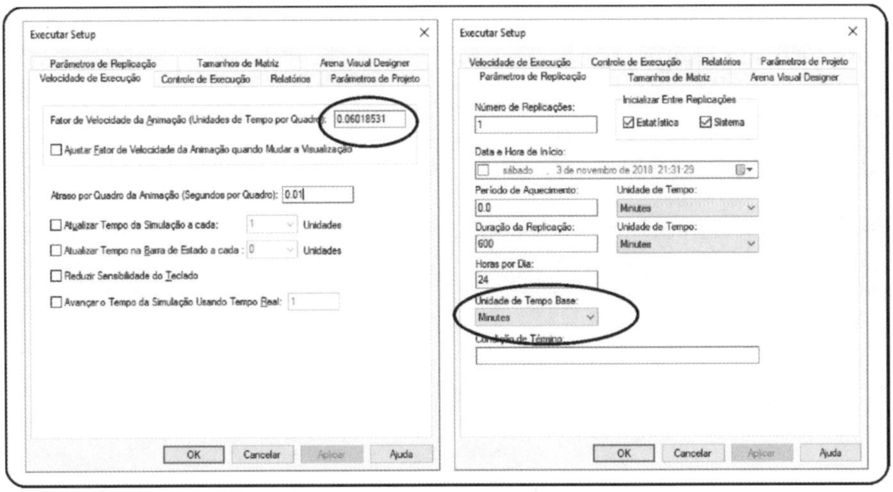

FIGURA 10.16 – Controle de velocidade de animação

10.6 Inserindo desenhos do AutoCad® e Visio®

Conforme dissemos, o ARENA permite inserir desenhos feitos previamente com o uso de softwares tais como o AutoCad e Visio. Para ativar essa função, veja *Arquivo + Importar DXF.*

10.7 Exercícios

1) Considere o exercício 1 do capítulo 9 e coloque nele recursos de animação para (use sua imaginação):

   - Entidade;
   - Recursos;
   - Filas com pontos;
   - Rotas.

2) Considere o exercício anterior e coloque nele:

   - Título;
   - Caminhos.

Experimente executar este exercício sem a visualização dos blocos que o compuseram (veja item "Camadas de visibilidade").

3) Considere o exercício 3 do capítulo 9 e coloque nele recursos de animação para (use sua imaginação):

- Entidade;
- Recursos;
- Filas com pontos;
- Rotas;
- Título;
- Caminhos.

Capítulo 11

Animação de estatísticas

11 Animação de estatísticas

Os recursos de animação mostrados no capítulo anterior permitem acompanhar o fluxo das transações. Outro aspecto muito importante da animação é mostrar os resultados em tempo real, tais como tamanho de fila, taxa de ocupação de atendentes, produção, custos, etc. Esses novos recursos permitem entender visualmente e numericamente o funcionamento de um sistema. É o que veremos neste capítulo. Sem dúvida, o poderio dos modernos *softwares* de simulação está calcado em suas facilidades de animação.

Carregue o modelo Cenario2.doe e execute-o (FIG. 11.1). Trata-se do mesmo modelo do capítulo anterior, mas agora podemos visualizar numericamente o tamanho instantâneo das filas e da taxa de utilização dos atendentes. Além disso, um gráfico permite mostrar os valores históricos do tamanho da fila na estação costura, local do gargalo desse sistema. Com a simples observação visual do funcionamento desse sistema já se tem uma primeira ideia de como serão as medidas para o seu aperfeiçoamento.

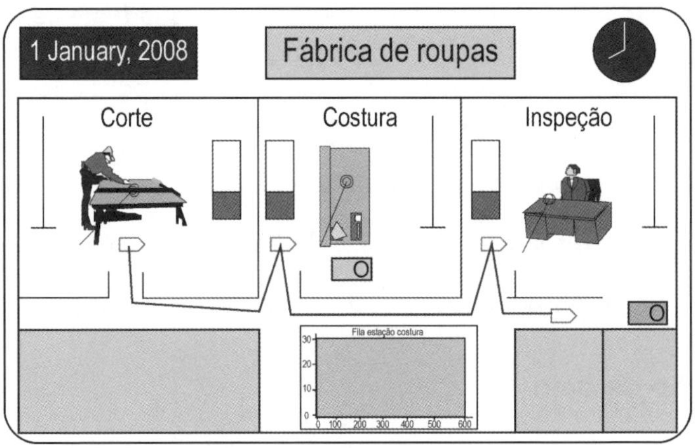

FIGURA 11.1 – Cenário com animação de gráficos e de valores estatísticos (Cenario2.doe)

Os novos recursos de animação constam da barra de ferramentas *ANIMAÇÃO*, que foi apresentada no capítulo anterior. Veremos agora (FIG. 11.2):

- *RELÓGIO (CLOCK):* Permite inserir um relógio analógico ou digital.
- *VARIÁVEL (VAR):* Permite inserir o valor de uma variável.
- *DATA (DATE):* Permite inserção de data.
- *NÍVEL (LEVEL):* Permite inserir indicador de nível.
- *GRÁFICO (PLOT):* Permite inserir gráfico.

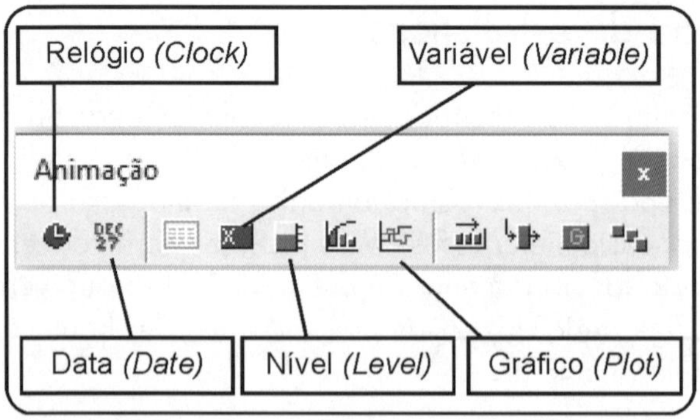

FIGURA 11.2 – A barra de ferramentas *Animação*

11.1 Adição de um relógio

Para inserir um relógio, devemos acionar a barra de ferramentas *ANIMAÇAO* e, a seguir, clicar no símbolo *Relógio* (veja figura ao lado). Na tela que aparecer, basta clicar em OK para ficarem valendo as opções *default* ou, então, preencher adequadamente os campos. No nosso caso, escolhemos 08 para a hora inicial e clicamos em *OK*. Após isso, o cursor se transforma em uma cruz e deve ser conduzido para o local onde se deseja situar o CENTRO do relógio. Nesse ponto:

- Dê um clique no botão esquerdo do *mouse*;
- Arraste o cursor para definir o TAMANHO do relógio;
- Dê um clique no botão esquerdo do *mouse*.

11.2 Adição de data

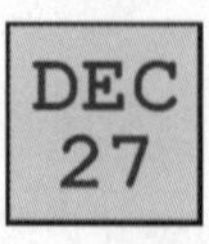

Para inserir uma data, clique no ícone Data (veja figura ao lado) e preencha convenientemente os campos disponíveis (no caso, escolhemos 01 janeiro 2019 como a data inicial da simulação e solicitamos o formato de data D-M-A, ou seja, dia-mês-ano). Após preenchido o quadro, o cursor se transforma em uma cruz, que deve ser colocada no ponto onde se deseja a data, tal como fizemos na seção anterior.

11.3 Adição de indicador de nível

Vamos utilizar o recurso indicador de nível para mostrar a carga de trabalho dos recursos deste exemplo. No caso da estação Costura, para conseguir o efeito mostrado em Cenario2.doe:

- Clique no ícone *Nível* da barra de ferramentas *Animação* (veja figura ao lado);
- Preencha o campo *Expression* com *davg(costureira.numberbusy)* (significa o valor médio da taxa de ocupação do recurso Costureira);
- Preencha *Min = 0;*
- Preencha *Max = 1*.

Mantenha os campos restantes.

Observação: Veja no item Variáveis do ARENA como encontrar o nome das variáveis de um modelo que podem ser acionadas por este recurso.

11.4 Adição de gráfico de linha

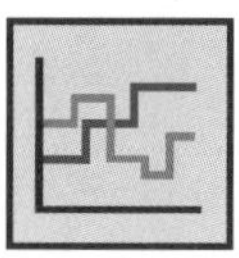

Observe que incluímos em nosso modelo um gráfico de linhas logo abaixo da estação Costura, para mostrar o valor instantâneo do tamanho da fila. Para conseguir esse efeito, siga os passos seguintes:

- Clique no ícone *Gráfico* (veja figura ao lado);
- Na primeira tela que surgir, clique em *Adicionar* e preencha:
  - *Expression = NQ(Processo Costura.Queue)* para indicar que se deseja o valor instantâneo da fila que se forma na estação de Costura
  - *Min Y = 0*
  - *Max Y = 30*
  - *# History Points = 600*
  - Clique *OK* para voltar à tela anterior e preencha:
    - Time Range = 600.

Observação: Veja no item Variáveis do ARENA como encontrar o nome das variáveis de um modelo que podem ser acionadas por este recurso.

11.5 Adição de variável

Neste exemplo fizemos a inserção de duas visualizações de variáveis.

Observe que existe um contador abaixo da estação COSTURA, no qual mostramos o tamanho instantâneo de sua fila. Para conseguir esse efeito:

- Clique no ícone *Variável* da barra de ferramentas *Animação* (veja figura ao lado).
- Preencha a tela que surgir, da seguinte forma: *NQ(Processo Costura.Queue)* onde:
  - *NQ*: tamanho instantâneo da fila.
  - *Processo Costura.Queue* é o nome da fila que se forma em frente ao servidor Costureira.
  - ** Significa que desejamos um campo com 2 dígitos e inteiro.

Observe ainda que, quando a entidade sai do sistema, existe uma informação do total de peças acabadas. Isso foi conseguido pela inserção da variável "FIM DO PROCESSO.NumberOut".

11.6 Variáveis do ARENA

Conforme você pôde concluir do texto anterior, o ARENA cria automaticamente variáveis relacionadas com o tamanho da fila, taxa de ocupação de servidor, etc. Por exemplo, uma vez inserido o bloco PROCESS para o recurso Costureira na área de trabalho e fornecido seu nome, o ARENA criou automaticamente variáveis tais como:

- NQ(Processo Costura.Queue): valor instantâneo do tamanho da fila.
- Costureira.Utilization: taxa de ocupação instantânea do servidor.

Assim, podemos fazer referência a essas variáveis ao solicitar estatísticas e efetuar cálculos. O conhecimento e o uso das variáveis do ARENA é **absolutamente** importante para o programador experiente que trabalha com modelos complexos.

Descobrindo os nomes das variáveis de um modelo

Surge, então, uma pergunta: qual nome da variável que devo fornecer para produzir um dos recursos gráficos mostrados? O ARENA tem um recurso muito conveniente para se obter o nome de qualquer variável disponível para um modelo. Por exemplo, considere a construção do gráfico do tamanho instantâneo da fila existente em frente à costureira. Efetue os seguintes passos

1) Clique no ícone *Gráfico* e clique em *Adicionar*;

2) Coloque o cursor em qualquer posição do campo *Expression* e dê um clique na seta existente à direita do quadro para baixar uma janela (FIG. 11.3-esquerda);

3) Na tela que surge, clique em *Build Expression;*

4) Na nova tela (FIG. 11.3-direita):

- Clique em *Queue;*
- Clique em *Current Number in Queue;*
- No campo *Queue Name* escolha *"Processo Costura.Queue";*
- Clique em *OK.*

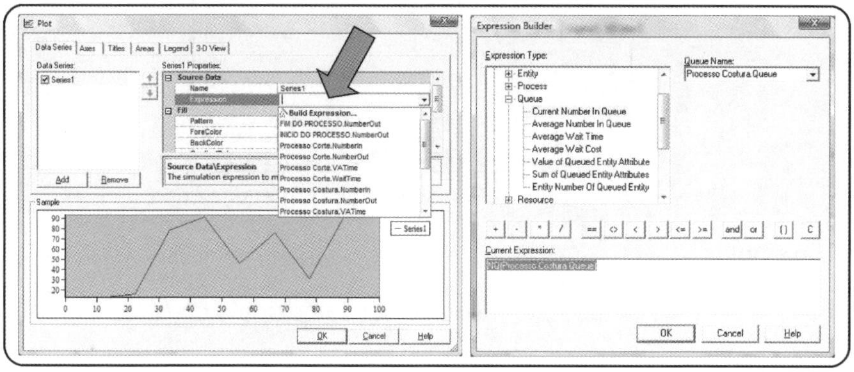

FIGURA 11.3 – Descobrindo o nome de uma variável (Cenario2.doe)

Solicitando estatísticas

Nem todas as variáveis são automaticamente produzidas pelo ARENA durante uma execução. É conveniente consultar *Rodar + Configurações + Parâmetros do Projeto,* quadro *Coleta de Estatísticas* (FIG. 11.4) para conferir se está ativada a solicitação da estatística desejada.

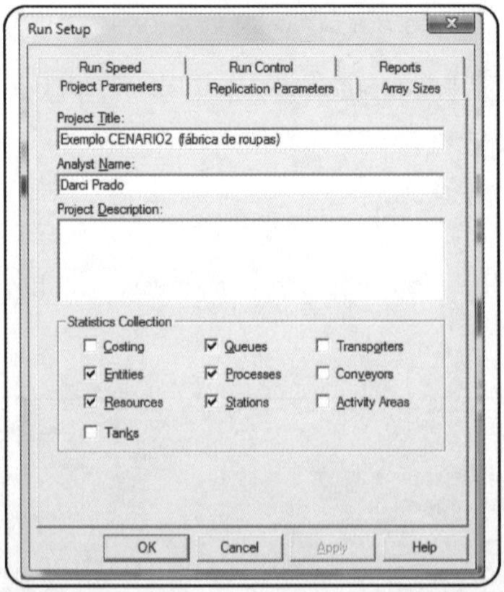

FIGURA 11.4 – Ativando Estatísticas (Cenario2.doe)

Alguns exemplos

Veja, no Apêndice A, alguns exemplos de variáveis do ARENA.

11.7 Exercícios

1) Considere o exercício 1 do capítulo anterior e coloque nele todos os recursos de animação vistos neste capítulo.

2) Considere o exercício 3 do capítulo anterior e coloque nele todos os recursos de animação vistos neste capítulo.

3) Redimensione o exemplo Cenario2.doe deste capítulo de modo que a fila máxima em qualquer servidor seja menor ou igual a 2. Faça este estudo utilizando a visualização de gráficos e de variáveis.

Capítulo 12

Os módulos Assign e Variables

12 Os módulos Assign e Variables

Efetuar operações com valores é bastante comum em modelagem. O ARENA possibilita a utilização de valores dentro das seguintes categorias: **variáveis, atributos e expressões.** Cada um desses recursos de armazenamento de valores tem suas características próprias:

- As **variáveis** são globais (ou seja, disponíveis para qualquer entidade), e seus valores podem ser modificados ou utilizados pelas entidades. Exemplos:
  - Total de automóveis produzidos;
  - Custo de funcionamento do novo sistema.
- O **atributo** pertence exclusivamente a uma única entidade que se move pelo sistema. Exemplos:
  - Cor de determinado automóvel;
- Por meio de **expressões** podemos definir uma fórmula, que é calculada pela passagem de uma entidade.

Neste capítulo teceremos considerações apenas sobre variáveis e, no próximo capítulo, trataremos de atributos. A categoria Expressions será abordada no capítulo 25 – *Expressões*.

12.1 O módulo *Assign*

Este módulo, que pertence ao *template Basic Process*, é frequentemente usado por programadores profissionais. Entre suas inúmeras funcionalidades, ele permite que façamos igualdades aritméticas e que coloquemos o resultado da igualdade dentro de uma variável (figura ao lado).

Exemplos:

X1 = 2.5

Y1 = Custo(5)

Z1 = Local(2,3)

Considere o exemplo **Assign1.doe**: Trata-se de uma variação do exemplo da fábrica de roupas (Cenario2.doe), visto nos capítulos anteriores (FIG. 12.1). Neste caso, o bloco *Assign* foi utilizado com a função de efetuar a contagem das peças produzidas com defeito. Assim, ele foi inserido logo após o teste (módulo *Decide*) feito pelo inspetor, para verificar a qualidade da roupa.

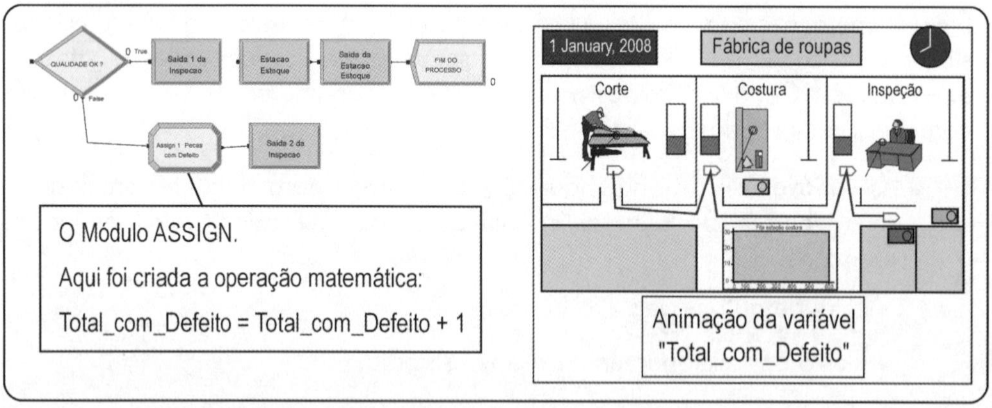

FIGURA 12.1 – Usando o bloco Assign (Assign1.doe)

Para verificar como solicitamos a contagem de peças no bloco Assign, dê um duplo clique nesse bloco. A tela obtida tem o formato da FIG. 12.2-esquerda. Clique em *Edit*, e a nova tela tem o formato da FIG. 12.2-direita. Alguns comentários:

- Veja em *Type* (tipo de designação ou tipo de igualdade) que escolhemos *Variable*. Observe ainda a variedade de opções existentes.
- Observe que preenchemos o campo *Variable Name* com `Total_com_Defeito`

  e o campo *New Value* com

  `Total_com_Defeito + 1.`
- O efeito disso é:

  `Total_com_Defeito = Total_com_Defeito + 1`

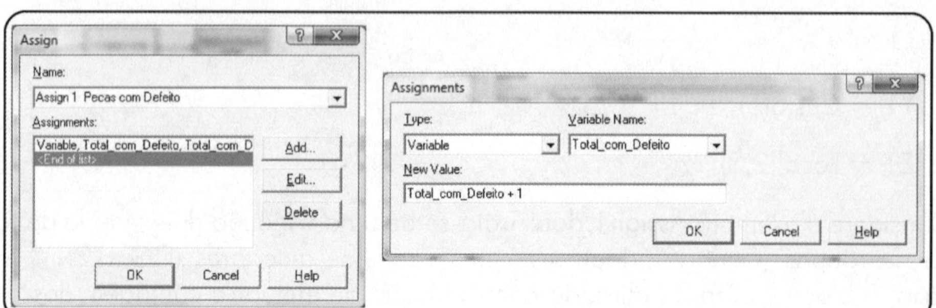

FIGURA 12.2 – O bloco Assign (Assign1.doe)

Ou seja, por meio do bloco *Assign* a variável `Total_com_Defeito` sofrerá um acréscimo de 1 **sempre que uma entidade passar por esse bloco.** Seu valor inicial é zero (detalhes à frente).

12.2 Edit via Dialog

O conteúdo do módulo Assign pode ser visto na área de planilha. Para isso, dê um clique nesse módulo na área de *templates*, e surgirá, na área de planilhas, uma tela semelhante à FIG. 12.3-esquerda. Clicando no campo "1 rows" da coluna *Assignments*, surgirá uma tela semelhante à FIG. 12.3-direita. Seu conteúdo é análogo ao da tela mostrada na FIG. 12.2-direita e, inclusive, pode ser utilizada para alterações (basta clicar no campo desejado e efetuar a alteração).

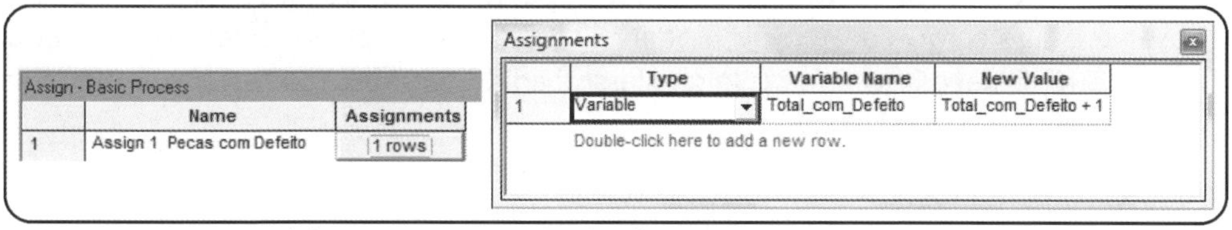

FIGURA 12.3 – O módulo Assign na área de planilha (Assign1.doe)

Outro uso conveniente para a tela da FIG. 12.3-esquerda é o uso da função *Editar via Caixa de Diálogo*. Ela pode ser ativada colocando o curso sobre qualquer posição da linha desejada, dando um clique com o botão direito do mouse e escolhendo *Editar via Caixa de Diálogo:* surgirá uma tela semelhante à da FIG. 12.2-esquerda.

Para continuar trabalhando com o ARENA, feche a tela *Assignments* clicando no X existente à direita da tela (ou aperte "Esc" no teclado).

12.3 O módulo *Variables*

Toda variável criada em um módulo Assign passa automaticamente a pertencer também ao módulo Variables. É por meio desse módulo que podemos definir os valores iniciais para as variáveis ou atributos. Lembramos que esse módulo pertence ao *template Basic Process* e é um módulo de dados, ou seja, não participa da área de trabalho. Seu conteúdo somente pode ser visto na Área de Planilha.

Definindo valores iniciais

Uma situação comum em modelagem é a necessidade de designarmos valores iniciais a variáveis, que podem ser escalares ou matriciais. No caso de variáveis escalares, quando seu valor inicial no modelo é zero, não é necessário efetuar sua definição. Quando isso não ocorre, é necessário efetuar a definição utilizando o módulo *Variables*. Com relação a matrizes, o ARENA aceita até duas dimensões, e as seguintes regras são válidas:

- As matrizes sempre devem ser definidas, mesmo quando seus valores iniciais são nulos;
- Uma variável escalar e uma matriz não podem ter o mesmo nome;
- Ao iniciar uma matriz com o bloco *Variables*, deve-se fornecer os valores, conforme a sequência de colunas.

Matrizes

Carregue o exemplo **Matriz1.doe**, no qual definimos as variáveis A1, C1 e C2. Dê um clique no módulo Variable (*template Basic Process* da área de *templates*) e observe o que surge na área de planilha (FIG. 12.4-superior). (Atenção! Para que isso ocorra, é necessário que a tela esteja dividida em duas partes, o que pode ser obtido em *View + Split Screen*).

Alguns comentários

- A variável escalar A1 foi inicializada com o valor 50.
- A matriz "C3" foi definida como sendo de 3 linhas por 4 colunas, e seus valores iniciais estão zerados (não foi fornecido nenhum valor em *"Initial Values"*).
- A variável escalar "Linha" foi iniciada como 1.
- A variável escalar "Coluna" foi iniciada como 1.
- As matrizes "C1" (3 linhas e 1 coluna) e "C2" (3 linhas e 4 colunas) foram inicializadas com os seguintes valores:

C1
10
20
30

C2			
1	2	3	4
5	6	7	8
9	10	11	12

Veja na FIG. 12.4 os dados fornecidos para as matrizes C1 e C2.

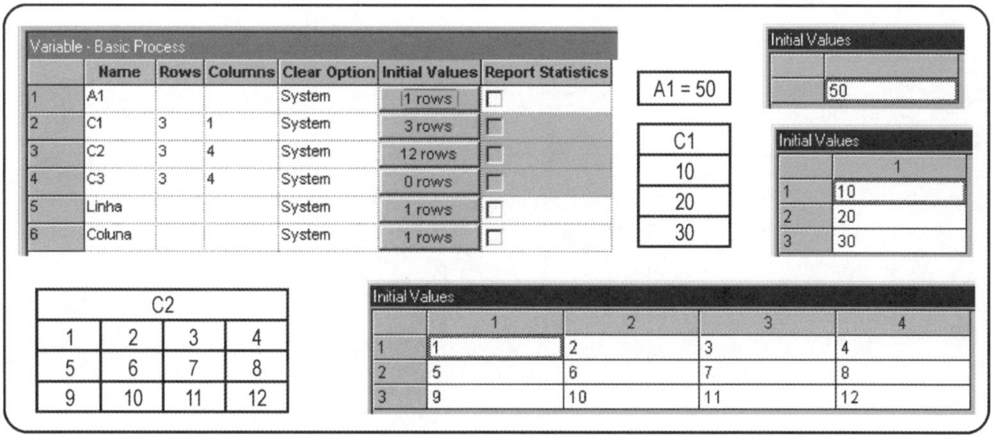

FIGURA 12.4 – Definindo valores iniciais com o módulo Variables (Matriz1.doe)

Como fornecer valores iniciais

Para fornecer valores iniciais de determinada variável, clique com o botão esquerdo na coluna *Inicial Values* da linha da variável em questão e forneça os valores na planilha que surge.

É possível também clicar com o botão direito e escolher Editar via Caixa de Diálogos ou Edit via Spreadsheet. Nesse caso, os dados devem ser fornecidos na sequência de valores que se obtém percorrendo todas as colunas no sentido vertical, iniciando pela primeira coluna (FIG. 12.5). Essa opção é útil para criar matrizes tridimensionais ou acima.

12.4 Efetuando operações com matrizes

Podemos usar o módulo Assign para efetuar operações matemáticas com matrizes. No exemplo **Matriz1.doe** inserimos esse módulo para efetuar a seguinte igualdade:

```
C3(Linha,Coluna) = A1 + C1(Linha,1)+ C2(Linha,Coluna)
```

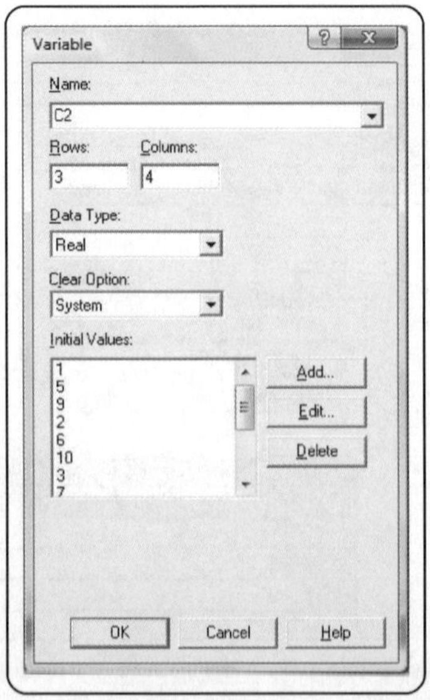

FIGURA 12.5 – Definindo valores iniciais com Edit via Dialog (Matriz1.doe)

Para inserir essa igualdade, veja a FIG. 12.6, referente ao módulo Assign "Efetua Igualdade" (dê um duplo clique no módulo Assign e, a seguir, clique no botão *Editar*):

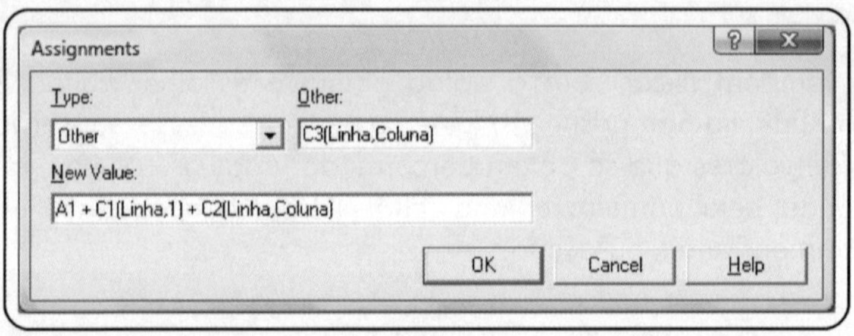

FIGURA 12.6 – Usando o módulo Assign para trabalhar com matrizes (Matriz1.doe)

- No campo *Type* escolhemos *Other* (para trabalhar com matrizes).
- No campo *Other* digitamos `C3(Linha,Coluna)`.
- No campo *New Value* digitamos `A1 + C1(Linha,1) + C2(Linha,Coluna)`.

O efeito das operações acima é:

```
C3(Linha,Coluna) = A1 + C1(Linha,1)+ C2(Linha,Coluna).
```

Lembre-se de que, neste modelo, as variáveis "Linha" e "Coluna" foram iniciadas como "1".

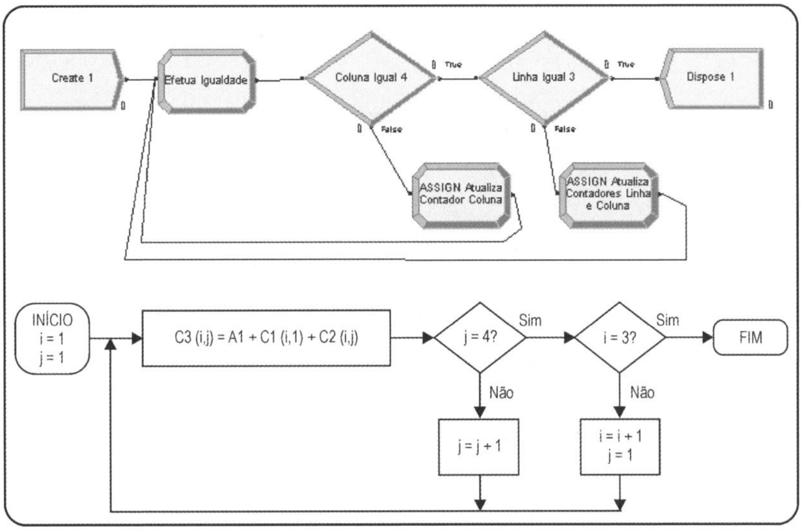

FIGURA 12.7 – A lógica do modelo Matriz1.doe

Alguns comentários

- A lógica deste modelo está mostrada na FIG. 12.7. Para facilitar o entendimento, criamos o diagrama de blocos auxiliar, mostrado na parte inferior da FIG. 12.7. Nesse diagrama utilizamos a letra "i" para designar linha e a letra "j" para designar coluna.

- Verifique que, no bloco Create, solicitamos a criação de **uma única entidade.** Ela fica circulando pelo sistema até ser eliminada pelos testes. Neste momento o programa é encerrado. Veja também *Rodar + Configurações + Parâmetros de Replicação*, onde fornecemos *Duração da Replicação = Infinite*. Dessa forma, quando a única entidade é eliminada, o programa é encerrado.

Importante

Para que a animação desse modelo funcione corretamente, é necessário que esteja ativada a opção encontrada em *Objetot + Animar Conexões.*

12.5 O bloco Decide

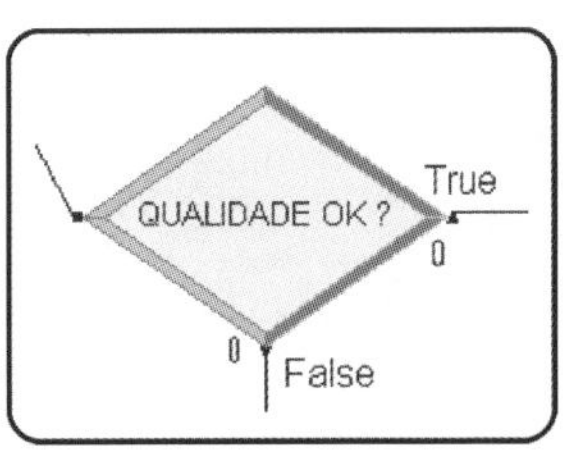

Neste exemplo usamos dois blocos Decide para avaliar se os contadores de linha e coluna atingiram os valores exigidos pela lógica. Veja na FIG. 12.8 como foi codificado esse módulo para o caso do teste do contador de colunas. Observe que o tipo de escolha é *"2-way by condition"*, ou seja:

- Se o valor da variável "Coluna" é igual a 4, a entidade segue pela saída horizontal do bloco Decide, onde se lê *"True"* (veja figura ao lado).
- Do contrário, a entidade segue pela saída vertical do bloco Decide, onde se lê *"False"*.
- Portanto, para esse tipo de bloco Decide, devemos informar somente a primeira condição (*"True"*).

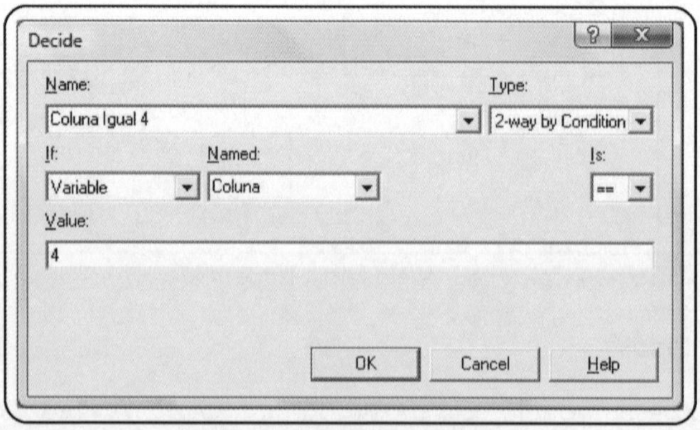

FIGURA 12.8 – O módulo Decide (Matriz1.doe)

12.6 Exercícios

1) No exemplo Assign1.doe, inclua um novo bloco Assign para calcular o custo das peças produzidas. A variável deve ter o nome `CUSTO` e vale $2,50 para cada peça produzida.

2) Defina as matrizes A1 e A2 conforme dados abaixo. Defina a matriz A3 de 3 linhas por 5 colunas e com todos os elementos zerados. Faça um programa para somar os elementos de A1 nos correspondentes elementos de cada linha de A2 para produzir os elementos de A3.

Matriz A1				
10	20	30	40	50

Matriz A2				
1	2	3	4	5
6	7	8	9	10
11	12	13	14	15

Capítulo 13

Trabalhando com atributos

13 Trabalhando com atributos

Conforme informamos no capítulo anterior, usamos atributos quando queremos fornecer uma identificação diferenciada a cada entidade que flui pelo sistema. A informação acompanha a entidade durante o seu fluxo, como se estivesse colada nela.

Exemplos:

- Momento em que uma peça passou por uma dada estação de trabalho.
- Cor de uma peça ou tipo de figura de uma entidade.
- Peso da peça.

Para fornecer valores aos atributos de uma entidade, utilizamos o bloco Assign, visto no capítulo anterior. A seguir mostramos situações em que o uso de atributos é conveniente.

13.1 Criando um novo atributo: calculando o tempo de trânsito

Uma situação muito comum em modelagem é avaliar o tempo de trânsito entre dois pontos de um sistema. Considere o exemplo **Transito.doe**, oriundo dos modelos desenvolvidos para a fábrica de roupa apresentados nos capítulos anteriores (Cenario2.doe). Conforme vimos no capítulo 9 ("O Módulo Decide"), item 9.2, alguma confusão pode surgir ao se interpretar os valores obtidos para os tempos de fila. O valor correto para o tempo de trânsito entre chegada ao sistema e saída do sistema foi obtido no relatório *Entities*. Eventualmente podemos querer o valor do tempo de trânsito entre dois pontos quaisquer de um sistema e, então, este relatório não é mais útil. É o que mostramos a seguir onde vamos calcular o valor para o tempo de trânsito entre:

- O momento em que a entidade inicia o trabalho na estação corte, ou seja, logo após sair da fila e iniciar a operação de corte;
- O momento em que a entidade chega ao estoque.

Para o seu cálculo são necessárias as etapas:

- Substituir o bloco Process por seus equivalentes Seize, Delay e Release.
- Quando a entidade inicia o processo na "Cortadeira", é criado um atributo que contém o valor do relógio naquele momento.
- Quando a entidade chega ao "Estoque" é solicitado o cálculo do intervalo de tempo desde a etapa anterior (tempo de trânsito). Esse dado é guarda-

do pelo ARENA, que efetua também uma série de cálculos estatísticos com ele. Entre os cálculos temos o valor médio do tempo de trânsito.

Os módulos *Seize, Delay* e *Release*

A primeira diferença entre este modelo e o modelo Cenario2.doe é a troca do módulo Process (estação Corte) pelos módulos Seize, Delay e Release. Isso foi feito para marcar corretamente o momento em que a entidade sai da fila e entra no processo de corte. Veja o funcionamento desses módulos (FIG. 13.1):

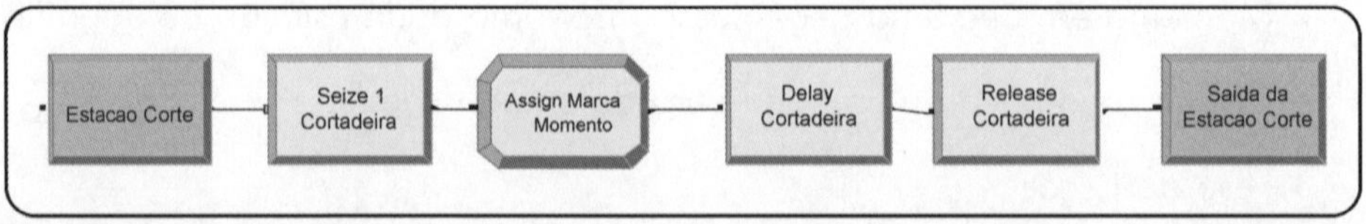

FIGURA 13.1 – Marcando o tempo ao iniciar o processo de corte (Transito.doe)

- Módulo Seize: Ao entrar neste bloco, a entidade ocupa uma unidade do recurso "Cortadeira" e a fila "Processo Corte.Queue". A entidade fica retida nesse bloco (e nessa fila) até haver disponibilidade de atendimento pelo recurso "Cortadeira" (que, no caso, ocorrerá no módulo Release). Observe ainda que esse módulo tem também a função de definir o recurso "Cortadeira", tal qual o módulo Process. Isso pode ser conferido clicando-se no módulo Resource, na área de *templates* e vendo o resultado na área de Planilhas.
- O módulo Assign grava o valor desse momento no atributo T0 (veja a seguir).
- Módulo Delay: Aqui a entidade fica retida durante o tempo de atendimento pelo recurso "Cortadeira". Observe, todavia, que não existe nenhuma referência a esse recurso nos dados fornecidos a esse módulo: este módulo contém apenas dados de tempo.
- Módulo Release: Libera uma unidade do recurso "Cortadeira", e a entidade vai para o bloco seguinte (Leave).

Usando atributo para guardar o momento do início do atendimento

Veja agora o conteúdo do módulo ASSIGN "Marca Momento" (FIG. 13.2). Nele criamos o atributo "T0" e, quando cada entidade passa por esse bloco, o atributo passa a conter o valor do relógio naquele momento (TNOW).

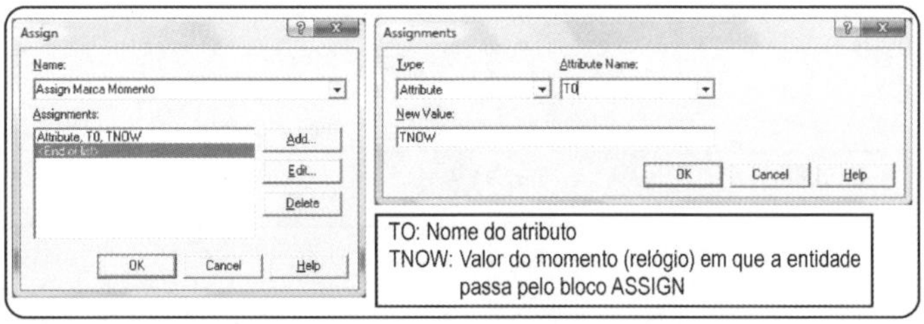

FIGURA 13.2 – Colocando no atributo T0 o valor de TNOW (Transito.doe)

Coletando o valor do tempo de trânsito: O módulo *Record*

A segunda etapa é realizada pelo módulo RECORD, conforme mostramos na FIG. 13.3 (lógica). Na FIG. 13.4 temos o preenchimento dos campos do módulo Record:

- No campo *Type* escolhemos *Time Interval* (intervalo de tempo).
- No campo *Attribute Name* preenchemos T0 (o nome do atributo da entidade que contém o valor de tempo inicial).
- No campo *Tally Name* preenchemos "Tempo de trânsito" (o nome da variável onde os dados serão gravados).

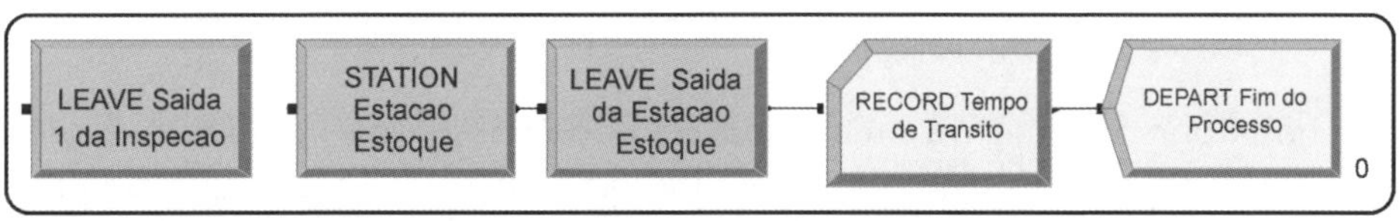

FIGURA 13.3 – Coletando tempo de trânsito com o módulo Record (Transito.doe)

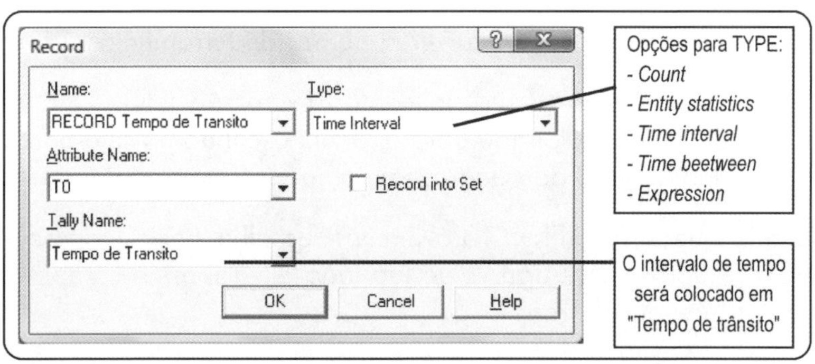

FIGURA 13.4 – Preenchendo os campos do módulo Record (Transito.doe)

O relatório de resultados

Após executar o modelo Transito.doe, podemos ver o resultado do intervalo de tempo no grupamento de relatórios *"User Specified"* (FIG. 13.5)

Tally

Interval	Average	HalfWidth	Minimum	Maximum
Tempo de Transito	194.04	(Insufficient)	39.6076	362.49

FIGURA 13.5 – O relatório referente ao módulo Record (Transito.doe)

Acessando os dados internos do ARENA relativos a tempo de trânsito

Observe que, na animação deste modelo, incluímos dois mostradores em tempo real para (veja a FIG. 13.6-superior esquerdo):

- Tempo médio de trânsito;
- Tempo de trânsito da entidade corrente.

As **variáveis internas** do ARENA que contêm estes dados são:

Necessidade	Variável interna do ARENA
Tempo médio de trânsito	TAVG(Tempo de trânsito)
Tempo de trânsito da entidade corrente	TVALUE(Tempo de trânsito)

Para descobrir o nome de uma variável, podemos utilizar o quadro *Expression Builder*, que foi anteriormente apresentado no item 11.6. Seja o caso de procurar o nome da variável interna do ARENA para tempo médio de trânsito, a ser inserida no mostrador da animação:

- Dê um clique no ícone *"Variavel"* da barra de ferramentas *Animação;*
- Clique com o botão direito no campo *Expressão* (FIG. 13.6 esquerda) e escolha *Build Expression* (ou abra a janela clicando na seta para baixo existente no lado direito do quadro, tal como mostrado na figura);
- Na tela que surge (FIG. 13.6-direita), escolha *Basic Process Variable + Record + Tally + Average Value* (no lado direito) e, no campo *Tally Name*, escolha "Tempo de Transito".

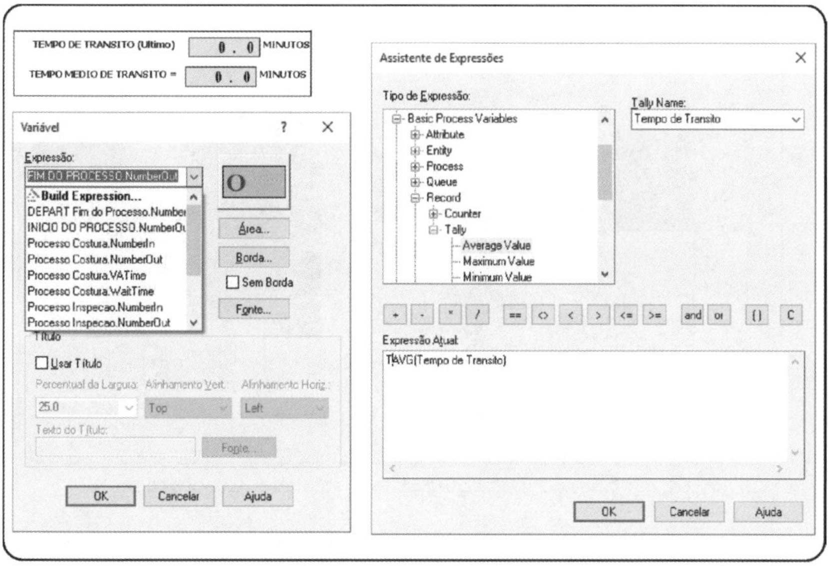

FIGURA 13.6 – Acessando variáveis internas do ARENA (Transito.doe)

13.2 Atributos pré-definidos

O ARENA apresenta um conjunto de atributos pré-definidos, que podem ser utilizados pelo usuário:

- Entity.HoldCostRate
- Entity.JobStep
- Entity.Picture
- Entity.Sequence
- Entity.Station
- Entity.Type

No próximo item veremos o uso do atributo Entity.Type.

13.3 Alterando a figura de uma entidade

Vamos agora abordar outra utilidade do conceito "atributo". Carregue agora o exemplo **Cenario3.doe**. Nele a figura da entidade é alterada conforme a entidade passa pelas estações do sistema. Isso foi conseguido por meio do módulo Assign, conjugado com a função *Editar + Entity Pictures* da seguinte forma:

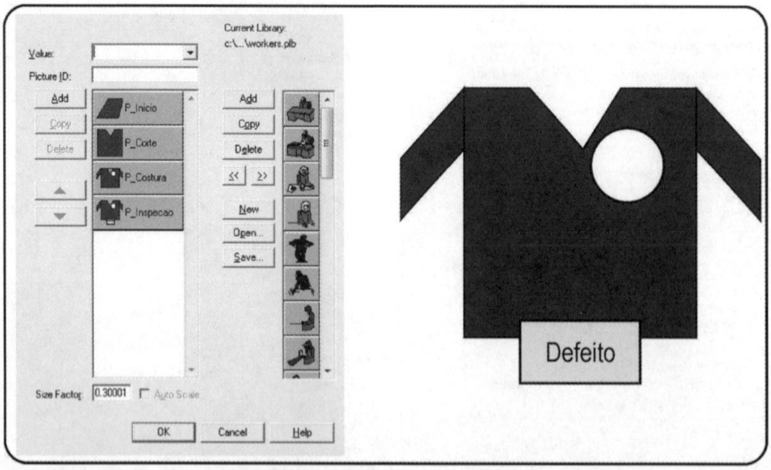

FIGURA 13.7 – Criando uma figura para a entidade (Cenario.doe)

- As diversas formas da figura da entidade foram obtidas usando a função *Editar + Desenho de Entidades Pictures* conforme mostramos na FIG. 13.7-esquerda. Observe que cada figura foi criada usando as facilidades de desenho do ARENA. Por exemplo, dê um duplo clique no espaço onde se lê P_Inspecao e se obterá uma tela semelhante à FIG. 13.7-direita. Essa figura foi criada com os recursos da barra de ferramentas *Desenhar*.
- Para ativar uma nova figura no ARENA, foi utilizado o módulo Assign logo após a entidade ser atendida pelo recurso (FIG. 13.8). Observe que, no campo *Type*, colocamos *Entity Picture* (FIG. 13.9).

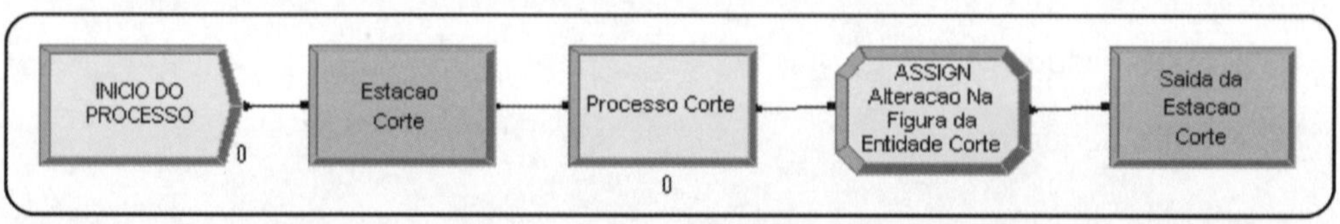

FIGURA 13.8 – Inserindo o módulo Assign para alterar a figura da entidade (Cenario3.doe)

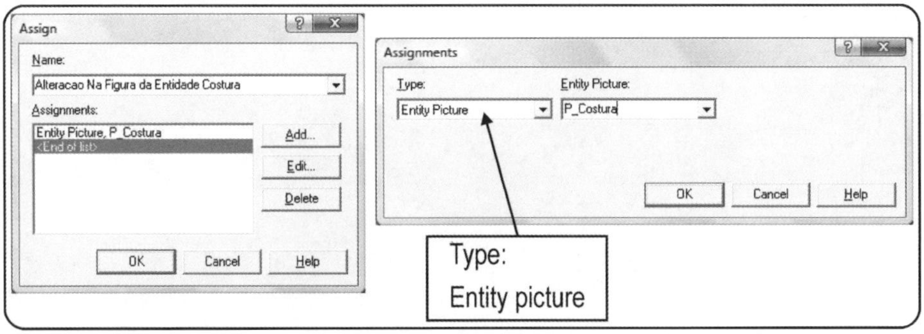

FIGURA 13.9 – Codificando o módulo Assign para alterar a figura da entidade (Cenario3.doe)

13.4 Exercícios

1) Modifique o exemplo Transito.doe, alterando a quantidade de atendentes na estação Costura. Faça um gráfico para o tamanho atual do tempo de trânsito.

2) Modifique o exemplo Cenario3.doe incluindo uma nova figura para as peças que passam positivamente pelo teste do inspetor.

Capítulo 14

Desvios e escolhas

14 Desvios e escolhas

Em inúmeros problemas de modelagem deparamos com a situação em que a entidade deve escolher uma opção entre diversas outras à sua frente:

- Um cliente em um supermercado se dirige ao caixa e escolhe aquele cuja fila é menor;
- Em um cruzamento de uma rodovia, um determinado percentual de carros segue pela direita.

O ARENA tem os seguintes recursos que possibilitam estas ações:

- Módulo Decide:
  - Desvio baseado em probabilidades;
  - Desvio baseado em condições;
- Módulo Pickstation;
- Módulo Pickqueue.

O módulo Decide já foi abordado anteriormente:

- Capítulo 9 – *O módulo Decide:* desvio baseado em probabilidades.
- Capítulo 12 – *Os módulos Assign e Variables*: desvio baseado em condições.

Neste capítulo exploraremos um pouco mais o potencial do módulo Decide, além dos módulos Pickstation e Pickqueue.

14.1 O bloco Decide

Conforme vimos anteriormente (capítulo 9 e item 12.5), as opções para o campo *Type* do módulo Decide são:

- *2-way by chance:* duas opções de desvio probabilístico;
- *n-way by chance:* diversas opções de desvio probabilístico;
- *2-way by condition:* duas opções de desvio com base em condições;
- *n-way by condition:* diversas opções de desvio com base em condições.

Desvio baseado em probabilidades

No capítulo 9 – *O módulo Decide* apresentamos um exemplo (Basico1.doe) em que a entidade entra em um módulo Decide com duas opções de desvio. A opção *n-way by chance* (diversas opções de desvio, baseada em probabilidades), por não apresentar nenhuma dificuldade adicional, não será abordada.

Desvio baseado em condições: n-Way by Condition

No capítulo 12 – *Os módulo Assign e Variables*, vimos o exemplo Matriz1.doe, no qual é apresentado o módulo Decide com uma situação simples de desvio. O exemplo seguinte, **Choose1.doe** (FIG. 14.1), é um pouco mais sofisticado: nele caixas vazias chegam a cada EXPO(2.5) a um conjunto de máquinas para serem carregadas com bolas coloridas (tempo de carregamento: UNIF(3,6)). Observe que, nesse exemplo, não inserimos animação de cenário: vamos utilizar apenas a animação da lógica. Existem 3 máquinas que carregam as bolas de diferentes cores, sendo que se pretende obter a mesma produção em cada máquina. Conforme pode ser visto, colocamos um totalizador de produção (Total1, Total2, Total3) após o bloco Process de cada máquina, para ser usado como *critério de desvio* no módulo Decide.

Observe, na FIG. 14.1, que, no retângulo correspondente ao bloco Decide, existem três pontos de saída. As duas primeiras correspondem à codificação interna ao bloco Decide e a última, à opção "else", ou seja, quando nenhuma das anteriores é válida. O módulo foi codificado da seguinte forma:

Critério	**Codificação**	**Desviar para**
Se a produção da máquina 1 é menor ou igual à da máquina 2 ou menor ou igual à da máquina 3	`IF Total1.le.Total2.and. Total1.le.Total3`	Máquina 1
Se a produção da máquina 2 é menor ou igual à da máquina 3	`IF Total2.le.Total3`	Máquina 2
Caso os testes acima não se concretizem ("ELSE")		Máquina 3

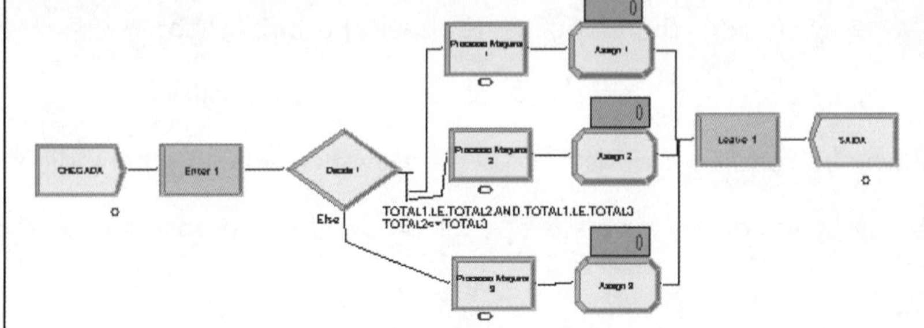

FIGURA 14.1 – O bloco Decide: desvio baseado em condições (Choose1.doe)

Veja, na FIG. 14.2, como isso foi feito internamente no módulo Decide. Observe, também que, por motivos didáticos, utilizamos diferentes tipos de comparação:

- A primeira comparação foi classificada como *Expression*:

```
IF Total1.le.Total2.and.Total1.le.Total3
```

- A segunda comparação foi classificada como *Variable*:

```
IF Total3.le.Total2
```

Com os critérios mostrados na tabela acima, garantimos que a produção das três máquinas será praticamente igual (em nosso exemplo, cada máquina produziu cerca de 130 unidades após 1.000 minutos). Uma melhoria no modelo acima pode ser vista em **Choose2.doe**, no qual o teste é feito com base no total processado em cada bloco adicionado ao tamanho da fila naquele momento. Para isso, foram criadas variáveis adicionais tais como:

```
Soma2 = Total2 + NQ(Processo Maquina 2.queue)
```

Agora os resultados são mais aproximados do que no exemplo anterior. O leitor deve agora resolver o exercício 1.

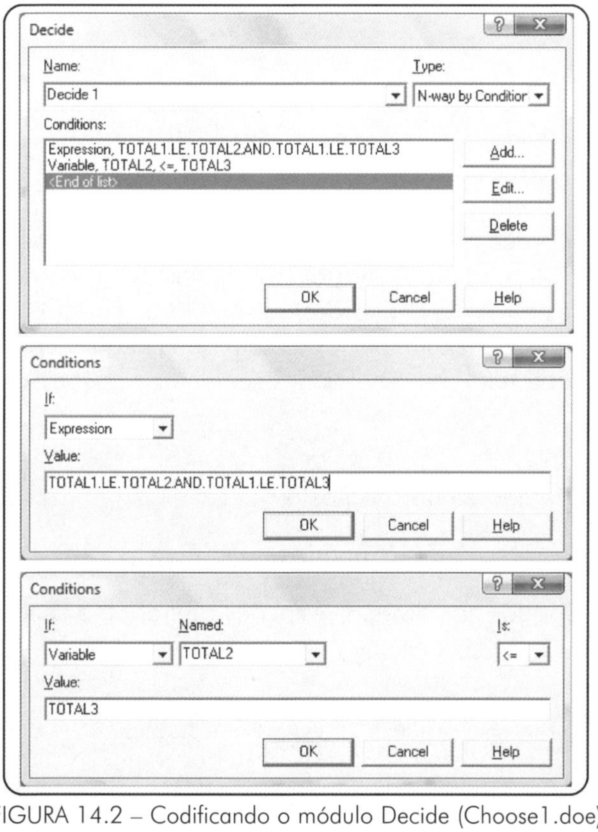

FIGURA 14.2 – Codificando o módulo Decide (Choose1.doe)

14.2 Escolha entre estações de trabalho: o módulo PickStation

Tendo em vista que situações de "desvio e escolha" são muito comuns em modelagem, o ARENA tem ainda um outro módulo muito conveniente para essa função: PickStation. Ele permite escolher o melhor desvio e encaminhar a entidade para aquele local. Carregue o modelo **Pickst1.doe** (FIG. 14.3) e execute-o. Trata-se do modelo de um pedágio ao qual veículos chegam a cada 8 segundos, escolhem o caixa mais adequado, pagam o pedágio em UNIF(20,30) e se retiram. Na figura os caixas são P1, P2 e P3.

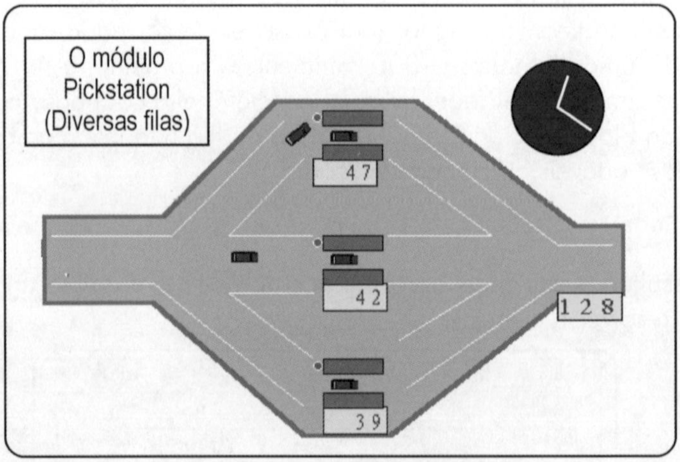

FIGURA 14.3 – O cenário do pedágio (Pickst1.doe)

Veja a FIG. 14.3. Ela mostra o momento em que o veículo acaba de chegar tendo efetuado as comparações acima e optado pela segunda estação (P2). Ele está se dirigindo para P2, e a figura mostra ainda um veículo aguardando na fila de P1. Na FIG. 14.4 mostramos a lógica deste exemplo e, na FIG. 14.5, mostramos a codificação do módulo *PickStation*. O veículo que chega escolhe o posto que tem **a menor quantidade total** de veículos nas seguintes posições:

- Fila;
- Veículos dirigindo-se para o posto;
- Quantidade de recursos ocupados.

Os nomes empregados nas diversas estações de trabalho são:

Estação	Nome da estação	Nome do processo	Nome da fila
Pátio	Patio.Station		
P1	P1.Station	Processo P1	Processo P1.Queue
P2	P2.Station	Processo P2	Processo P2.Queue
P3	P3.Station	Processo P3	Processo P3.Queue
Saída	Saida.Station		

O Pátio

Neste exemplo (Pick1.doe), por meio dos módulos Enter e Leave, criamos um espaço fictício, chamado *Pátio*, onde o veículo não fica parado: foi apenas um recurso de programação para termos um ponto de desvio com vantagens para o visual da animação. O mesmo é válido para a estação *Saída*.

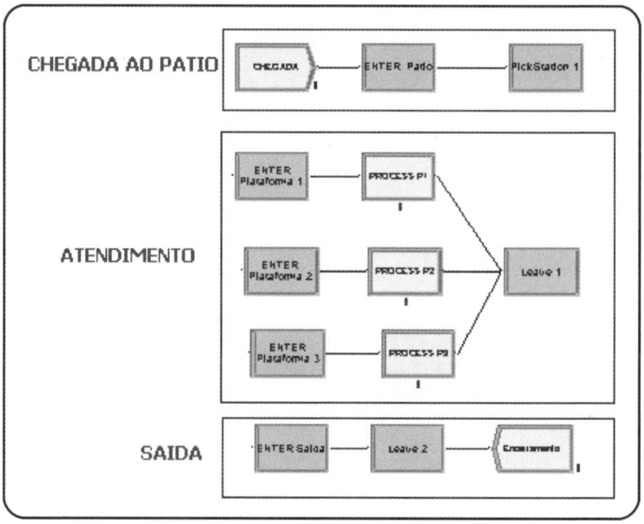

FIGURA 14.4 – Lógica do modelo Pickst1.doe

O módulo PickStation

Veja, na FIG. 14.5, como o módulo PickStation foi codificado. A rota escolhida será aquela que fornecer o **menor valor** para o somatório de *quantidade em fila + quantidade em rota + quantidade de atendentes ocupados*.

Observe que os campos disponíveis na tela do lado direito dependem de quais campos foram ativados na tela do lado esquerdo. Observe também que o módulo PickStation, após fazer a seleção da estação, encaminha a entidade para a estação selecionada. Portanto, ele tem embutida a função do módulo Leave, conforme pode ser observado na parte inferior da FIG. 14.5-esquerda.

O leitor deve, agora, resolver o exercício 2.

Fila única

Nem sempre o veículo pode ficar em uma fila na frente de cada *station*. É muito comum **ele ter de aguardar em um pátio em uma fila única**. Carregue agora o modelo **Pickst2.doe** e execute-o: temos aqui um pátio de uma empresa que efetua carga em caminhões. Aqui o veículo deve esperar em uma fila única: quando chega sua vez, ele se dirige à plataforma, **tendo a certeza de que é o único que efetua essa manobra e tendo a certeza de que a *station* se encontra disponível.**

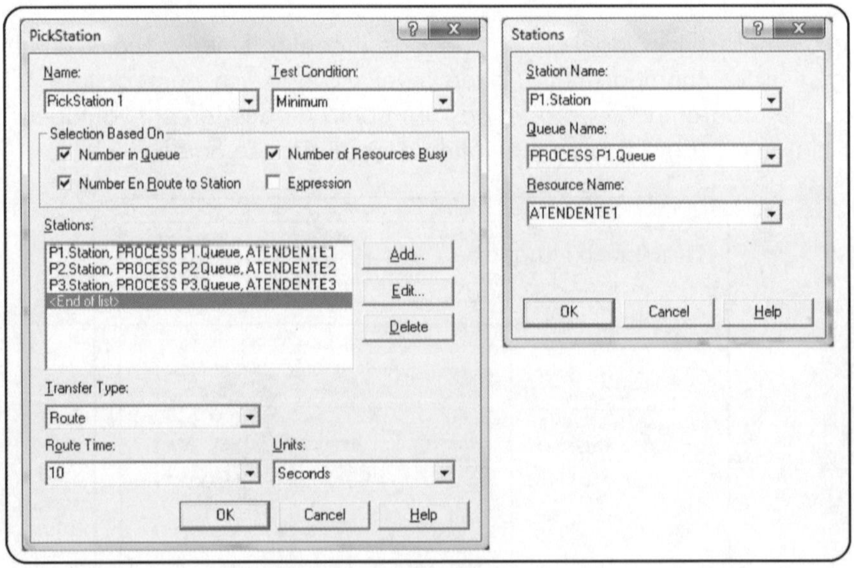

FIGURA 14.5 – O módulo Pickstation (Pickst1.doe)

O recurso "Espaco": os módulos Seize e Release

Para resolver esta questão, utilizamos um criativo processo de programação meio do uso do *recurso espaco*. Confira inicialmente o conteúdo do bloco *Resource* na FIG. 14.6. A área de planilhas foi ativada clicando-se no módulo *Resource* da Barra de *templates* de *Basic Process*. Ali definimos "alguma coisa" chamada *"espaco"* com **capacidade 3** e que, neste exemplo, corresponde **também** ao total de vagas disponíveis para os caminhões (3 plataformas).

Resource - Basic Process

	Name	Type	Capacity	Busy / Hour	Idle / Hour	Per Use	StateSet Name	Failures	Report Statistics
1	ATENDENTE1	Fixed Capacity	1	0.0	0.0	0.0		0 rows	☑
2	ATENDENTE2	Fixed Capacity	1	0.0	0.0	0.0		0 rows	☑
3	ATENDENTE3	Fixed Capacity	1	0.0	0.0	0.0		0 rows	☑
4	ESPACO	Fixed Capacity	3	0.0	0.0	0.0		0 rows	☑

FIGURA 14.6 – Definindo o recurso "Espaco" (Pickst2.doe)

Veja agora a lógica do modelo na FIG. 14.7 e observe a sincronização entre os blocos Seize e Release: tão logo um caminhão libera uma plataforma, ele passa pelo módulo Release, que libera uma unidade do recurso "espaco". Nesse instante, o bloco Seize, se possuir algum caminhão em espera na fila para ocupar o recurso "espaco", libera o caminhão. A seguir o caminhão vai ao bloco Pickstation, que escolhe a melhor plataforma. Cada plataforma ocupada significa também uma unidade do recurso "espaco" ocupada. Quando as três plataformas estão ocupadas, a entidade fica presa na fila do módulo Seize. Se você executar o programa até o final, verá que o tamanho médio dessa fila é de 2,7 veículos (veja também no relatório *Queues*).

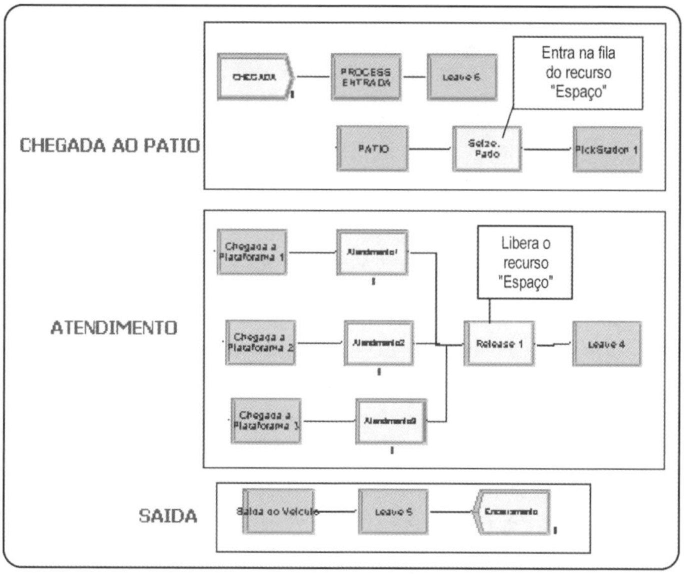

FIGURA 14.7 – PickStation com fila única (Pickst2.doe)

Algumas características de animação

O modelo do pátio de caminhão tem algumas características de animação que merecem comentários:

- Movimento entre estações: Você deve ter observado que o veículo se movimenta no "exato sentido da rota". Para ver como obtivemos esse recurso, dê um duplo clique na rota que une as estações Patio.Station e P1.Station. Você verá que ativamos as opções *Rotacionar* + *Gerar* (FIG. 14.8). Experimente desativar esses botões, rode o modelo e veja as consequências.

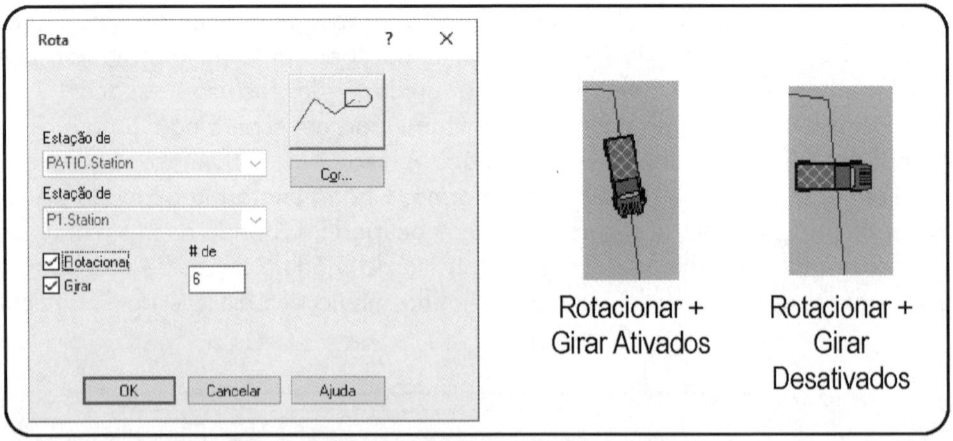

FIGURA 14.8 – Posicionando a entidade sobre uma rota (Pickst2.doe)

- Observe agora a fila *patio.queue:* Os veículos ficam estacionados de uma forma bastante conveniente. Dê um duplo clique no símbolo da fila e veja que aqui não ativamos nenhum botão. Experimente ativar o botão *Rotacionar + Girar* veja a consequência.

- Observe ainda que, ao ser atendido na plataforma, o caminhão estaciona paralelamente a ela: isso foi obtido pela alteração do símbolo de ocupação **(Seize Area)**. Considere a plataforma número 1 e leve cuidadosamente o cursor até o símbolo do *estacionamento* e dê um duplo clique nele. Você verá que definimos esse estacionamento *(Área de Ocupação)* como uma *Linha* (opção existente em *Type*) e ativamos o botão *Rotate*. Experimente desativar *Rotacionar* e ativar *Girar* (FIG. 14.9).

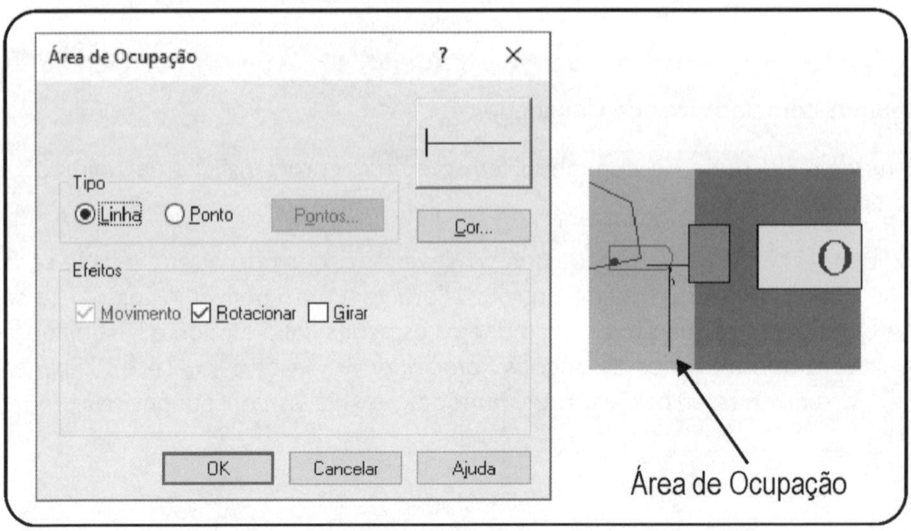

FIGURA 14.9 – Posicionando a entidade diante do recurso (Pickst2.doe)

Os comentários acima podem ser mais bem observados caso se ativem as rotas, as filas e as posições de estacionamento **durante** a execução. Para isso:

- Coloque o modelo em execução;
- Clique em *Pausa* (ou tecle *Escape*);
- Clique em *Visualizar + Camadas;*
- *Ative Esperar: Filas* e *Áreas de Paradas;*
- Ative *Transferir: Rotas.*

O leitor deve agora resolver o exercício 3.

14.3 Exercícios

1) Modifique o exemplo Choose1.doe de modo que as comparações sejam:

Critério	Codificação	Desviar para
Se a produção da máquina 3 é menor ou igual à da máquina 1 ou menor ou igual à da máquina 2	`IF Total3.le.Total1.and. Total3.le.Total2`	Máquina 3
Se a produção da máquina 2 é menor ou igual à da máquina 3	`IF Total1.le.Total2`	Máquina 1
Caso os testes acima não se concretizem ("ELSE")		Máquina 2

2) Modifique o exemplo Pickst1.doe, alterando os critérios de seleção entre *stations* da seguinte forma:

a) Ative apenas *"Number in Queue".*

b) Ative apenas *"Number of Resources Busy".*

Pergunta-se: Tais modificações tiveram algum efeito no resultado do modelo? Explique.

3) Modifique o exemplo Pickst2.doe, alterando os critérios de seleção entre *stations* da seguinte forma: Ative apenas *"Number of Resources Busy".*

Pergunta-se: Tais modificações tiveram algum efeito no resultado do modelo? Explique.

Capítulo 15

Navegação

15 Navegação

Quando criamos um modelo de uma situação real, o fluxograma e a animação geralmente ocupam diversas telas do vídeo do computador. Durante a montagem do modelo é comum, em determinado momento, utilizarmos informações fornecidas em diferentes telas. Assim, necessitamos de recursos que nos permitam percorrer todas as partes do modelo com facilidade. No ARENA, essas facilidades são obtidas por meio dos recursos "navegação" e "submodelos".

15.1 Navegação

Carregue o modelo **Cenário2.doe** e, na Barra de *templates*, clique na aba *Navigate*: a tela terá o formato da FIG. 15.1-esquerda. Ali vemos o menu de navegação desse modelo. Quando clicamos em uma entrada desse menu, o ARENA coloca na área de trabalho a visualização correspondente. Além disso, se digitarmos "A" (a letra "A" maiúscula), surgirá na área de trabalho a visualização da animação. Ou seja, foi criada a seguinte correspondência:

- A: Animação
- L: Lógica

Além delas, é válido para qualquer modelo ARENA:

- * : visualização completa.

As regras acima são válidas tanto quando criamos um modelo como quando o estamos executando.

Para criar uma nova regra de visualização:

- Posicione corretamente a visualização desejada na Área de Trabalho;
- Clique em *Visualizar + Nome da Vista ...?* (FIG. 15.2-esquerda);
- Clique em *Adicionar;*
- Escolha uma letra para o campo *Tecla de Atalho (hotkey)* e um nome para o campo Nome (FIG. 15.2-direita);
- Clique em OK e em *Fechar.*

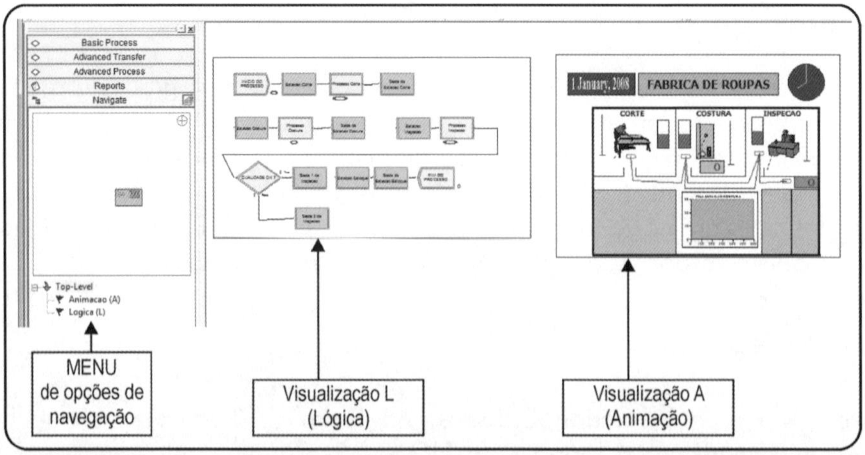

FIGURA 15.1 – O menu de opções e as visualizações *(view)* do modelo Cenario2.doe

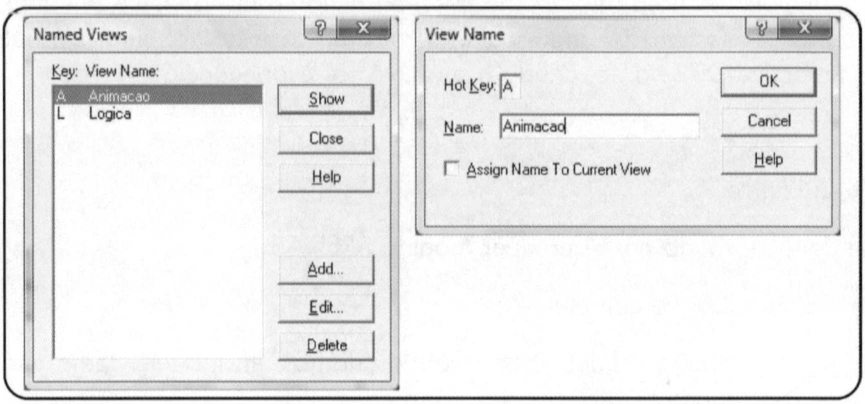

FIGURA 15.2 – Criando um item de um menu (Cenario2.doe)

Dentro de *Visualizar* temos ainda a opção *Views*, bastante útil:

- Tudo *(All)*: Permite visualizar todo o espaço da programação visual.
- Centralizar *Home*: Permite voltar ao espaço "onde tudo começou", com o ponto de coordenadas (0,0) posicionado no canto superior esquerdo da área de trabalho.
- *Max*: Mostra a redução máxima possível.
- *Anterior*: Volta à opção anteriormente utilizada.
- *Região*: Ampliação de uma região específica: ao ser acionada, o cursor se transforma em uma cruz, permitindo que se selecione uma área retangular. Ao se soltar o botão esquerdo do *mouse*, a área selecionada se amplia. A mesma função pode ser obtida pelo acionamento do ícone *Visualizar Região*.

- *Selecionado*: Semelhante à função anterior, apenas se exige que a seleção seja feita anteriormente (ou seja, com o cursor se ativa um espaço da área de trabalho).

15.2 Submodelos *(Submodels)*

Outra opção muito conveniente para se criar um modelo em ARENA é oferecida pelo recurso *submodels*. Conforme dissemos, quando trabalhamos com o ARENA, devemos colocar todas as informações (animação, lógica, gráficos, etc.) na área de trabalho. Pelo uso de submodelos, podemos criar diversos espaços gráficos. Cada um deles pode conter qualquer objeto (animação, lógica, gráficos, etc.). Assim, o uso de submodelos permite não somente aumentar o espaço gráfico disponível como também organizar melhor o modelo. Cada submodelo pode conter, ainda, outros submodelos internos.

Este assunto pode ser estudado nos arquivos Smarts 006, 012 e 098.

15.3 Exercício

1) Crie espaços de navegação no exemplo Pickst2.doe.

Capítulo 16

Transportadores

16 Transportadores

Até aqui vimos que, quando um servidor de uma estação encerra o atendimento de um cliente (ou entidade), o cliente se desloca para outro servidor (em outra estação), gastando determinado tempo e, para isso, utilizamos a opção *Route Leave*. Em fábricas e em diversos outros ambientes, esse deslocamento geralmente é feito mediante o uso de algum meio de transporte como empilhadeiras, carrinhos, correias transportadoras, pontes rolantes, pessoas, etc. Visto que podemos ter situações nas quais esses recursos de transporte existem em **quantidades limitadas,** torna-se necessário que eles também sejam considerados no modelo que está sendo simulado.

O ARENA permite essa função por meio de dois recursos: *TRANSPORTERS* (transportadores) e *CONVEYORS* (correias). O assunto "correias" será visto no próximo capítulo. Para o caso de transportadores, no ARENA esse processo ocorre segundo as etapas:

- As entidades solicitam um transportador por meio da função *REQUEST*. Se existir um transportador livre, este se move até o local onde a entidade solicitante se encontra;
- As entidades são então transportadas pelo transportador de uma estação para outra;
- Ao chegar a seu destino, as entidades liberam os transportadores, que passam a estar disponíveis para outro chamado.

Para seu uso no ARENA, o transportador deve ser definido usando-se o módulo *TRANSPORTER* do painel *ADVANCED TRANSFER,* e as distâncias devem ser definidas no bloco *DISTANCE* do mesmo painel.

16.1 Exemplo de uso de transportador

Considere o exemplo ilustrado na FIG. 16.1, no qual peças saem do almoxarifado, a uma taxa de Expo(4) minutos, para ser processadas e inspecionadas na estação A, onde existe a máquina A. As peças de boa qualidade (60%) saem para o estoque, e as com defeito (40%) seguem para uma área de reparo e, logo após, seguem para o estoque. Os tempos de processamento são os seguintes:

- Máquina A: TRIA(2,3,4) minutos.
- Reparo: TRIA(1,2,3) minutos.

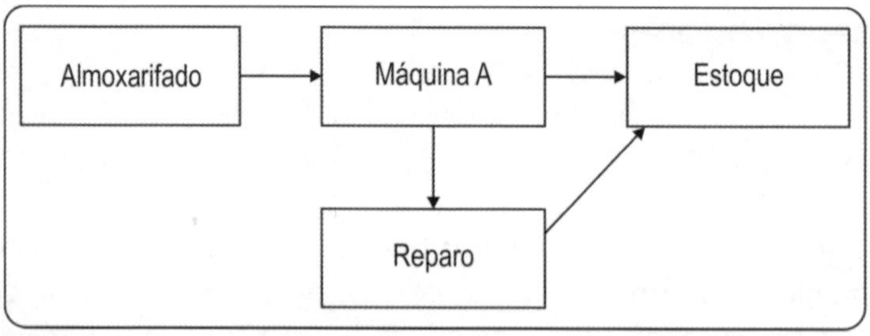

FIGURA 16.1 – O modelo a ser simulado

Todas as peças são transportadas por meio de carrinhos, e há dois disponíveis nesse sistema. As peças são transportadas pelo carrinho disponível mais próximo; o seu tempo de carregamento é de 10 segundos, e o de descarregamento é de 15 segundos. As empilhadeiras se movem com uma velocidade de 10 pés por segundo. A tabela abaixo define as distâncias entre as 4 áreas:

De	Para	Distância (pés)
Entrada (Almoxarifado)	Produção	100
	Estoque	200
	Reparo	100
Produção (Máq. A)	Estoque	100
	Reparo	75
Estoque	Reparo	75

16.2 Os módulos do ARENA para transporte

São os seguintes (veja *template Advanced Transfer*):

Módulo	Função
Módulos de fluxograma	
Activate	Ativa um transportador quefoi parado anteriormente pelo módulo Halt
Allocate	Designa um determinado transportador para atender a um chamado
Free	Libera o transportador após sua chegada a uma estação
Halt	Interrompe a disponibilidade do transportador
Move	Move o transportador entre duas estações
Request	Solicita o serviço de um transportador
Transport	Efetua o transporte da entidade entre duas estações
Módulos de dados	
Transporter	Define as características do transportador
Distance	Define os diversos componentes da malha de transporte

16.3 A visualização do modelo ARENA

Na FIG. 16.2 vemos o modelo do ARENA para o problema mencionado anteriormente **(Transp1.doe)**. Carregue-o execute-o. A seguir acompanhe a exposição abaixo, conferindo-as com o modelo carregado.

O fluxograma

Veja o modelo Transp1.doe (FIG. 16.3). As estações são as seguintes:

Estação	Servidor	Fila
Entrada.Station	-	
Producao.Station	Operador Máquina A	Processo Máquina A.Queue
Reparo.Station	Reparador	Processo Reparo.Queue
Estoque.Station	-	

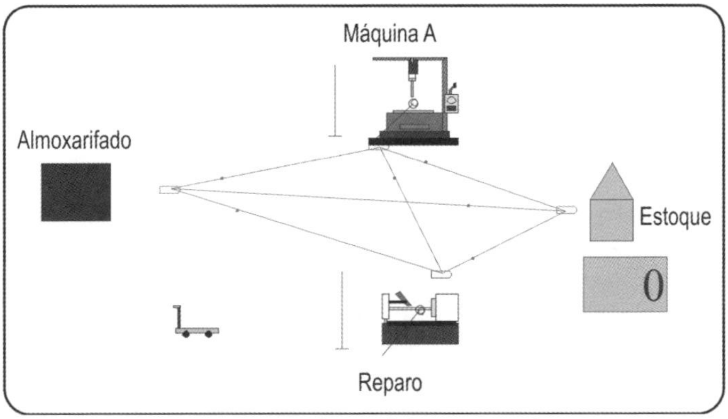

FIGURA 16.2 – A animação do modelo Transp1.doe

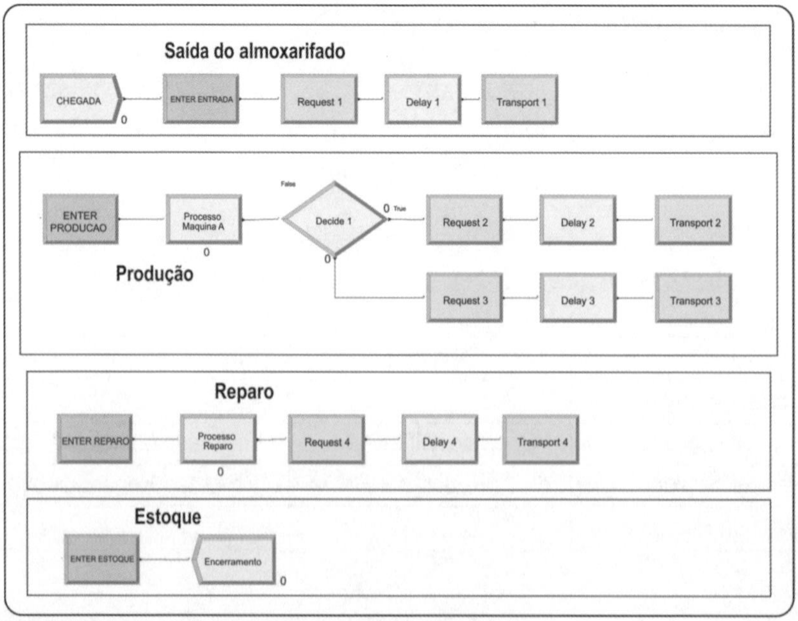

FIGURA 16.3 – O fluxograma do modelo Transp1.doe

Os módulos Request, Delay e Transport

Após ser atendida em uma estação (módulos Enter + Process), a entidade deve ser movimentada para outra estação por meio dos carrinhos. Para isso deve:

- Solicitar o carrinho (módulo Request).
- Ser transportada pelo transportador (módulo Transport).

O módulo Delay *(template Advanced Process)* foi incluído entre os outros dois módulos para mostrar o tempo de carga (10 segundos). Veja, na FIG. 16.4, como os módulos Request e Transport foram codificados.

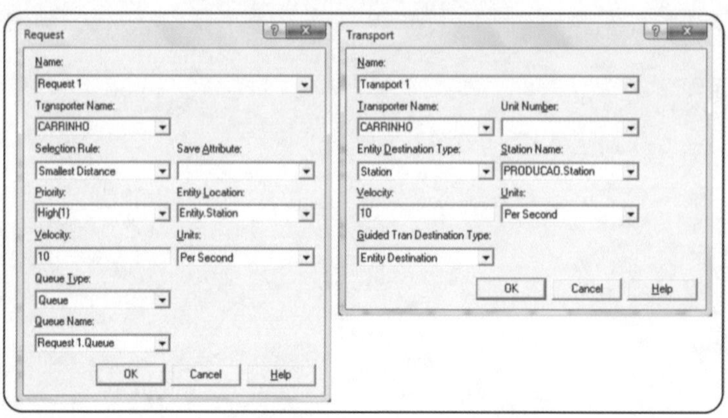

FIGURA 16.4 – Os módulos Request e Transport (Transp1.doe)

A maioria dos campos tem significado óbvio, e os campos mostrados a seguir necessitam de mais explicações:

a) Módulo Request

Transporter Name = Carrinho – Escreva o nome do transportador, conforme definido no módulo TRANSPORTER

Selection Rule = Smallest distance – Escolha a regra de seleção. As opções são:

- Cíclica
- Randômica
- Ordem preferida
- Membro específico
- Maior distância
- Menor distância

Save Attribute – Caso necessário, escolha o nome do atributo que deve conter o identificador do transportador (veja exemplo Transp1A.doe, explicado à frente).

Priority = high – Qual a prioridade deste chamado de transporte relativamente a todos os outros. As opções são: Alta, Média e Baixa.

Queue Type = Queue – A entidade deve aguardar pelo transportador em uma fila.

Queue Name= Request 1.Queue – Nome da fila onde a entidade deve aguardar.

b) Módulo Transport

Destination Type = Station – Digite *Station*.

Station Name = Producao.Station. Forneça o nome da próxima estação (destino)

Liberando o transportador no módulo ENTER

Ao chegar à estação de destino (módulo ENTER), a entidade deve ser descarregada, e o transportador deve ser liberado. Essas informações foram fornecidas no módulo ENTER. Poderiam ser também fornecidas no módulo FREE.

Módulos de dados

Necessitamos ainda incluir as seguintes informações em nosso modelo:

- A definição do transportador;

- A definição do símbolo do transportador;
- A definição das distâncias entre as estações onde o transportador vai operar;

Definindo o transportador: o módulo Transporter

Veja, na FIG. 16.5, o conteúdo do módulo Transporter. O conteúdo desse módulo é mostrado a seguir.

Tela "Transporter":

Para acessar esse módulo, clique em seu símbolo na área de *templates (Advanced Transfer)* para que surjam informações na área de planilha. Clique com o botão direito e escolha *Edit via Dialog* (FIG. 16.5-superior e esquerda).

Name = Carrinho: Escreva o nome do transportador que está sendo definido neste módulo.

Capacity = 2: Escreva a quantidade de transportadores.Velocity = 10 e Units = per second. Observe que não se informou a unidade de distância, que fica implícita e deve ser compatível com as distâncias fornecidas a seguir.

Tela "Initial Position *Status*"

Initial Position = Entrada.station – Preencha essa tela para cada unidade (FIG. 16.5-direita). Para acessar essa tela, clique em *Edit* (FIG. 16.5-esquerda).

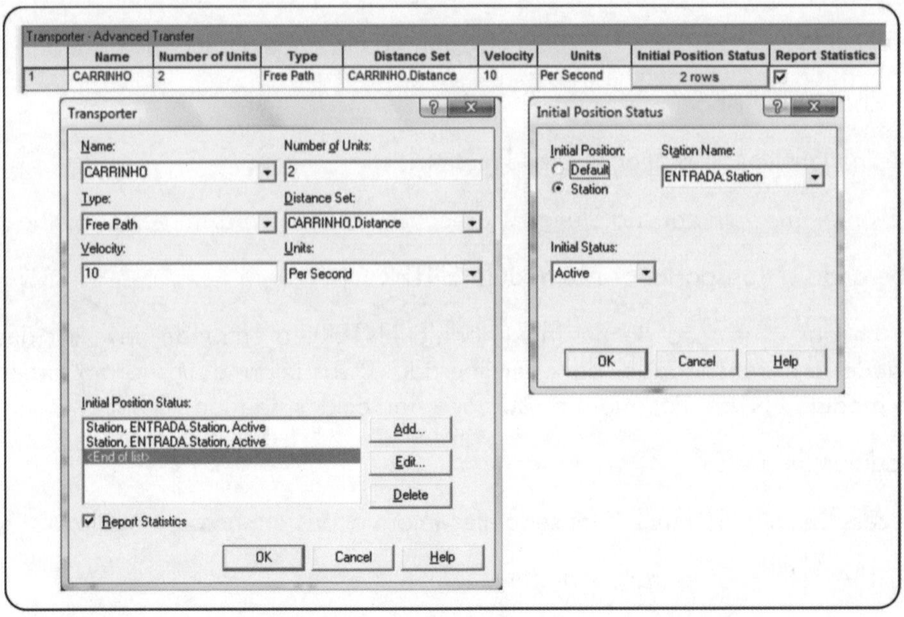

FIGURA 16.5 – O módulo Transporter (Transp1.doe)

Definindo distâncias: o módulo Distance

Para definir as distâncias a serem percorridas pelo transportador, utilizamos o módulo Distance (FIG. 16.6), disponível em *Advanced Template*. Seu conteúdo é autoexplicativo. Importante: no ARENA, a unidade utilizada no campo "Distance" deve ser compatível com a unidade utilizada em "Velocidade".

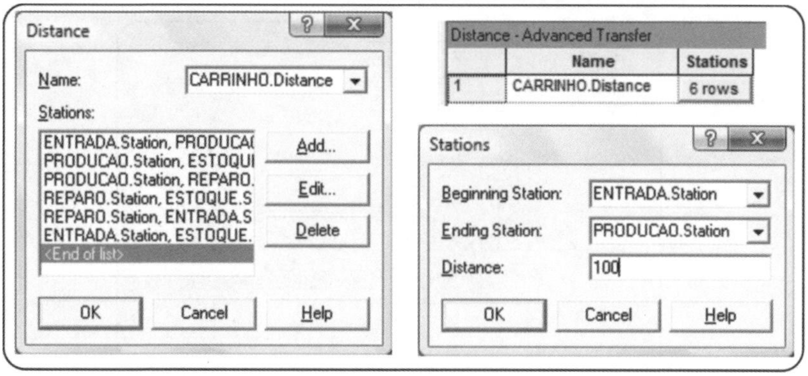

FIGURA 16.6 – O módulo Distance (Transp1.doe)

Animação

Interligando estações na animação: o ícone Distância

A interligação entre estações, cujo transporte é efetuado por um transportador, deve utilizar o ícone "Distância" da barra de ferramentas "Animate Transfer", e não o ícone "Rota".

Estacionando o transportador: o ícone *Station*

Quando o transportador chega a uma estação e não é solicitado imediatamente, ele deve ficar estacionado. Para que o visual corresponda a esse fato, deve-se ativar a opção "posicionamento" do ícone Station.

Figura do transportador

Para escolher a figura do transportador, clique no ícone Transportador da barra de ferramentas "Animate Transfer" (figura ao lado). Os símbolos utilizados foram escolhidos do diretório "Veicles.plb" (FIG. 16.7) que se encontra em:

C:/usuários/publico/documentos públicos/Rockwell software/Arena/Picture Library

Observe como diferenciamos os dois carrinhos:

- Criamos dois símbolos.

- Eles foram identificados como Carrinho(1) e Carrinho(2).
- As cores são diferentes.

Caso não desejássemos criar uma diferenciação, bastaria denominá-los simplesmente de Carrinhos no campo *Identifier* da FIG. 16.7. Para obter essa tela, clique sobre a figura de qualquer dos carrinhos da FIG. 16.2.

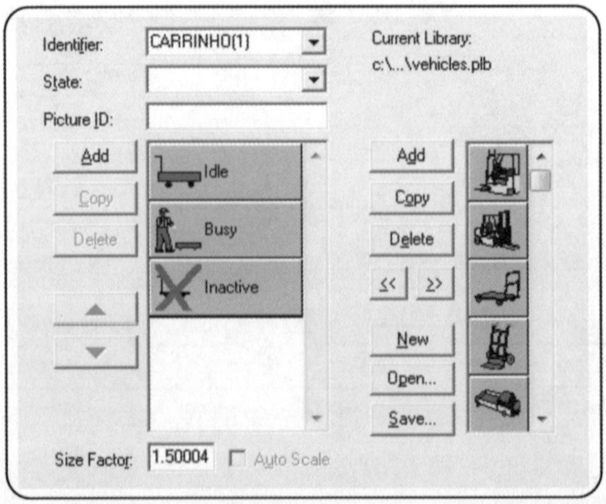

FIGURA 16.7 – Escolhendo o símbolo do transportador (Transp1.doe)

Desenho da peça que está sendo transportada dentro do transportador

Para conseguir que a peça que está sendo transportada apareça na animação:

- Edite a figura que aparece em *Busy* (dê um duplo-clique nela);
- Clique em *Object* no menu principal e escolha *Ride Point;*
- Clique novamente na figura que está sendo editada, em um ponto onde se deseja que a entidade seja colocada durante o transporte.

Espaço de estocagem de peças recém-trabalhadas

Observe que, depois de cada máquina, temos um espaço para estocar peças recém-trabalhadas e que estão aguardando a chegada do transportador. Esse espaço é uma fila e foi definida no módulo Request (FIG.16.4, campo *Queue Name*).

16.4 Executando e analisando resultados

Para executar este modelo e obter estatísticas do transportador, devemos ativar a opção *Transportadores* dentro do quadro *Coleta de estatística*, que obtemos em *Rodar + Configurações + Parâmetros do Projeto*. Após a execução, podemos acessar o conjunto de relatórios *"Transfer"* e/ou *"Category Overview"* (FIG. 16.8).

- Number busy (número médio de carrinhos ocupados): 0,4284 (de um total de 2 carrinhos);
- Utilização média: 21,42%.

Experimente, agora, rodar o modelo com um único carrinho.

CARRINHO

Usage	Average	HalfWidth	Minimum	Maximum
Number Scheduled	1.0000	(Insufficient)	1.0000	1.0000
Utilization	0.4393	0,032862787	0	1.0000
Number Busy	0.4393	0,032862787	0	1.0000

CARRINHO

Usage	Average	HalfWidth	Minimum	Maximum
Number Busy	0.4284	0,036606497	0	2.0000
Number Scheduled	2.0000	(Insufficient)	2.0000	2.0000
Utilization	0.2142	0,018303248	0	1.0000

FIGURA 16.8 – Relatório de resultados (Transp1.doe)

16.5 Contando o número de viagens

Uma pergunta pode ser feita para o modelo anterior: quantas viagens efetuou cada transportador? A resposta a essa pergunta pode ser vista no exemplo **Transport1A.doe.** O método empregado para obter a solução desse problema residiu na criação de um contador, atualizado sempre que uma entidade ocupa um carrinho. Visto que cada viagem de um transportador é originada por uma solicitação do módulo Request, colocamos no módulo Request o nome do atributo "Codigo" no campo *"Save Attribute"*, ou seja, a entidade receberá neste atributo o número do carrinho que atendeu a solicitação. Logo após, no módulo Assign, atualizamos o contador "Viagens(codigo)", utilizando o valor de "Codigo" como indexador, por meio de uma operação do tipo *"other.* Essa variável é uma matriz de duas posições e, portanto, foi definida no módulo "Variables" como uma matriz de duas linhas.

O leitor deve agora resolver o exercício 1.

16.6 Trajetória em rede

As técnicas mostradas até aqui são adequadas quando duas estações são interligadas por um único caminho. Quando existem diversas opções de locomoção entre duas estações, temos o que chamamos de *rede*. Nesse caso, é necessário utilizar o recurso *NetworkLink*, conforme veremos a seguir. Carregue agora o exemplo **Transp2.doe** e execute-o. Temos aqui um modelo de uma oficina que efetua serviços em peças. Veja como criamos a lógica desse modelo com os módulos *Server*. Veja também como o *Transporter Empilhadeira* foi definido. Os dados são:

- As peças chegam a cada EXPO(500) (segundos) com um tempo de rota de 120 (segundos);
- O fluxo de uma entidade é: Chegada, Entrada, Corte, Torno, Lixadeira, Saída e Despacho;
- O tempo gasto na estação Corte é TRIA(180,300,360);
- O tempo gasto na estação Torno é TRIA(300,360,540);
- O tempo gasto na estação Lixadeira é TRIA(180,240,300);
- Existe uma empilhadeira e o tempo de carga ou descarga na empilhadeira em qualquer estação é UNIF(30,60);
- A velocidade da empilhadeira é de 5 metros/segundo.

Na FIG. 16.9 mostramos o desenho da animação do modelo com os diversos trechos assinalados. As distâncias, em metros, entre os trechos são as seguintes:

Trecho	1	2	3	4	5	6	7
Distância	10	10	10	10	10	10	40

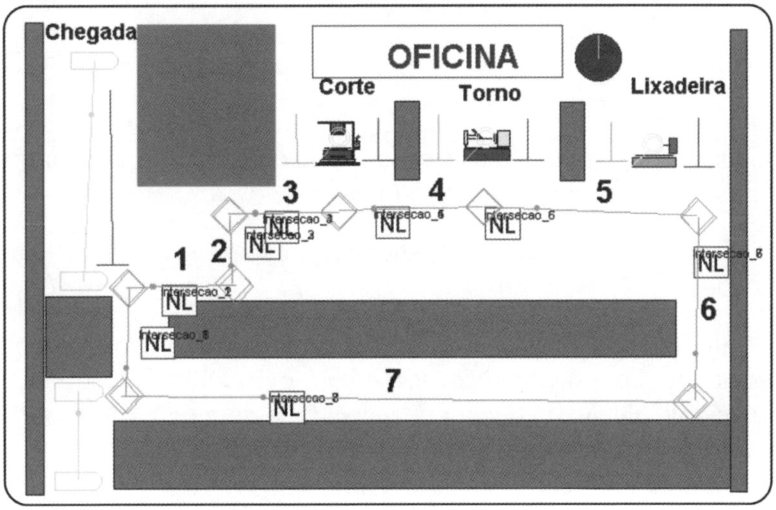

FIGURA 16.9 – Trajetória em Rede (Transp2.doe)

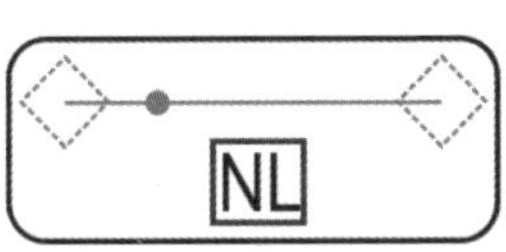

Os trechos mostrados na FIG. 16.9 foram criados com o módulo *NetworkLink* (figura ao lado), do *template Transfer*. Quando acionamos esse módulo, obtemos um desenho como o mostrado ao lado, no qual temos dois losangos unidos por uma reta (figura anterior). Os losangos representam **Interseções**. Junto de uma interseção podemos ter ou não associada uma estação de trabalho. Na FIG. 16.9 alguns trechos não chegam a nenhuma estação, por exemplo, o trecho 2 entre as interseções 2 e 3. O trecho 3 (entre as interseções 3 e 4) tem a estação Corte associada à interseção 4. O trecho 4 (entre as interseções 4 e 5) tem a estação Corte associada à interseção 4 e a estação Torno associada à interseção 5. Dando-se um duplo clique nas letras **NL**, obtemos uma tela como a FIG. 16.10 (no caso trata-se da tela utilizada para definir o trecho 3 que liga as interseções 3 e 4).

Dando duplo clique no trecho número 3 os campos mostrados têm os seguintes significados:

- *Beginning Intersection:* Intersecao_3 (nome da interseção que fica à esquerda no desenho);
- *Associated With Station:* Branco (aqui não temos nenhuma *station*);
- *Ending Intersection:* Intersecao_4 (nome da interseção que fica à direita no desenho);

- *Associated With Station:* Corte (aqui a interseção coincide com a *station* Corte);
- *Link Name*: Link3 (nome do trecho);
- *Number of Zones*: 1 (cada trecho é constituído de uma ou mais zonas, todas de igual tamanho);
- *Lenght of Each Zone*: 10 metros (o produto de *Number of Zones* por *Lenght of Each Zone* fornece a distância total);
- *Link Type*: *Bidirectional* (a empilhadeira pode se movimentar em ambas as direções);
- *Velocity Change Factor:* Branco (podemos alterar, para cada trecho, a velocidade da empilhadeira definida no módulo Transporter. O *Factor* fornecido multiplicará o valor da velocidade do módulo *Transporter*, mostrado na FIG. 16.3. Assim, se desejarmos, podemos passar diversas *networks* pela mesma interseção.
- *Network Name:* Rede_1 (nome da Rede que é referenciado no módulo Transporter). Se você der um duplo clique em *Transporter*, verá que o botão *Guided Path* foi acionado e se preencheu *Network* = *Rede_1*.

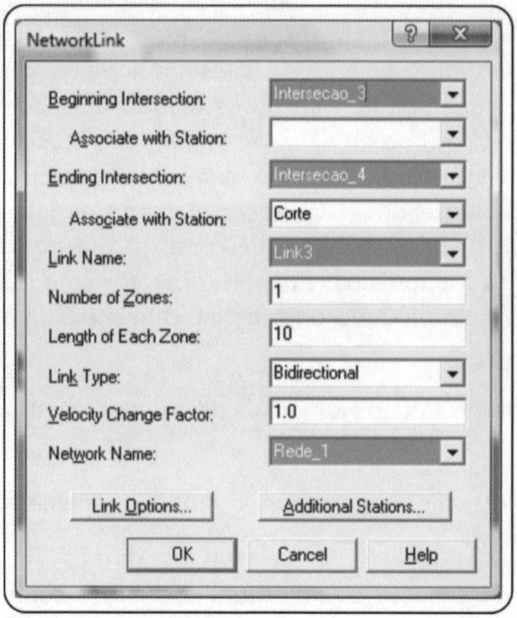

FIGURA 16.10 – Uso de *NetworkLink* (Transp2.doe)

Comentário

Como o leitor deve ter observado, o módulo Networklink pertence ao *template Transfer*, oriundo da versão 3.5 do ARENA.

O leitor deve agora resolver os exercícios 2 a 4.

16.7 Exercícios

1) Altere o exemplo Transp1A.doe da seguinte forma:

   a) Regra de seleção no bloco Request: tente todas as opções e veja o resultado na quantidade de viagens efetuadas por cada transportador.

   b) Altere o modelo para operar com apenas 1 carrinho. Pergunta-se: o modelo pode funcionar adequadamente com um único carrinho? Sugestões: Verifique o total de peças produzidas e as filas de espera por carrinho.

2) Em um setor de uma fábrica onde existem 2 máquinas, a cada expo(4) minutos chegam peças para serem processadas. Após o processamento na primeira máquina, a peça é transportada por ponte rolante até a segunda máquina. Os dados são:

   - Tempo de processamento na máquina A: TRIA(2,3,5) minutos;
   - Tempo de processamento na máquina B: TRIA(1,4,6) minutos;
   - Distância entre as máquinas: 20 metros;
   - Velocidade da ponte rolante: 0,5 metro/segundo.
   - Tempo de carga ou descarga na ponte rolante: 1 minuto.

   a) Simule 2.000 minutos.

   b) Caso se troque a ponte rolante por outra de velocidade igual a 0,3 m/seg, o sistema funcionaria adequadamente?

3) Altere o exemplo Transp2.doe da seguinte forma: comprimento do trecho 6: 40 metros. Veja o efeito na escolha da rota entre Lixadeira e Saída.

4) Dois tipos de peças, A e B, entram em um sistema. As peças do tipo A são transferidas para a máquina A, onde são processadas. As peças do tipo B são transferidas e processadas pela máquina B. O tempo de deslocamento entre a entrada no sistema e a entrada de cada máquina é de 5 minutos. Assim que as peças são processadas pela máquina apropriada, elas aguardam na máquina até a chegada de um transportador (pessoa) que efetua a remoção e o trans-

porte para um ajustador. Existe apenas um transportador disponível. Existem 2 ajustadores, um para a máquina A e outro para a máquina B. Depois de ajustadas, as peças são removidas para o armazém, com um tempo de transferência de 5 minutos. A transferência para o armazém não depende de nenhum veículo ou operador. O tempo de carga ou descarga, pelo transportador, em qualquer máquina, é de 1 minuto.

O tempo entre as chegadas das peças A segue uma EXPO(30) e, para as peças B, EXPO(25). Os tempos de processamento são: máquina-A: UNIF(12,20) e máquina B, UNIF(10,18). A distância entre a máquina-A e o ajustador-A é de 10 metros, e a distância entre a máquina-B e o ajustador-B é, também, de 10 metros. A distância entre os dois ajustadores é de 5 metros. A velocidade do transportador é de 20 m/min. Simule 1.000 minutos.

Capítulo 17

Correias transportadoras

17 Correias transportadoras

Veremos neste capítulo a segunda categoria de transportadores: as correias ou esteiras *(conveyors)*. Para utilizar esse recurso do ARENA devemos definir cada correia, fornecendo os seguintes dados: nome, velocidade, situação inicial (disponível ou inativa), tamanho, etc. Além disso, devemos informar o espaço que uma entidade ocupa na correia. Isso é feito pelo uso do conceito "célula", conforme explicado neste texto.

17.1 Exemplo de uso de correia

Consideremos o exemplo do capítulo anterior, em que vamos substituir o uso dos carrinhos por correias. Teremos, assim, 4 correias, a saber:

Correia	Início	Fim	Comprimento
1	Entrada	Produção	100
2	Produção	Estoque	100
3	Produção	Reparo	75
4	Reparo	Estoque	75

Todas as correias têm a mesma velocidade: 10 pés/segundo.

17.2 Os módulos do ARENA para correias

São os seguintes (veja *template Advanced Transfer*):

Módulo	Função
Módulos de fluxograma	
Access	Efetua a carga da entidade na correia
Convey	Efetua o transporte da entidade na correia
Exit	Libera o espaço na correia após o descarregamento
Start	Ativa uma correia que foi parada anteriormente pelo módulo Stop
Stop	Interrompe a disponibilidade da correia
Módulos de dados	
Conveyor	Define as características da correia
Segment	Define os diversos componentes da correia

17.3 A visualização do modelo ARENA

Na FIG. 17.1 vemos o modelo do ARENA para esse problema **(Correia1.doe)**: carregue-o execute-o. A seguir acompanhe a exposição abaixo, conferindo-a com o modelo carregado.

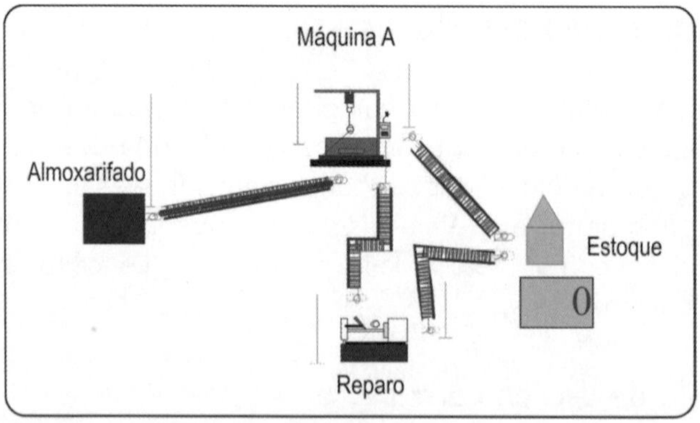

FIGURA 17.1 – A animação do modelo Correia1.doe

O fluxograma

Percorra os módulos do modelo Correia1.doe (FIG. 17.2). As estações são as seguintes:

Estação	Servidor	Fila
Entrada.Station		
Producao.Station	Operador Máquina A	Processo Maquina A.Queue
Reparo.Station	Reparador	Processo Reparo.Queue
Estoque.Station		

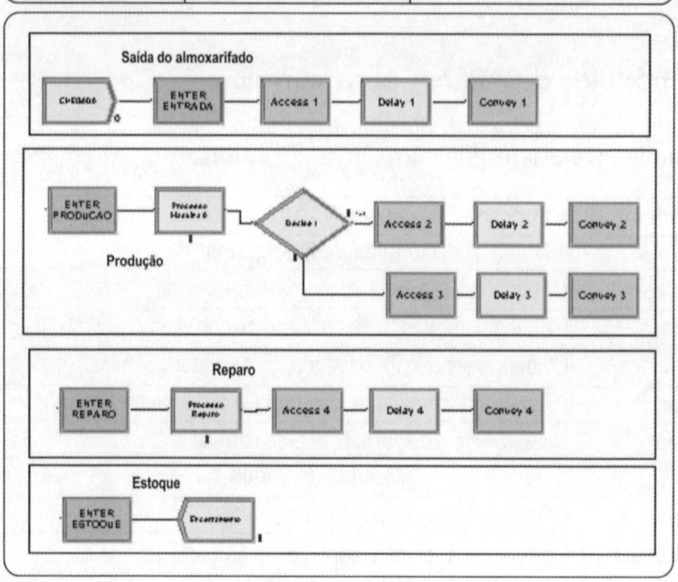

FIGURA 17.2 – O fluxograma do modelo Correia1.doe

Os módulos Access, Delay e Convey

Após ser atendido em uma estação (módulos Enter + Process), a entidade deve ser movimentada para outra estação através da correia. Para isso, é necessário:

- Colocar a peça na correia (módulo Access);
- Ser transportada pela correia (módulo Convey).

Veja na FIG. 17.3 como os módulos Access e Convey foram codificados. A maioria dos campos tem significado óbvio, e os campos mostrados na tabela seguinte necessitam de mais explicações:

a) Módulo Access

 # Cells = 1 – Refere-se à quantidade de células a serem ocupadas pela entidade (veja descrição do módulo Conveyor abaixo).

Queue Type = Queue **e** *Queue Name = Access1.Queue* – Indica que a entidade ficará aguardando, em uma fila (cujo nome é fornecido neste bloco), o momento de ser colocada na correia. Veja na animação que utilizamos essa fila para representar as entidades que foram atendidas pelo servidor e estão aguardando a colocação na correia.

b) Módulo Delay

Este módulo foi utilizado para representar o tempo de carga na correia (10 segundos).

c) Módulo Convey

Todos os campos são autoexplicativos.

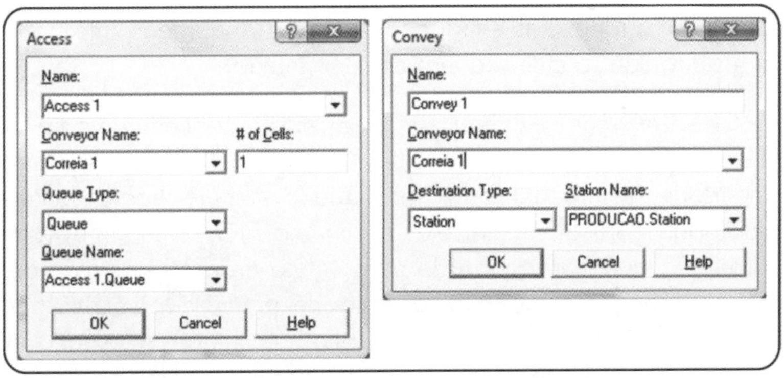

FIGURA 17.3 – Os módulos Access e Convey (Correia1.doe)

Liberando o transportador no módulo ENTER

Ao chegar à estação de destino (módulo ENTER), a entidade deve ser descarregada, e o transportador deve ser liberado. Essas informações foram fornecidas no módulo ENTER. Poderiam ser também fornecidas no módulo EXIT.

Módulos de dados

Precisamos incluir as seguintes informações adicionais em nosso modelo:

- A definição da correia;
- A definição das distâncias entre as estações interligadas pela correia.

Definindo a correia: o módulo Conveyor

Veja na FIG. 17.4 o conteúdo do módulo Conveyor. Observe que definimos cada segmento de cada correia. Os campos que necessitam de maiores explicações são:

Conveyor - Advanced Transfer

	Name	Segment Name	Type	Vel	Units	Cell Size	Max Cells Occupied	Accumulation Length	Initial Status	Report
1	Correia	Correia 1.Segment	Accumulating	10	Per Second	10	1	1	Active	☑
2	Correia	Correia 2.Segment	Accumulating	10	Per Second	10	1	1	Active	☑
3	Correia	Correia 3.Segment	Accumulating	10	Per Second	5	1	1	Active	☑
4	Correia	Correia 4.Segment	Accumulating	10	Per Second	5	1	1	Active	☑

FIGURA 17.4 – Definição das correias: o módulo Conveyor (Correia1.doe)

- *Type = Accumulating* – As correias podem ser de dois tipos: *nonaccumulating* ou accumulating. A diferença entre esses tipos se prende ao processo de desocupação da correia: quando uma entidade sai de uma correia do tipo *nonaccumulating*, toda a correia para durante o tempo de descarga *(unload)*. Já para as correias *accumulating*, durante o tempo do processo de descarga a correia continua funcionando e, portanto, caso o tempo de descarga seja longo, as entidades vão se acumulando junto ao final da correia (esteiras de roletes seguem essa definição).

- *Cell Cize: xx* – No ARENA, uma correia é conceitualmente dividida em **CÉLULAS** *(Cells)* e esse conceito pode ou não ter uma correspondência com a realidade, sendo utilizado para que o ARENA possa calcular quantas peças pode colocar na correia. Assim, na FIG. 17.4, informamos para a "Correia 1" que o tamanho de uma célula é de 10 pés (campo *Cell Size*). Assim, o espaço ocupado pela entidade *(Entity Size)* é o espaço de uma célula *(Cell Size)*, ou seja, uma entidade ocupa o espaço de 10 pés. Podemos concluir que as correias comportam as seguintes quantidades de peças simultaneamente (lotação máxima):

Correia	Comprimento total (pés)	Comprimento da célula (pés)	Quantidade células	Lotação (peças)
1	100	10	10	10
2	100	10	10	10
3	75	5	15	15
4	75	5	15	15

- *Max Cell Size* = 1.
- *Accumulation Lenght* = 1.

Definindo os comprimentos: o módulo de dados Segment

Os comprimentos são definidos no módulo de dados Segment (FIG. 17.5) do *template Advanced Transfer*, onde os campos são autoexplicativos.

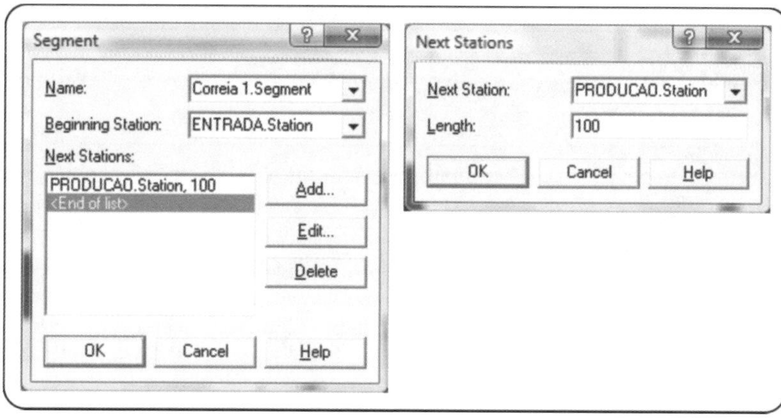

FIGURA 17.5 – Definição dos comprimentos das correias (Correia1.doe)

Animação

Interligando estações na animação: o ícone Segment

A interligação entre estações cujo transporte é efetuado por uma correia deve utilizar o ícone "Segment" da barra de ferramentas "Animate Transfer".

O leitor deve agora resolver o exercício 1.

17.4 Executando o modelo

Antes de executarmos o modelo, é conveniente ativar a solicitação de estatísticas em *Rodar + Configurações + Parâmetros do Projeto*. Os resultados são fornecidos no conjunto de relatórios *"Transfer"* ou *"Category Overview"*. A FIG. 17.6 foi obtida deste último conjunto. Por ele vemos que todas as correias estão subutilizadas; por exemplo, a Correia 1 teve uma utilização de 0,004 (ou 0,4%). Não se deve esquecer que esta informação considera também a quantidade de células da correia.

Importante

O campo *Unidade básica de tempoexistente* em *Rodar + Configurações + Parâmetros de Replicação* deve ser compatível com a unidade de velocidade da correia transportadora.

O leitor deve resolver agora o exercício 2.

18:45:02 **Category Overview** março 22, 2008

Exemplo CORREIA 1

Replications: 1 Time Units: Minutes

Conveyor

Usage

Length Accumulated	Average	HalfWidth	Minimum Value	Maximum Value
Correia 1	0.05785000	0.004209352	0.00	2.0000
Correia 2	0.05116667	0,004325116	0.00	1.0000
Correia 3	0.02437500	0,002331105	0.00	1.0000
Correia 4	0.03733333	0,003395931	0.00	1.0000

Utilization	Average	HalfWidth	Minimum Value	Maximum Value
Correia 1	0.00457136	0,000329233	0.00	0.1091
Correia 2	0.00279091	0,000237197	0.00	0.0909
Correia 3	0.00118359	0,000112750	0.00	0.06250000
Correia 4	0.00134167	0,000122500	0.00	0.06250000

FIGURA 17.6 – O relatório de resultados (Correia1.doe)

17.5 Exercícios

1) Considere o exercício 2 do capítulo anterior e substitua a ponte rolante por uma correia transportadora com a mesma velocidade. Considere ainda que a peça ocupa o espaço de 1 metro.

2) Peças chegam a um ponto de uma fábrica a uma taxa de EXPO(10) segundos e são transportadas por uma correia de 30 metros para outra seção a uma velocidade de 1 metro/segundo. Cada peça ocupa 1 metro *(Cell Size)*. O tempo de carga é de 5 segundos e o de descarga é de 10 segundos. Monte a lógica e a animação, simule 1 hora, verifique a produção total e considere:

   a) Correia cumulativa;

   b) Correia não-cumulativa.

Capítulo 18

Rotas de sequências

18 Rotas de sequências

Em linhas de produção pode ocorrer a situação na qual cada tipo de produto apresenta uma sequência de operações específica e diferente dos outros tipos de produtos. Por exemplo, em uma fábrica de automóveis o modelo *standard* pode ter uma sequência de operações diferente do modelo luxo. Em uma seguradora, a sequência de operações do processamento de uma apólice de seguro de vida é diferente do processamento de uma apólice de seguro de veículos. Para situações como essas, o ARENA tem um recurso muito conveniente para simplificar a programação: rotas de sequência.

Podemos utilizar rotas de sequência da seguinte forma:

- O itinerário da entidade dentro do sistema é definido no módulo Sequence (*Template* Advanced Transfer).
- A transferência por *sequência* é solicitada em cada estação de trabalho. As durações dos atendimentos nos servidores podem ser definidas no próprio bloco onde o cliente está sendo atendido ou dentro do bloco Sequence, junto com o itinerário de cada cliente. Neste último caso, um mesmo servidor pode ter tempos de atendimento diferentes para diferentes tipos de clientes.

18.1 Um exemplo: a linha de montagem

Considere o problema de uma seção de uma fábrica à qual chegam dois tipos de solicitações: produto Luxo a cada EXPO(25) e produto *Standard* a cada EXPO(20). As sequências são:

- O produto Luxo passa pelas máquinas A e B.
- O produto *Standard* passa pelas máquinas A e C.
- Os tempos de processamento e de deslocamento estão mostrados na FIG. 18.1.

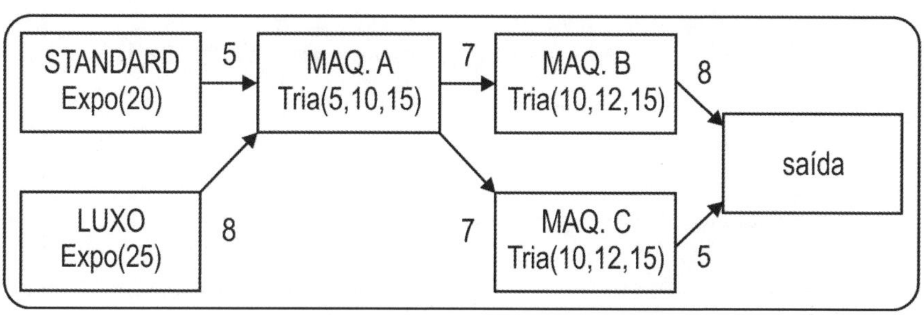

FIGURA 18.1 – O *layout* de Seq1.doe

O fluxograma desse modelo está mostrado na FIG. 18.2, que faz parte do material disponível na internet que acompanha este livro. Assim, carregue o exemplo **Seq1.doe**, execute-o e, a seguir, veja o conteúdo de todos os módulos. Todos os módulos do fluxograma mostrados já foram discutidos em capítulos anteriores. A novidade fica por conta do conteúdo do módulo Leave, que envia a entidade para uma próxima estação com base na tabela de sequência. Outra novidade: o módulo de dados Sequence.

18.2 Definindo a tabela de sequências

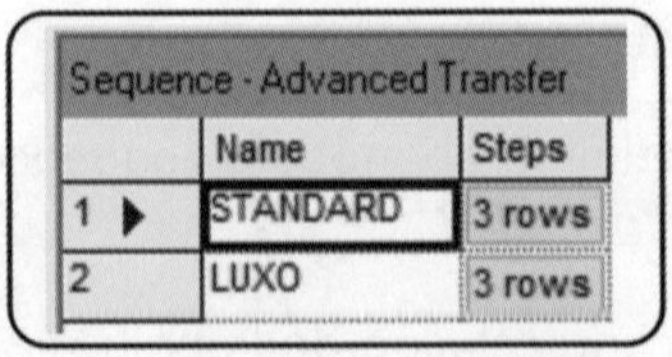

Sequence - Advanced Transfer

	Name	Steps
1 ▶	STANDARD	3 rows
2	LUXO	3 rows

Veja o módulo Sequence (*template* Advanced Transfer): ele é um módulo de dados e, quando clicamos nele, é ativada a porção "área de planilha", que contém as diversas sequências definidas (figura ao lado). Para verificar o conteúdo de cada sequência, temos duas formas de trabalhar:

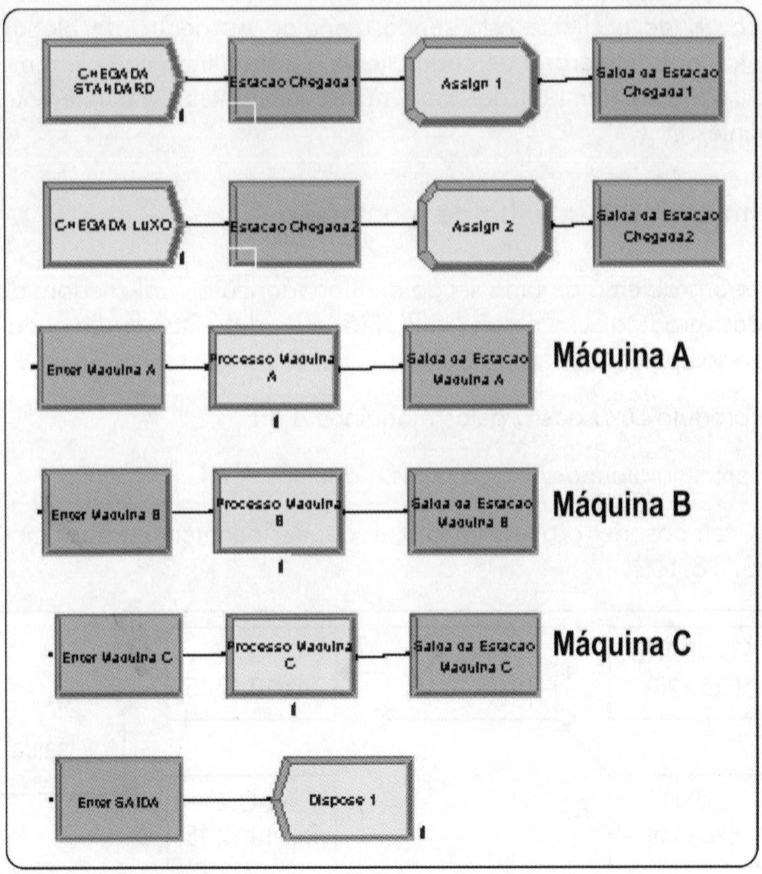

FIGURA 18.2 – O fluxograma ARENA (Seq1.doe)

- Clique com o botão direito na célula onde se lê "3 rows".
- Ou então clique com o botão direito no início de cada linha. Na caixa de diálogo que surge, escolha *Edit via Dialog*.

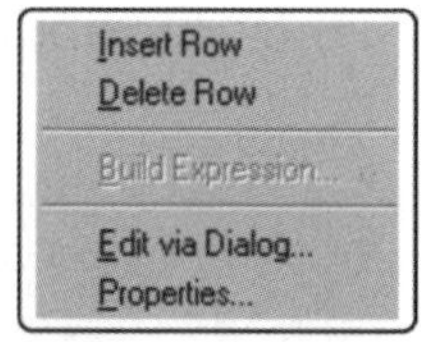

As telas mostradas a seguir foram obtidas pelo uso da segunda opção, e a FIG. 18.3 mostra o conteúdo desse módulo para a sequência denominada "Standard". Veja que uma sequência é constituída de etapas *(steps)*.

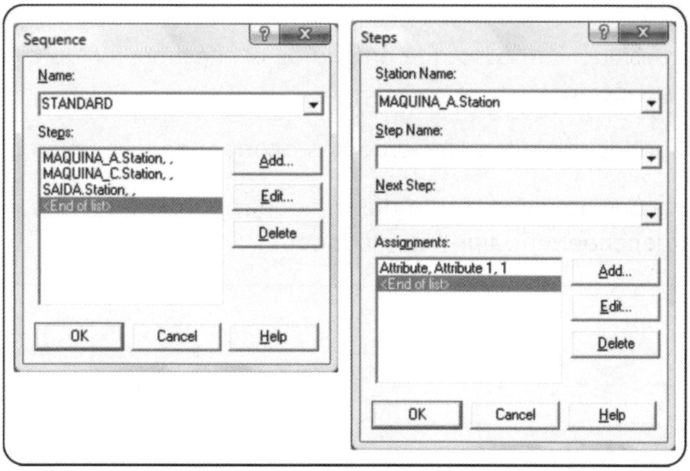

FIGURA 18.3 – O módulo Sequence (Seq1.doe)

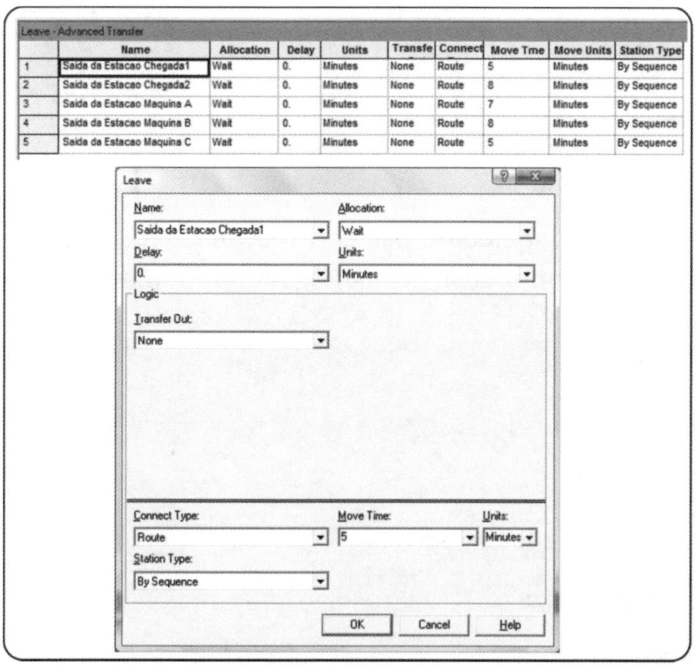

FIGURA 18.4 – O módulo Leave (Seq1.doe)

18.3 Ativando a rota

A ativação da rota é feita em cada comando Leave. Na FIG. 18.4-inferior mostramos o conteúdo de todos os módulos Leave (porção "Área de Planilha") e, na parte superior, mostramos parte da tela Leave "Saida da Estacao Maquina A". O campo que ativa o uso da sequência é "Station Type".

18.4 Rotas de sequência com valores diferentes

Vamos agora estudar um caso que amplia os conhecimentos do exemplo anterior nos seguintes aspectos:

- As chegadas dos diferentes produtos ocorrem em um único bloco *Create*.
- As durações do atendimento das entidades por uma mesma estação de trabalho dependem do tipo da entidade.

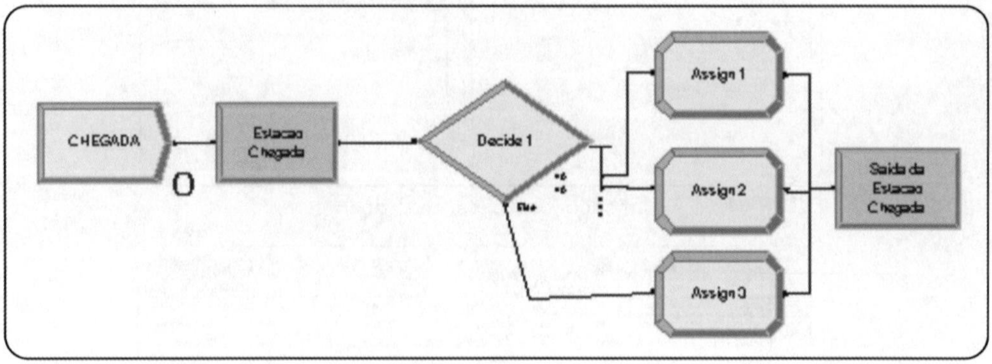

FIGURA 18.5 – O fluxograma para a chegada (Seq2.doe)

Carregue o exemplo **Seq2.doe** e percorra seus módulos. Nele peças chegam a cada Expo(200) segundos, e temos a produção de três tipos diferentes de produtos:

- 40% verde
- 40% azul
- 20% vermelho

As rotas de sequência são as seguintes:

- Verde: cortar e lixar
- Azul: tornear

- Vermelho: cortar, tornear e lixar.

Os tempos de atendimento são os seguintes:

Produto	Corte	Torno	Lixadeira
Verde	TRIA(200,240,300)		TRIA(200,300,400)
Azul		TRIA(200,300,400)	
Vermelho	TRIA(180,300,360)	TRIA(300,360,540)	TRIA(180,240,300)

Dividindo o fluxo

Logo após a chegada da entidade à estação "Chegada.Station", incluímos o módulo Decide para dividir o fluxo proporcionalmente aos valores fornecidos (FIG. 18.5)

Definindo e ativando as figuras da entidade

Veja em *Edit + Entity Pictures* que definimos três tipos de figuras para os diferentes produtos e que foram ativadas no módulo Assign (FIG. 18.5). Para ver o conteúdo, dê um duplo clique neste módulo (FIG. 18.6-direita-superior).

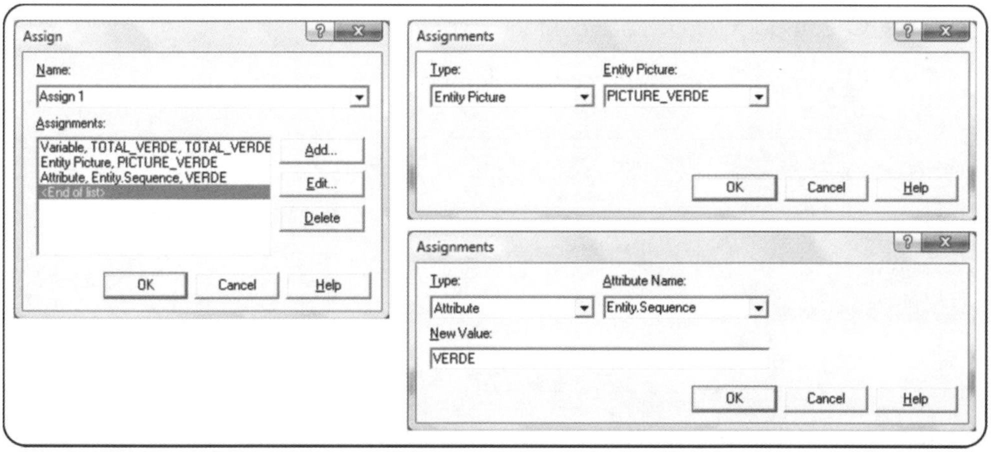

FIGURA 18.6 – O módulo Assign (Seq2.doe)

Efetuando a escolha da rota

A escolha da rota de sequência foi feita no bloco Assign, logo após o bloco Decide (FIG. 18.5 e FIG. 18.6-esquerda):

- Ativação da correta sequência. Veja FIG. 18.6-direita-inferior.
- Totalizador para o tipo do produto.

Totalizando por tipo de produto

A totalização de cada produto foi feita no bloco Assign, logo após a chegada da entidade ao sistema (FIG. 18.5).

Definindo as sequencias

As sequencias foram definidas no módulo de dados Sequence.

Definindo o tempo de atendimento

Os tempos de atendimento foram definidos no módulo de dados Sequence (template Advanced Transfer). Veja na FIG. 18.7 como isso foi feito para a sequência "Verde", na estação "Corte". Ali incluímos o atributo "Tempo_Atendimento", cujo valor é Tria(200,240,300). Nesse caso, o funcionamento é o seguinte:

- Quando a entidade chega à estação "Corte", seu atributo "Tempo_Atendimento" recebe o valor obtido por **sorteio** de Tria(200,240,300).
- Quando a entidade chega ao bloco Process, a duração do atendimento foi informada assim:
  - O campo "*Delay Type*" contém "*Expression*";
  - O campo "*Expression*" contém Tempo_Atendimento.

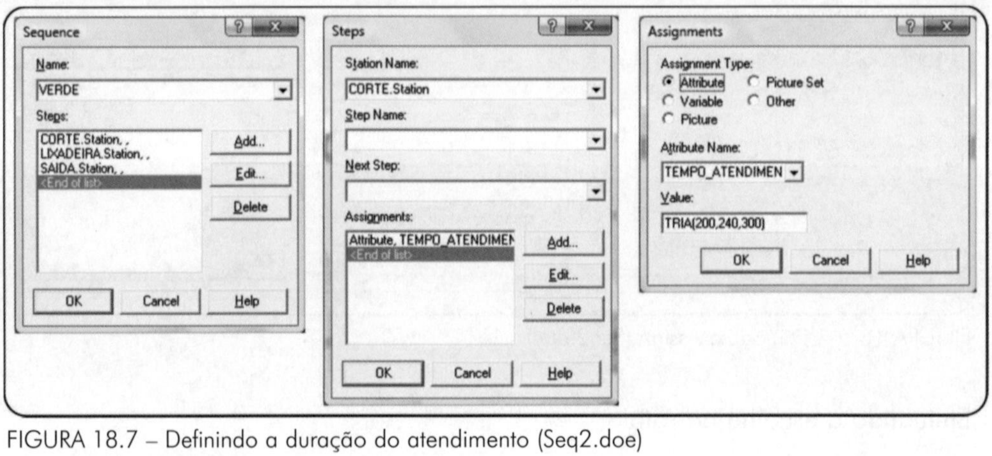

FIGURA 18.7 – Definindo a duração do atendimento (Seq2.doe)

O leitor deve agora resolver os exercícios 1 e 2.

18.5 Exercícios

1) Altere o exemplo Seq2.doe, incluindo um quarto tipo de produto (Amarelo). A nova distribuição de chegada se torna Verde: 30%, Azul: 20%, Vermelho: 30%, Amarelo: 20%. O Produto Amarelo passa pelas seguintes estações: Corte, Torno e Saída, e o valor para *T_Atendimento* é o mesmo do produto Vermelho.

2) Caminhões chegam a uma distribuidora de combustível a cada EXPO(5) minutos segundo a distribuição:

- 42% são para gasolina comum, para o que temos 2 bombas, e o tempo de abastecimento é de UNIF(10,20);
- 20% são para gasolina especial, para o que temos 1 bomba, e o tempo de abastecimento é de UNIF(10,20);
- 38% são para óleo diesel, para o que temos 2 bombas, e o tempo de abastecimento é de UNIF(14,24).

Após o carregamento do combustível, os caminhões seguem para um dos guichês de pagamento, onde gastam UNIF(2,5):

- Guichê A: Gasolina;
- Guichê B: Óleo Diesel.

Os tempos de deslocamento são de 1 minuto. Simule o modelo acima para 2.000 minutos.

Capítulo 19

Interrupções no serviço

19 Interrupções no serviço

Até aqui, quando usamos o bloco *Process*, o servidor nele referenciado (recurso) trabalha ininterruptamente, sem nenhum momento para descanso e sem nenhuma parada. Uma situação bastante comum é o servidor ficar inativo durante algum tempo. Ocorre com pessoas que podem se ausentar de seu posto de trabalho em momentos especiais do expediente, tais como lanche, almoço, etc. Ocorre com máquinas e com equipamentos de transporte (empilhadeiras, correias transportadoras, etc.), que ficam inativas para manutenção preventiva ou corretiva. Assim, os recursos podem:

- Trabalhar segundo uma programação;
- Sofrer paradas por quebra, manutenção, etc.

No ARENA, servidores e equipamentos podem estar em um dos quatro estados abaixo:

- Ocupado *(busy)*: durante o atendimento ao cliente;
- Desocupado *(idle)*: esperando a chegada de algum cliente;
- Inativo *(inactive)*: não disponível para atendimento;
- Quebrado *(failure)*: não disponível para atendimento.

19.1 Um exemplo

Consideremos novamente o exemplo da fábrica de roupas, em que vamos incluir informações sobre disponibilidades de pessoas e máquinas. Carregue o modelo **Parada1.doe** e execute-o: ele simulará 10 dias de trabalho de 10 horas cada (600 minutos). Esse modelo é um avanço no modelo Cenário3.doe, apresentado em capítulos anteriores e no qual foram incluídas informações sobre paradas.

Você pode observar que, durante a execução do modelo, os servidores (ou recursos) se ausentam de sua mesa de trabalho (lanche, almoço ou desocupado) e que as máquinas param (por exemplo, por quebra). Isso é mostrado na animação pela escolha de diferentes desenhos para os diferentes estados de disponibilidade do servidor (recurso). Por exemplo, dê um duplo clique no símbolo da estação Costura e você verá que definimos quatro desenhos diferentes para os diferentes estados de funcionamento: *Idle, Busy, Inactive* e *Failure* (FIG. 19.2).

19.2 O processo de chegada: módulo Create

Nesta fábrica o turno de trabalho vai das 8:00 às 18:00 (600 minutos). O objetivo da fábrica é produzir 40 peças por dia. Isso foi fornecido no bloco *Create*, onde solicitamos a produção de 2 lotes de 20 cada (um pela manhã às 8:00 e outro à tarde, às 14:00). Portanto, às 8:00 horas, o bloco *Create* envia para o bloco *Server* (estação Corte) 20 entidades correspondentes às 20 solicitações de produção. Às 14:00 (portanto, após 6 horas ou 360 minutos após o início do dia de trabalho) outras 20 solicitações de produção são enviadas.

Os campos preenchidos no bloco *Create* foram:

Time Beetweeen Arrivals:

Type=Constant Value=360 minutes

Entities per Arrival = 20

Max Arrivals = 2

First Creation = 0

19.3 O módulo de dados Schedule

No ARENA, as informações sobre paradas são fornecidas no módulo de dados Schedule *(template Basic Process)*. Esse módulo é automaticamente inserido no modelo sempre que, no módulo de dados Resource, informamos que a disponibilidade do recurso é do tipo *"Based on Schedule"* (FIG. 19.1-esquerda). O nome do campo *"Schedule Name"* do módulo Resource surge automaticamente no campo *"Name"* do módulo Schedule.

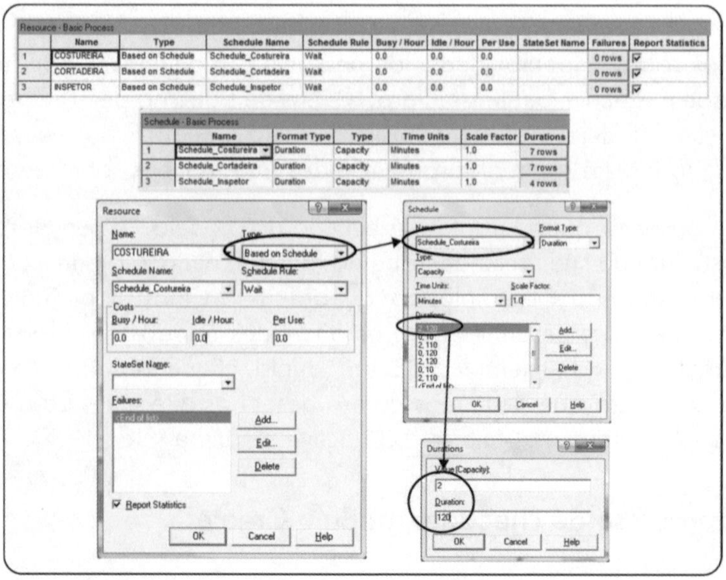

FIGURA 19.1 – Os módulos de dados Resource e Schedule (Parada1.doe)

Fornecendo dados de expediente de trabalho

Os expedientes de trabalho são diferentes para os diferentes servidores, conforme mostramos nas tabelas seguintes, nas quais podemos observar que:

- Os operários de Corte e Costura iniciam seu trabalho às 8:00, e seu almoço é das 12:00 às 14:00. Os lanches ocorrem às 10:00 e às 16:00, durante 10 minutos;
- O operário da inspeção trabalha das 11:00 às 12:00 e das 17:00 às 18:00.

Descrição dos expedientes de trabalho			
Corte (1 pessoa) e costura (2 pessoas)			
Início	**Fim**	**Duração**	**Observação**
08:00	10:00	120	Normal
10:00	10:10	10	Lanche (inativo)
10:10	12:00	110	Normal
12:00	14:00	120	Lanche (inativo)
14:00	16:00	120	Normal
16:00	16:10	10	(Lanche inativo)
18:00	18:00	110	Normal

Descrição do expediente de trabalho			
Inspeção (1 pessoa)			
Início	**Fim**	**Duração**	**Observação**
08:00	11:00	180	Inativo
11:00	12:00	60	Normal
12:00	17:00	300	Inativo
17:00	18:00	60	Normal

Os expedientes de trabalho são introduzidos no módulo de dados Schedule. Veja na FIG. 19.1-direita como foram fornecidos os valores para o recurso Costureira. O estado inativo é mostrado zerando o campo *"Value (Capacity)"*.

Definindo as figuras para os diferentes estados

As figuras mostradas na animação para o estado inativo são criadas por processo semelhante ao de criação para os estados *Idle* e *Busy* (FIG. 19.2).

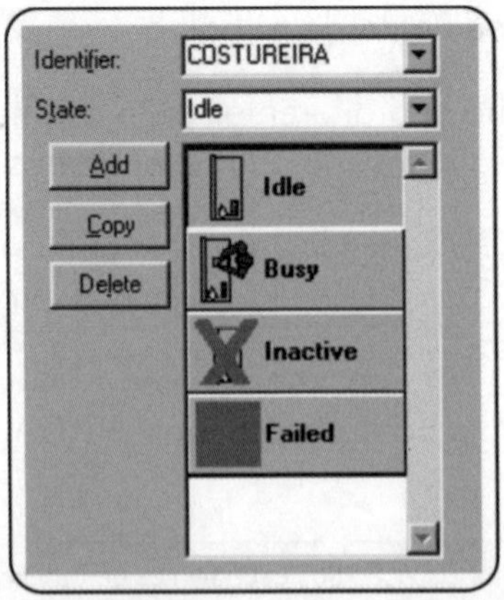

FIGURA 19.2 – *Pictures* para o servidor da estação Costura (Parada1.doe)

Executando o modelo

Sugere-se executar o modelo em modo normal e, quando o relógio estiver próximo ao horário de algum evento importante (exemplo: parada), interrompa a execução e, então, passe a executar o modelo na modalidade "*step*" (veja a barra de comandos). Pode-se observar que:

- Quando chega o momento de uma parada, o recurso somente efetua a parada caso não esteja executando algum serviço. Do contrário, ele somente para ao terminar o serviço. Isso ocorreu porque se informou no campo *Schedule Rule* o valor *Wait* (veja a FIG. 19.3-esquerda e a seção "Regras para as Paradas" à frente).

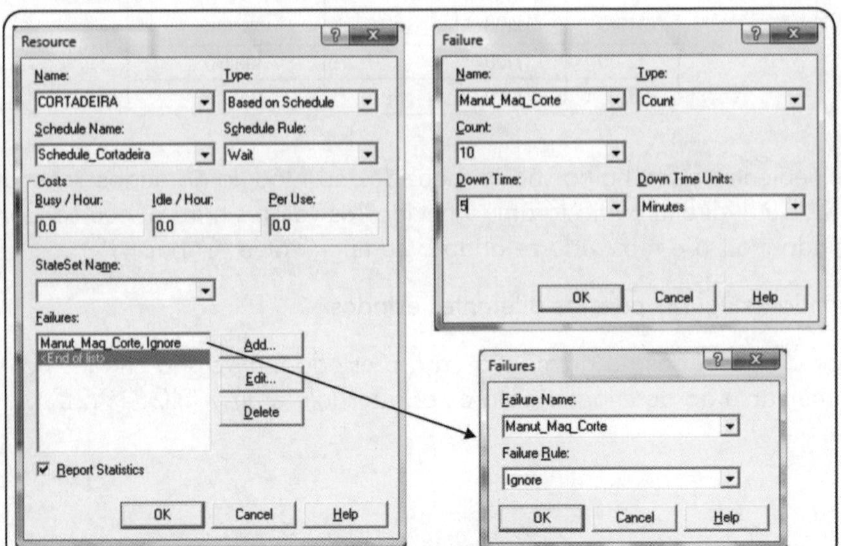

FIGURA 19.3 – Definindo paradas programadas (Parada1.doe)

19.4 Paradas nas máquinas

No ARENA podemos introduzir paradas nas máquinas para atender a qualquer necessidade, tais como:

- Parada programada;
- Quebra.

Veja o exemplo **Parada2.doe.** Nele introduzimos:

- Uma parada programada na máquina de corte, durando 5 minutos para 10 peças produzidas.
- Quebras na máquina de costura a intervalos de Expo(100) e conserto de duração de 10 minutos.

Introduzindo paradas programadas nas máquinas *(Downtimes)*

No exemplo citado, introduzimos essa função apenas na estação Corte, informando que desejamos uma parada com duração de 5 minutos para cada 10 peças produzidas. Isso foi obtido da seguinte forma:

- No módulo de dados Resource, inserimos solicitação de Failure (FIG. 19.3-esquerda). Isso implica a criação automática do módulo de dados *Failure (template Advanced Process),* no qual fornecemos as condições da parada (nome da parada e regras).
- No módulo de dados *Failure (template Advanced Process)* fornecemos os dados da parada programada (duração de 5 minutos para cada 10 peças produzidas).

Observe ainda no módulo de dados *Failure* que a parada programada pode ser de dois tipos:

- Por contagem de clientes atendidos;
- Por tempo.

Introduzindo quebras *(Failures)*

No exemplo citado, introduzimos essa função apenas na estação Costura, informando que isso ocorre a intervalos de tempo de 100 minutos, de acordo com a distribuição exponencial. O conserto dura 10 minutos. A inserção dessas informações no ARENA é semelhante ao que foi apresentado anteriormente. Portanto:

- No módulo de dados Resource informamos a existência de quebra. É criado automaticamente um módulo de dados *Failure;*

- No módulo de dados *Failure* fornecemos os dados.

Tal como para paradas programadas, as informações sobre quebras nas máquinas *(Failures)* no ARENA podem ser fornecidas de duas formas:

- Contagem *(Type=Count)*, ou seja, após produzir certa quantidade de peças ocorre uma falha durante certo tempo;
- Tempo, *(Type=Time)* ou seja, após certo tempo ocorre uma falha.

Tanto a informação de Contagem quanto a de Tempo podem ser fornecidas na forma determinística ou probabilística. É importante acrescentar ainda que, em linguagem técnica, quando nos referimos a quebras de máquinas, chamamos de MTBF *(Mean Time Between Failures)* ao tempo médio entre falhas (ou *Up time* para o ARENA) e de MTTR *(Mean Time To Repair)* ao tempo médio do conserto (*down time* para o ARENA).

19.5 Regras para as paradas

Conforme visto na FIG. 19.3, podemos fornecer a regra para a parada programada ou para quebras de um equipamento. As opções são:

- *Wait*: A parada espera o encerramento da operação de atendimento pelo recurso.
- *Ignore*: O atendimento pelo recurso é interrompido e retornado após a parada.
- *Preempt*: A parada é executada antes do atendimento pelo recurso.

19.6 Relatórios

Se observarmos o relatório de resultados do exemplo para 10 dias, obteremos as seguintes taxas de ocupação para os servidores/máquinas:

Local	Ocupado *(Num Busy)*	Disponível *(Num Sched)*	Utilização *(Sched Util)*
Corte	66%	75,0%	88%
Costura	73%	72,0%	50%
Inspeção	18%	20,0%	92%

20:01:49 **Resources** março 22, 2008

Exemplo PARADA 2 Replications: 10

Replication 10 Start Time: 10 Stop Time: 600,00 Time Units: Minutes

Resource Detail Summary

Usage

	Inst Util	Num Busy	Num Sched	Num Seized	Sched Util
Cortadeira	0,66	0,66	0,75	40,00	0,88
Costureira	0,73	1,45	1,40	40,00	1,04
Inspetor	0,18	0,18	0,20	37,00	0,92

FIGURA 19.4 – O relatório *Resources* (Parada2.doe)

Esses dados estão disponíveis no relatório Resources (FIG. 19.4) e têm os seguintes significados:

- Disponível: Tempo disponível para trabalho. Do tempo total é descontado o tempo para paradas programadas e os tempos de quebras.
- Ocupado: Tempo de uso do equipamento ou do recurso.
- Utilização: Percentual de ocupação do tempo disponível.

Os valores para a seção Costura, na tabela anterior, foram calculados dividindo por 2 os valores fornecidos pelo ARENA visto que, no caso, os dados obtidos são para dois servidores.

19.7 Exercícios

1) Considere o exemplo Parada1.doe, cujo objetivo, ainda não atingido, é produzir 40 peças por dia (até as 18:00) e introduza nele as seguintes modificações para atingir o objetivo:

- Coloque 3 operárias na seção de costura;
- Altere o expediente do inspetor para que ele trabalhe das 11:00 às 12:00 e das 16:00 às 18:00;
- Simule 10 dias (para isso altere o campo *Number of Replications* existente em *Run + Setup + Replication Parameters*)

Confira os resultados nos relatórios do ARENA.

2) Considere o exercício anterior e acrescente uma parada programada na seção Corte a cada 15 peças produzidas. A duração do conserto é de 10 minutos.

3) Considere um processo com duas estações de trabalho. As peças entram no sistema e são movidas para a estação de trabalho 1 para serem processadas pela máquina 1. Depois do processamento, elas são transferidas para a estação 2. Na estação 2, as peças são processadas em uma das duas máquinas idênticas que ali estão. Saindo dessa estação, as peças são transferidas para um armazém e, assim, saem do sistema. O processamento na máquina 1 requer apenas um operador. A máquina necessita de uma parada de 15 minutos a cada 4 horas de trabalho. As máquinas 2 são automáticas, isto é, não requerem operadores para o seu processamento. O tempo entre chegadas de peças ao sistema segue uma distribuição exponencial de média 12 minutos. O tempo de processamento da máquina 1 segue UNIF(6,12) e os das máquinas 2 seguem NORM(22,10). Os deslocamentos são de 1 minuto.

   Simule 3.000 minutos. Pede-se o tamanho médio da fila nas máquinas.

4) Considere o modelo do exercício anterior e obtenha informações sobre os percentuais de disponibilidade das máquinas.

5) Considere o modelo do exercício anterior e adicione os dados seguintes sobre quebra das máquinas:

Máquina	MTBF	MTTR
1	EXPO(200)	TRIA(20,30,50)
2	EXPO(300)	TRIA(10,30,60)

Obtenha informações sobre os percentuais de disponibilidade das máquinas.

6) Considere agora o exemplo de uma linha de montagem conforme figura abaixo, onde temos:

   - Chegada: EXPO(30);
   - Atendimento máquina A: UNIF(20,25);
   - Atendimento máquina B: TRIA(21,23,26);
   - Os tempos de deslocamento são de 2 minutos.

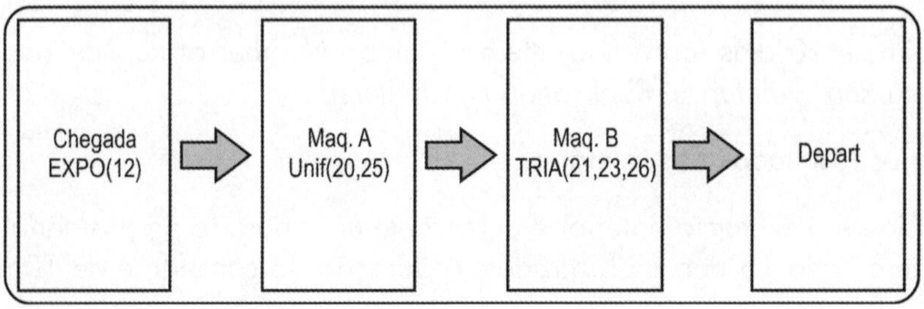

Os dados de quebra e conserto são:

Máquina	MTBF	MTTR
A	expo(75)	expo(25)
B	expo(90)	expo(30)

Determine as taxas de ocupação das máquinas. Simule 1.000 minutos.

Capítulo 20

Prioridades

20 Prioridades

É bastante comum, no mundo real, encontrar situações em que o atendimento privilegia o cliente de maior prioridade. Em diversos serviços, tais como hospitais, é necessário ter um regime de atendimento por prioridades pela gravidade e urgência do atendimento. No ambiente de fábrica é comum a situação em que se deve dar prioridade ao atendimento da produção do pedido de certo cliente, mesmo não sendo ele o primeiro da fila. Isso é também corriqueiro em sistemas de computação tipo *main-frame*, nos quais têm mais prioridade aqueles usuários que executam aplicações críticas. Assim, o que determina o momento de atendimento de um cliente na fila pode ser a sua prioridade.

20.1 Utilizando prioridades

Carregue o modelo **Prioridade1.doe** e execute-o: é o mesmo modelo do pátio de caminhões já visto em capítulos anteriores, com as seguintes alterações:

- Chegam ao pátio dois tipos de caminhão: pequeno (60%) e grande (40%);
- O caminhão grande tem mais prioridade de atendimento.

Para introduzirmos essas características no modelo, foram efetuadas as seguintes modificações:

- Após a criação das entidades, elas passam pelos blocos mostrados na FIG. 20.1-esquerda onde ocorre:
  - O módulo Decide divide o fluxo em dois ramos com base nas divisões percentuais fornecidas: 60% e 40%.
  - O módulo Assign fornece valores para o atributo "prioridade" e escolhe a figura adequada:

Fluxo	Atributo "Prioridade"	Picture
60%	2	Caminhao_Pequeno
40%	1	Caminhao_Grande

- As figuras dos caminhões foram definidas em *Edit + Entity Pictures.*
- Na definição da fila "Seize Patio.Queue" (veja o módulo de dados Queue do *template Basic Process*) se estabeleceu que a prioridade de ocupação da fila é segundo o menor valor do atributo "prioridade" (FIG. 20.2-direita):

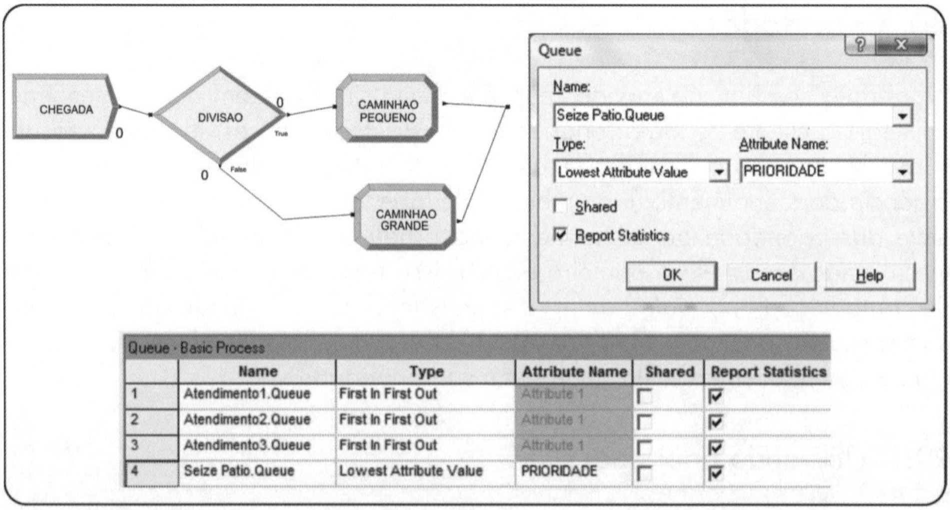

FIGURA 20.1 – Uso de prioridades (Prioridade1.doe)

20.2 Alterando prioridades

Carregue agora o modelo **Prioridade2.doe** e execute-o. Trata-se do mesmo modelo da fábrica de roupas já apresentado em diversos capítulos deste livro e no qual vamos agora introduzir uma modificação bastante necessária: as peças de roupa que são rejeitadas pela inspeção voltam para a costura com as seguintes características:

- Mais prioridade no atendimento.
- Tempo de reparo igual a UNIF(2,4). Lembre-se que o tempo normal na estação costura é TRIA(18,22,28).

Para atender às solicitações acima foram efetuadas as seguintes alterações no modelo Cenario3.doe:

- Logo após sair da estação Corte, em um bloco Assign, forneceu-se: Atributo "Prioridade" = 2 e atributo "T_Costura" = Tria(22,24,28).
- Logo após sair da estação Inspecao, em um bloco Assign, forneceu-se: Atributo "Prioridade" = 1 e atributo"T_Costura" = Unif(2,6).
- Na definição do módulo de dados Queue *(template Basic Process)* forneceu-se que a prioridade de ocupação da fila é segundo o menor valor do atributo "prioridade" (lembre-se de que o padrão é "primeiro a chegar, primeiro a ser atendido" ou FIFO – *First In First Out*).

20.3 Exercícios

1) Altere o exemplo 1, introduzindo um terceiro tipo de caminhão (Carreta) que tem a mais prioridade entre todos os tipos de veículos. A distribuição de chegada é:

- Pequeno: 70%
- Grande: 20%
- Carreta: 10%

Capítulo 21

Junção e desmembramento

21 Junção e desmembramento

Juntar componentes para formar uma peça ou empacotar certa quantidade de peças são atividades normais dentro de qualquer fábrica ou escritório. Existem também situações, no modelo que está sendo simulado, em que é conveniente efetuar a junção de entidades, por exemplo, a "junção" de pessoas de uma fila de um barco, no momento em que ingressam no barco e não mais temos necessidade de efetuar medições individuais.

21.1 O módulo *Batch*

Veja o modelo ***Batch1.doe*** (FIG. 21.1). Nele peças chegam ao sistema a Expo(3) e se dirigem à estação "Juncao" (Enter). Ao entrar no módulo *Batch*, aguardam na fila *"Junta 4 Pecas.Queue"*. Esse módulo mantém as entidades na fila até que esta totalize quatro, quando então as libera na forma de uma única entidade. (Atenção: é conveniente executar este modelo ativando a opção *Animate Conectors* encontrada em *Object*.)

O módulo *Batch*

As seguintes regras são válidas para o módulo *Batch* – "Junta as 4 Peças" (FIG. 21.2):

- *Type: Permanent / Temporary:* A junção pode ser permanente ou temporária. No último caso, ela pode ser desfeita por um módulo Separate.
- *Batch Size:* Podemos fornecer a quantidade a ser agrupada;

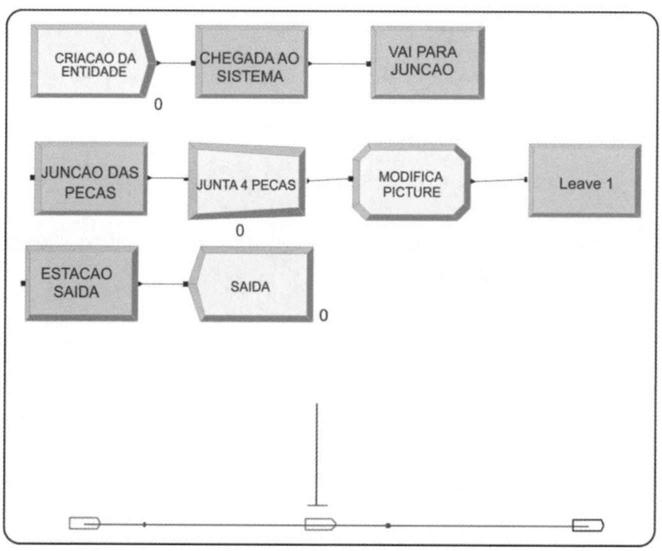

FIGURA 21.1 – Junção de peças (Batch1.doe)

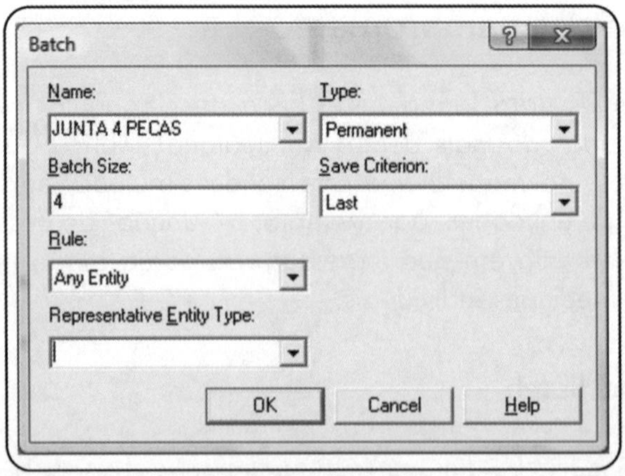

FIGURA 21.2 – O bloco *Batch* (Batch1.doe)

- *Save Criterion:* Os valores para os atributos da entidade gerada pelo bloco *Batch* podem ser obtidos das entidades entrantes da seguinte forma:
  - Da primeira entidade que entrou na fila;
  - Da última entidade que entrou na fila;
  - Do somatório dos valores de cada atributo;
  - Do produto dos valores de cada atributo;

Por exemplo, se, no atributo "Tipo" para as quatro entidades que entraram no bloco *Batch*, temos os valores 4, 5, 6, 7, o atributo "Tipo" da nova entidade pode ser:

- 4: igual ao da primeira entidade;
- 7: igual ao da ultima entidade;
- 22: igual ao somatório dos valores dos atributos.
- 840: igual ao produto dos valores dos atributos.

- *Rule = By Entity / By Attibute*: Podemos inserir um critério para a junção (veja exemplo à frente), clicando no botão *Rule;*

Animação: Observe que efetuamos a troca da figura da animação no bloco *Assign*.

O leitor deve agora resolver o exercício 1.

21.2 Módulo *Batch* com critério de junção

Veja agora o exemplo **Batch2.doe** (FIG. 21.3): dois fluxos distintos chegam ao módulo *Batch*, e a junção deve preservar a origem da entidade. No módulo *Batch* escolhemos *Rule = By Attitube* e preenchemos *Attribute Name* = Tipo. No módulo Assign existente no início de cada fluxo criamos atributo Tipo, que recebe o valor *Tipo = 1* para as peças azuis (Chegada1) e *Tipo = 2* para as peças verdes (Chegada2). Portanto, serão agrupadas as peças de mesmo valor para "Tipo", ou seja, de mesma cor.

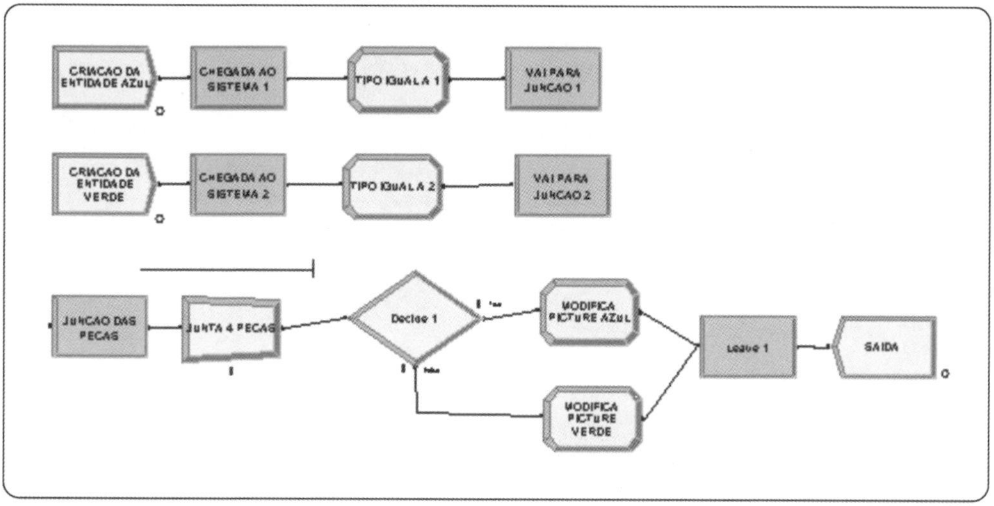

FIGURA 21.3 – Junção de peças diferentes (Batch2.doe)

Aqui nos defrontamos com um problema de animação mais sofisticado, ao tentar escolher o desenho da peça que sai do bloco Leave. Veja o bloco Decide, onde testamos o valor do atributo "Tipo". Lembre-se que, no módulo *Batch* preservamos o valor dos atributos com a opção *Save Criterion = Last.*

O leitor deve agora resolver o exercício 2.

21.3 Exercícios

1) Altere o exemplo **Batch1.doe** de modo a juntar 6 peças de cada vez.

2) Altere o exemplo **Batch2.doe** incluindo um terceiro produto a ser agrupado: Azul. Os dados de chegada e deslocamento são semelhantes aos do produto Verde.

Capítulo 22

Análise de dados de entrada

22 Análise de dados de entrada

Chamamos de "dados de entrada" as informações do cenário real a serem submetidas a um modelo ARENA. A obtenção e a análise desses dados é uma das partes de um projeto de simulação. Simplificadamente, as etapas de um projeto de simulação são:

- Obtenção e análise de dados de entrada;
- Construção do modelo;
- Refinamento do modelo;
- Análise e apresentação dos resultados.

Vamos utilizar neste capítulo o modelo **Pedagio.doe** dos capítulos 5 a 7 deste livro. Nele tínhamos:

- Intervalos entre chegadas: distribuição exponencial negativa;
- Duração do atendimento: distribuição exponencial negativa.

Neste capítulo vamos descobrir quais as verdadeiras distribuições do modelo do pedágio pela captura e pela análise de dados reais do processo.

22.1 Analisando os dados de chegada

Suponhamos que, na análise do pedágio, foram capturados os seguintes dados, referentes à quantidade de veículos que chegam ao pedágio em cada intervalo de 1 minuto:

TABELA 22.1
Ritmos de chegada ao pedágio

<table>
<tr><td>2</td><td>0</td><td>2</td><td>1</td><td>0</td><td>2</td><td>1</td><td>0</td><td>1</td><td>2</td></tr>
<tr><td>1</td><td>2</td><td>3</td><td>1</td><td>3</td><td>1</td><td>3</td><td>4</td><td>5</td><td>1</td></tr>
<tr><td>2</td><td>0</td><td>1</td><td>2</td><td>1</td><td>0</td><td>1</td><td>1</td><td>0</td><td>2</td></tr>
<tr><td>2</td><td>2</td><td>3</td><td>2</td><td>2</td><td>3</td><td>2</td><td>3</td><td>3</td><td>2</td></tr>
<tr><td>1</td><td>6</td><td>0</td><td>2</td><td>3</td><td>7</td><td>0</td><td>2</td><td>2</td><td>0</td></tr>
<tr><td>4</td><td>1</td><td>1</td><td>1</td><td>1</td><td>8</td><td>4</td><td>3</td><td>1</td><td>4</td></tr>
</table>

Para descobrir qual distribuição melhor se adapta aos dados anteriores, devemos submetê-los ao *Input Analyser*. Os dados a serem fornecidos podem estar no formato ASCII (por exemplo, utilizando o editor do DOS, o Bloco De Notas (ou NotePad) do Windows ou qualquer editor de texto, tal como o Word da Microsoft e, neste último caso, ter o cuidado de salvar o arquivo como sendo do tipo ".texto MS DOS"). O ARENA trabalha com a extensão *default* ".DST" para esses arquivos.

Os dados acima já se encontram no seu disco com o nome de CHEGADA.DST.

Submetendo os dados pela primeira vez ao *Input Analyser*

O *Input Analyser* trabalha com dois arquivos:

- .DST: Criado pelo usuário;
- .DFT: Criado pelo próprio *Input Analyser* quando da primeira submissão.

Os procedimentos para se criar o arquivo auxiliar .DFT, **quando da primeira submissão**, são os seguintes:

- Selecione, no menu principal do ARENA, a opção *Tools + Input Analyser.*
- Clique em *File + New.*
- Clique em *File + Data File + Use Existing.*
- Escolha CHEGADA.DST no diretório "Exemplos_Arena". Uma tela semelhante à FIG. 22.1 será exibida.
- Clique em *File + Save* e preencha "Chegada" para o nome do arquivo. Ele será salvo com o nome de CHEGADA.DFT.

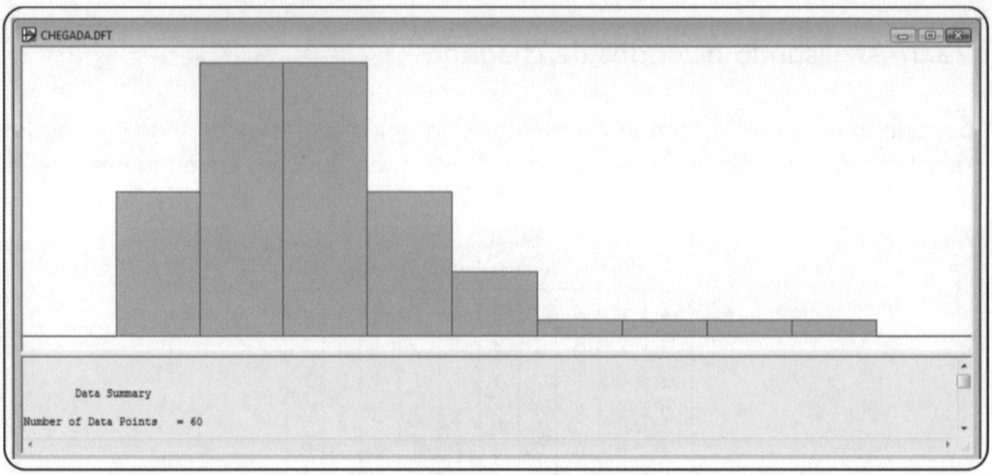

FIGURA 22.1 – Carga de dados no *Input Analyser* (Chegada.dst)

Escolhendo a melhor distribuição

Para verificar qual distribuição estatística melhor se adapta a estes dados, selecione *FIT* (Menu Principal) e, a seguir, *FIT ALL* (figura ao lado). O ARENA vai analisar os dados reais e compará-los com todas a distribuições disponíveis. Ao final do processo será informado, na parte inferior da tela, que a distribuição que

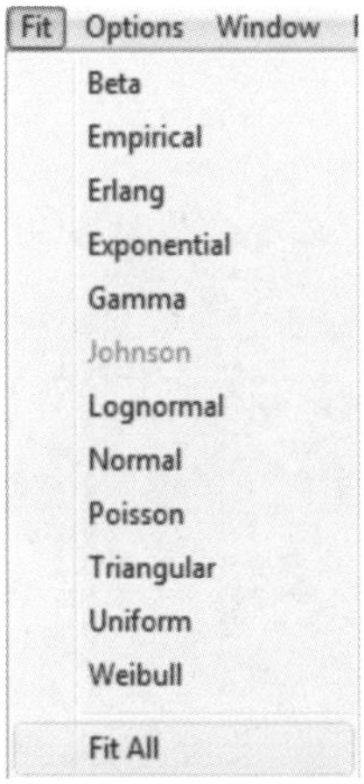

melhor se ajusta aos dados fornecidos é POIS(2), que significa Poisson de média $\lambda = 2$, conforme FIG. 22.2-superior e inferior-esquerda.

O processo realizado pelo ARENA para descobrir qual a melhor distribuição implicou a comparação dos dados reais com cada uma das distribuições disponíveis. Clique agora em *Window* e, a seguir, em *Fit All Summary*, para ver os resultados (veja FIG. 22.2-inferior-direita). Você vai constatar que a técnica estatística utilizada foi a do "quadrado da diferença" (ou *square error*), que é uma avaliação de quão bem os dados de entrada se comparam com os da distribuição teórica. Valores pequenos representam melhor ajustamento.

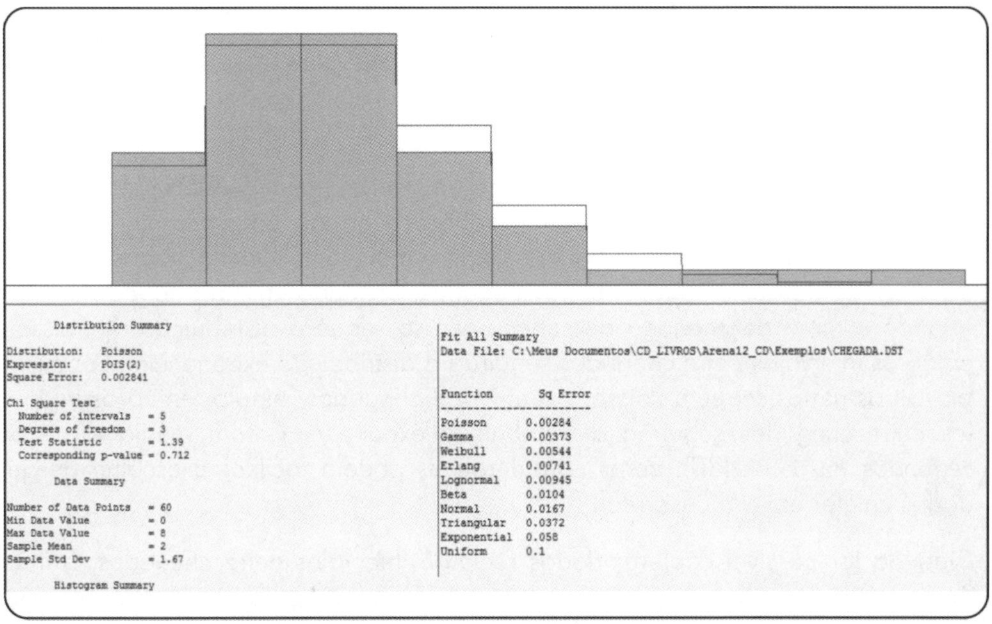

FIGURA 22.2 – O melhor ajustamento (Chegada.dst)

Para obter mais informações sobre o ajustamento que melhor se adaptou aos dados reais (Poisson), clique em *Window* + *Curve Fit Summary* + *Poisson* (FIG. 22.3):

```
        Distribution Summary

Distribution:   Poisson
Expression:     POIS(2)
Square Error:   0.002841

Chi Square Test
  Number of intervals   = 5
  Degrees of freedom    = 3
  Test Statistic        = 1.39
  Corresponding p-value = 0.712

        Data Summary

Number of Data Points   = 60
Min Data Value          = 0
Max Data Value          = 8
Sample Mean             = 2
Sample Std Dev          = 1.67

        Histogram Summary

Histogram Range         = -0.5 to 8.5
Number of Intervals     = 9
```

Int. No.	No. of Data Pts.	x	Probability Density		Cumulative Distribution	
			Data	Function	Data	Function
0	9	0.000	0.150	0.135	0.150	0.135
1	17	1.00	0.283	0.271	0.433	0.406
2	17	2.00	0.283	0.271	0.717	0.677
3	9	3.00	0.150	0.180	0.867	0.857
4	4	4.00	0.0667	0.0902	0.933	0.947
5	1	5.00	0.0167	0.0361	0.950	0.983
6	1	6.00	0.0167	0.0120	0.967	0.995
7	1	7.00	0.0167	0.00344	0.983	0.999
8	1	8.00	0.0167	0.000859	1.00	1.00

FIGURA 22.3 – Resultados do ajustamento (Chegada.dst)

Analisando intervalos entre chegadas

Como sabemos, quando estamos criando um modelo com o ARENA, fornecemos não **ritmos** de chegadas, mas **intervalos** entre chegadas. Sabemos ainda que, no processo de análise de dados, muitas vezes é mais fácil levantar dados de ritmos de chegada do que intervalos entre chegadas. Segundo ensina a teoria das filas, quando o ritmo de chegada de certo processo segue a distribuição de Poisson, então os intervalos entre chegadas seguirão a distribuição exponencial. Por exemplo, se os ritmos seguem Poisson, com $\lambda = 2$ chegadas/minuto, então os intervalos entre chegadas seguirão a distribuição exponencial, com média IC = 30 segundos, ou EXPO(30). Essas considerações podem facilitar a escolha de que dados coletar em um caso real.

Quando for possível capturar dados reais de intervalos entre chegadas, o *Input Analyser* também poderá analisá-los, tal como foi feito para ritmos. É o que você pode comprovar se submeter ao ARENA o arquivo **Chegada2.dst**, referente a intervalos entre chegadas ao pedágio, tendo o cuidado de seguir os procedimentos mostrados anteriormente referentes à primeira submissão. Pela FIG. 22.4 vemos que os dados de intervalos entre chegadas seguem a distribuição exponencial negativa.

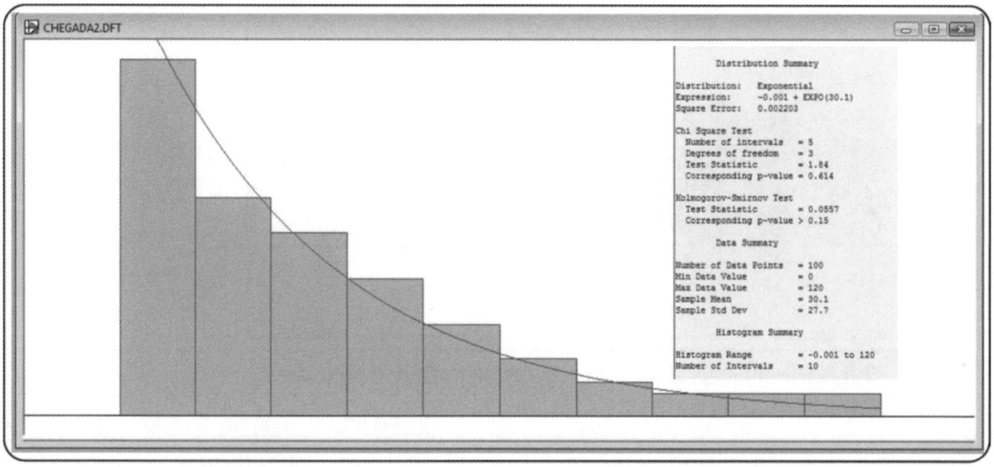

FIGURA 22.4 – Analisando intervalos entre chegadas (Chegada2.dst)

22.2 Analisando os dados de atendimento

Consideremos agora o processo de atendimento no pedágio e suponhamos que foram capturados os dados da TAB. 22.2, referentes à duração de cada atendimento (em segundos). Esses dados estão no arquivo **Atendim.dst** e se referem a durações de atendimento. Repita os procedimentos do item anterior para este arquivo. Desejando alterar o número de intervalos antes de solicitar *Fit All*, entre em *Options* + *Parameters* + *Histogram* e forneça, por exemplo, o valor 10 para *Number of Intervals*. Ao final, obteremos uma figura semelhante à FIG. 22.5-esquerda.

TABELA 22.2
Durações do atendimento no pedágio

21	47	13	16	12	15	26	22	17	11
19	17	12	15	18	10	33	23	21	14
43	11	23	25	24	17	16	20	22	20
14	32	26	12	20	20	19	21	30	20
43	17	20	15	11	11	19	22	20	18
12	33	24	26	12	16	34	10	13	36
18	25	23	27	14	12	12	17	16	18
16	19	36	10	37	12	16	28	8	16
37	25	14	16	15	16	19	13	48	10
15	12	11	16	11	32	19	14	20	18

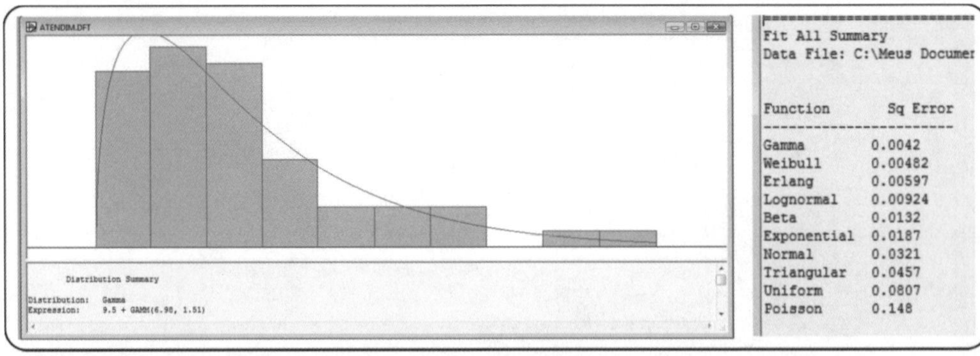

FIGURA 22.5 – Ajustamento da duração do atendimento (Atendim.dst)

Conforme visto, a distribuição que melhor se ajusta aos dados anteriores é a Gamma. A fórmula mostrada é

```
9.5 + GAMM(6.98, 1.51)
```

e o modelo **Pedagiod.doe** contém esse cenário, conforme já apresentado no capítulo 7, item 7.3. Pode-se constatar ainda clicando-se em *Windows* + *Fit All Sumary* (FIG. 22.5-direita), que a distribuição exponencial não está entre as que melhor se ajustam aos dados reais. É também interessante observar que, para esse caso, as distribuições Triangular e Uniforme apresentam os piores ajustamentos.

Em situações em que nenhuma distribuição se mostrar adequada, devemos fornecer os dados reais ao ARENA. É o que fizemos com o exemplo **Pedagioc.doe**, conforme mostramos no capítulo 7. Os dados da função cumulativa fornecida ao ARENA foram obtidos do relatório do *Input Analyser,* clicando-se em *Window* + *Curve Fit Summary* + *Gamma* (FIG. 22.6). Os dados que foram fornecidos ao exemplo Pedagioc.doe no capítulo 7 são os seguintes:

X	0	11.5	15.5	19.5	23.5	27.5	315	39.5	43.5	47.0
Y	0	0.22	0.47	0.70	0.81	0.86	0.91	0.96	0.98	1.0

Eles foram coletados do relatório Fit All Summary da seguinte forma:

- Colunas X (para os valores de x)
- *Cumulative Distribution – Data* (para os valores reais de y).

Int. No.	No. of Data Pts.	x	Probability Density - Data	Probability Density - Function	Cumulative Distribution - Data	Cumulative Distribution - Function
0	22	11.5	0.220	0.232	0.220	0.232
1	25	15.5	0.250	0.252	0.470	0.484
2	23	19.5	0.230	0.186	0.700	0.670
3	11	23.5	0.110	0.124	0.810	0.794
4	5	27.5	0.0500	0.0798	0.860	0.874
5	5	31.5	0.0500	0.0498	0.910	0.924
6	5	35.5	0.0500	0.0306	0.960	0.955
7	0	39.5	0.000	0.0185	0.960	0.973
8	2	43.5	0.0200	0.0111	0.980	0.984
9	2	47.0	0.0200	0.00664	1.00	0.991

FIGURA 22.6 – Relatório *Curve Fit Summary + Gamma* (Atendim.dst)

Os campos da FIG. 22.6 têm os seguintes significados.

Campo	Significado
Interval Number	Número de intervalo
Number of Data Points	Quantidade de pontos no intervalo (frequência absoluta)
X	Valor de X. No caso, valor da duração do atendimento
Probability Density - Data	Frequência relativa dos dados reais
Probability Density - Function	Frequência relativa da distribuição Gamma
Cumulative Distribution - Data	Frequência cumulativa dos dados reais
Cumulative Distribution - Function	Frequência cumulativa da distribuição Gamma

22.3 Rápidos comentários sobre as distribuições

O ARENA permite trabalhar com as seguintes distribuições de frequência:

Distribuição	Abrev.	Parâmetro	Melhor aplicação
Poisson	POIS	Média	Chegada
Exponencial	EXPO	Média	Chegada
Triangular	TRIA	Min/Média/Max	Atendimento (aproximação inicial)
Uniforme	UNIF	Min/Média/Max	Atendimento (aproximação inicial)
Normal	NORM	Média/Desvio	Atendimento (tempos de máquina)
Johnson	JOHN	G, D, L, X	Atendimento
Log Neperiano	LOGN	Média Logarítmica	Atendimento
Weibull	WEIB	Beta, Alfa	Atendimento (tempo de vida de equipamentos)
Discreta	DISC	P1, V1, ...	Chegada/Atendimento
Contínua	CONT	P1, Vi, ...	Chegada/Atendimento
Erlang	ERLA	Média/K	Atendimento
Gamma	GAMM	Beta, Alfa	Atendimento (tempos de reparo)

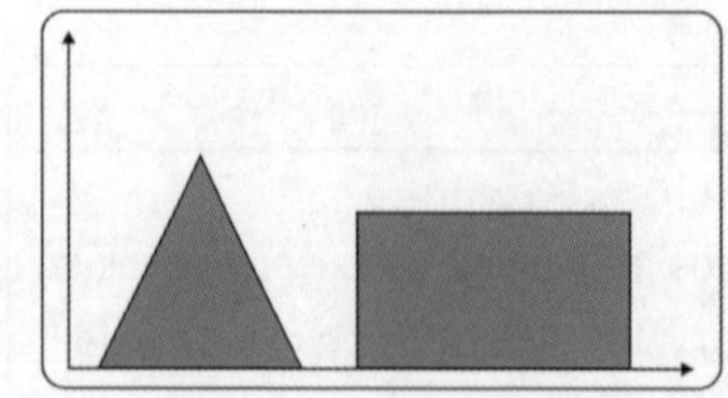

As distribuições Triangular e Uniforme têm particular importância pelo fato de podermos usá-las quando ainda não efetuamos o levantamento dos dados reais (figura ao lado). São utilizados na montagem de modelos do ARENA como uma aproximação intuitiva de distribuições do processo e são posteriormente substituídos pelas distribuições definitivas. Cuidados devem ser tomados para evitar a "tentação" de trabalhar com essas distribuições, em vista da simplicidade de uso. Isso somente deve ser feito quando houver comprovação com a realidade. Conforme visto no capítulo 7, seu uso, desprovido de comprovação, pode implicar a obtenção de resultados da simulação bastante diferentes dos reais.

22.4 Exercícios

1) Forneça ao ARENA *Tools* + *Input Analyser* os dados de Ex221.dst (este arquivo se encontra em C:\Livro_Arena70\Exercícios). Trata-se de dados de tempos de manutenção. Qual a melhor distribuição?

2) Forneça ao ARENA *Tools* + *Input Analyser* os dados de Ex222.dst (este arquivo se encontra em C:\Livro_Arena70\Exercícios). Trata-se de dados de atendimento em uma carregadeira. Qual a melhor distribuição?

Capítulo 23

Análise de resultados

23 Análise de resultados

Durante a construção de um modelo estamos constantemente validando os resultados obtidos. Ao analisar determinada variável, não somente necessitamos conhecer seu valor médio mas também seu valor máximo, seu comportamento em decorrência de mudanças no cenário, etc. São comuns perguntas como:

- Os resultados estão corretos?
- O sistema simulado é estável?
- Qual o tamanho máximo de uma fila?
- Existe espaço suficiente para comportar todas as peças que aguardam por serviço em determinada máquina?
- Existe espaço suficiente para comportar todas as peças que foram produzidas?

Neste capítulo iremos mostrar alguns recursos do ARENA para efetuar análise de resultados (ou de dados de saída). Usaremos novamente o modelo da fábrica de roupas, que montamos nos capítulos anteriores, e estaremos focalizando a análise do **tempo gasto para atender um pedido**. Escolhemos o modelo da fábrica de roupas (Transito.doe), com as seguintes alterações:

- Produção constante 24 horas/dia, 7 dias na semana (Create);
- Ritmo de chegada de solicitação de produção igual a Expo(15) minutos) (Create);
- Lembre-se de que temos uma única costureira (Resource).

Esse modelo tem o nome de **Fabrica_Roupa.doe.**

Os principais recursos para analisar o comportamento de uma variável de um modelo são:

- Relatórios;
- Uso de gráficos da barra de ferramentas *Animate;*
- Solicitação de estatísticas com o módulo de dados *Statistics;*
- Solicitação de análise de dados com o *Process Analyser.*

Esses recursos podem ser empregados para uma única replicação ou:

- Alterações sucessivas no tamanho da amostra.
- Uso de diversas replicações.

23.1 O tamanho da amostra

Para efetuar uma análise sobre o resultado de uma simulação, é conveniente que esses dados sejam realmente representativos do processo, ou seja, o tamanho da amostra deve ser adequado. Trabalhar com uma amostra pequena pode levar facilmente a erros. Para descobrir o tamanho adequado para o tempo de uma simulação de um sistema estável, necessitamos efetuar diversas corridas e observar a estabilização do resultado de suas variáveis. Para sistemas não estáveis, as variáveis não se estabilizarão, e outras abordagens são necessárias.

Alterando o valor do tamanho da amostra

No caso do exemplo Fabrica_Roupa.doe, se efetuarmos diversas simulações variando o valor para a duração da simulação *(Run + Setup + Replication Lenght)*, veremos que ele mostra sinais de não estabilização. Para esse caso, efetuamos duas simulações, conforme mostramos a seguir:

Duração da simulação	Tempo no sistema	
	Valor médio	Valor máximo
600 minutos	190	325
4.000 minutos	938	2.502

Os dados de "Tempo no sistema" foram obtidos da animação ou do relatório *"Entities"*, linha "Total Time", conforme mostramos na FIG. 23.1.

Para esse modelo, o procedimento mais adequado seria efetuar novas corridas com um maior valor para o tempo simulado. Infelizmente, por restrições da versão do ARENA disponível neste livro *(Training)*, isso não é possível: a corrida é interrompida quando o programa detecta um número maior que 150 unidades no sistema (veja Apêndice F).

11:40:11 **Entities** março 23, 2008

Exemplo CENARIO2 Replications: 1

Replication 1 Start Time: 0.00 StopTime: 600,00 Time Units: Minutes

Roupa

Time	Average	HalfWidth	Minimum	Maximum
Total Time	190.54	(Insufficient)	44.8374	325.01
Wait Time	144.76	(Insufficient)	0.00	255.56
VA Time	39.3817	(Insufficient)	32.4555	60.0376
Transfer Time	6.4000	(Insufficient)	6.0000	10.0000
Other Time	0.00	(Insufficient)	0.00	0.00
NVA Time	0.00	(Insufficient)	0.00	0.00

FIGURA 23.1 – Tempo no sistema (Fabrica_Roupa.doe)

Uso de gráficos da barra de ferramentas *Animate*

O ARENA tem fortes recursos gráficos para análise de dados disponíveis na barra de Ferramentas Animate. Para capturar os dados de "tempo no sistema", poderíamos marcar dois pontos quaisquer no sistema (entre os quais desejamos efetuar uma análise) e mostrar seu comportamento graficamente. É o que fizemos no exemplo Fabrica_Roupa.doe. Veja o gráfico mostrado na animação (FIG. 23.2): ele mostra o valor corrente da variável "Tempo No Sistema", que tende a crescer durante a simulação. Essa variável foi criada da seguinte forma:

- Logo após ser criada a entidade, é colocado o valor de `TNOW` no atributo "Tempo_Inicial" (veja módulo Assign).
- Ao sair do sistema, é solicitado computar o tempo de trânsito entre o momento inicial e o final, e colocar esse valor na variável "Tempo No Sistema" (veja módulo Record).

O módulo Record guarda todos os dados da variável "Tempo No Sistema" (figura ao lado). O gráfico da FIG. 23.2 foi obtido com a função Plot da barra de ferramentas Animate. Esse módulo permite um melhor tratamento estatístico, conforme veremos a seguir.

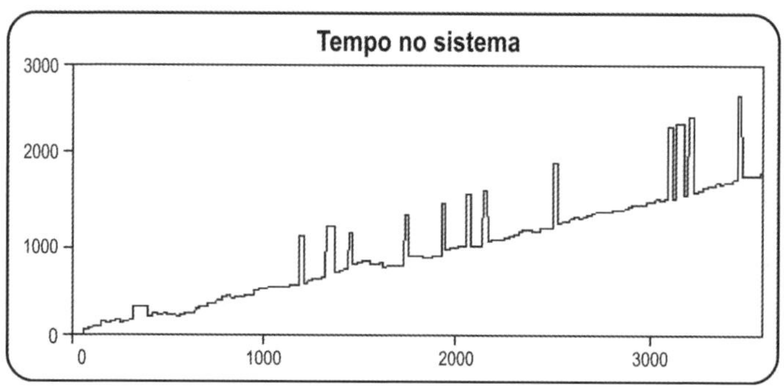

FIGURA 23.2 – Gráfico da variável "Tempo no sistema" (Fabrica_Roupa.doe)

23.2 Solicitando gravação de estatísticas

Para o caso de uma análise mais profunda da variável do tempo no sistema, poderíamos utilizar uma variável interna do ARENA, que tem a mesma finalidade, ou podemos utilizar a variável "Tempo no Sistema", criada no programa no formato Tally e gravada automaticamente. Vale lembrar que as estatísticas são automaticamente geradas pelo ARENA (caso solicitado em *Run + Setup + Project Parameters*).

23.3 Usando o *Process Analyser*

O *Process Analyser* é um poderoso recurso do ARENA para efetuar análise de dados em ambientes de múltiplas replicações. Vamos mostrar agora o seu uso com o exemplo Fabrica_Roupa.doe, no qual se efetuou a análise da variável "Tempo No Sistema".

Preparos iniciais

O modelo foi preparado para efetuar 10 replicações *(Run + Setup + Replication Parameters + Number of Replications)*. Para tal é necessário que o modelo não contenha erros, o que pode ser garantido executando *Run + Check Model.*

Ativando o Process Analyser, executando e analisando resultados

Para ativar o analisador, clique em *Tools + Process Analyser.*

Na tela obtida, para efetuar a análise da variável "Tempo no sistema", clique em *File + New* e (siga a numeração nas FIG. 23.3 e 23.4):

1) Na tela obtida, dê um duplo clique no espaço onde se lê *Double click here to add a new scenario.*

2) Na nova tela obtida, procure pelo arquivo Roupas_Saida.p ativando o botão *Browse* e na tela fornecida (Locate Program File) localize o arquivo Fabrica_Roupa.d.

3) Na tela obtida, clique com o botão direito na linha 1 e escolha *GO*. Clique OK e aceite a solicitação para salvar o arquivo.

4) Salve o arquivo com o nome Fabrica.roupa.pan. O *Process Analyser* vai executar o modelo com 10 replicações.

5) Aguarde até surgir 10 na coluna *Reps*. Vamos agora escolher a análise que desejamos efetuar. Clique com o botão direito na coluna onde se lê Scenario1 (coluna *Name*).

6) Na tela obtida, clique em *User Specified* e clique em *Tempo no sistema*. Clique em *OK*.

7) Na nova tela, clique com o botão direito onde se lê "866.197" e escolha *Insert Chart.*

8) Utilize os diversos gráficos disponíveis para analisar a variável Tempo no sistema.

Usando o *Help*

Informações detalhadas e ampliadas sobre como utilizar o *Process Analyser* podem ser obtidas em *Help + Arena Help Topics + Program File + Generating the Model´s Program File.*

23.4 Conclusões

Encerramos aqui o processo completo da construção de um modelo, envolvendo a análise dos dados de entrada, a montagem do modelo de simulação e a análise dos resultados. A duração desse processo em situações reais pode ser longa dependendo, obviamente, da complexidade do problema. Em uma simulação típica, de alguma complexidade, seriam necessárias diversas corridas nas quais o modelo iria sendo "afinado". Seria possível conhecer o processo atual cada vez mais, até que se tivesse a segurança necessária para se tomar uma decisão de melhoria ou alteração no processo atual, através dos resultados da simulação. Assim, apesar de ser possível construir um modelo rapidamente, o processo de validação e experimentação de alterações pode demandar um bom tempo.

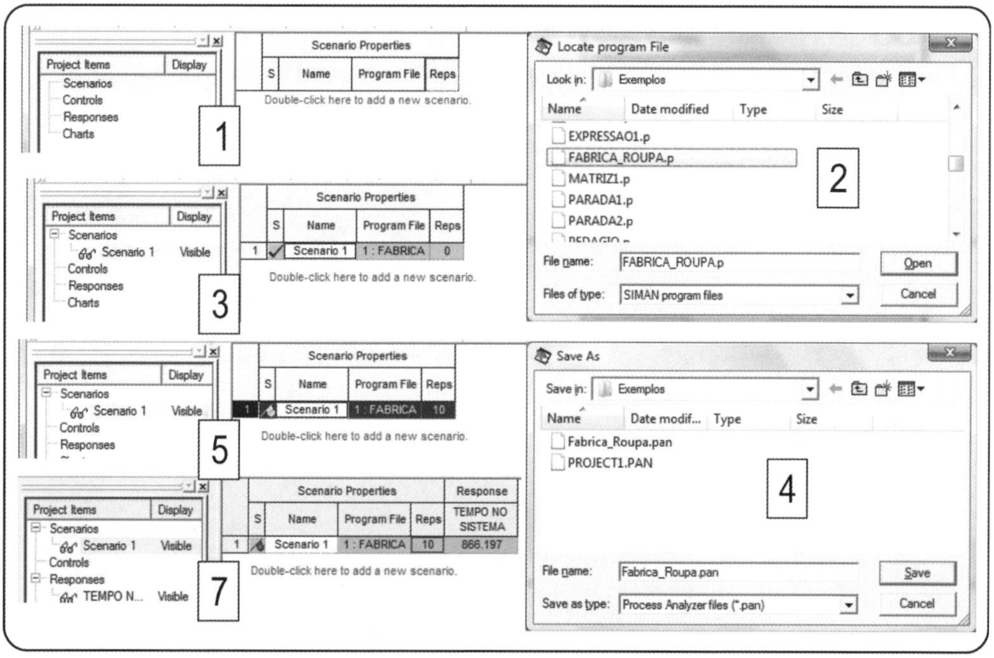

FIGURA 23.3 – Ativando o cenário com o *Process Analyser* (Fabrica_Roupa.doe)

FIGURA 23.4 – Ativando o cenário com o *Process Analyser* – Continuação (Fabrica_Roupa.doe)

23.5 Exercícios

1) Revendo o modelo Fabrica_roupa.doe, qual a causa da instabilidade do modelo?

Capítulo 24

Conjuntos e programação literal

24 Conjuntos e programação literal

Em algumas situações de simulação, necessitamos modelar um sistema em que:

- Há diversas opções entre estações de trabalho semelhantes;
- Há diversas opções para a duração do atendimento a uma entidade pela mesma estação de trabalho.

No ARENA podemos trabalhar com recursos da seguinte forma:

- Usando o módulo de dados Set *(template Basic Process)*, podemos definir os seguintes tipos de conjuntos: Recursos, Contador, Estatística *(Tally)*, Tipo da Entidade e Figura da Entidade.
- Usando o módulo de dados AdvancedSet *(template Advanced Process)*, podemos definir os seguintes tipos de conjuntos: Filas, *Storage* e *Other*.
- Usando o módulo de fluxograma Enter *(template Advanced Transfer)*, podemos definir conjuntos de estações de trabalho.

No ARENA podemos referenciar cada membro de um conjunto pelo seu índice, que é o número sequencial correspondente à ordem de sua criação. Por exemplo, se criarmos um conjunto de recursos de nome REC constituído dos recursos criados na seguinte ordem:

- torno;
- furadeira;
- lixadeira.

temos que REC(2) é equivalente a "furadeira".

Veja novamente o exemplo **Pickst2.doe**, apresentado no capítulo 14 – *Desvios e escolhas*, em que temos três pontos de atendimento para os caminhões, e utilizamos para isso três sequências de módulos Enter + Process. Observe as semelhanças existentes entre as três opções:

- Mesmo tempo de deslocamento entre o pátio e cada plataforma;
- Mesmo tempo de atendimento pelo servidor da plataforma.

Caso tivéssemos 10 pontos de atendimento, a codificação ficaria cansativa e, em caso de alteração, demandaria um cuidado especial. Neste capítulo veremos como enfrentar situações semelhantes de uma forma mais simples: com uma única sequência de programação podemos prover todas as necessidades de atendimento.

24.1 Trabalhando com conjuntos

Carregue o modelo **Conjunto1.doe** e execute-o. Trata-se do mesmo exemplo do pátio de caminhões citado anteriormente. Vamos analisar a lógica em detalhe (FIG. 24.1) e compará-la com o que fizemos em Pickst2.doe. Inicialmente, é bom recordar algumas características dos módulos Seize e Pickstation usados no exemplo Pickst2.doe:

- O módulo Seize contém uma fila de espera (fila no pátio). Um veículo somente é liberado dessa fila quando há uma ou mais plataformas disponíveis. Ao ser liberado da fila, o caminhão vai ao módulo Pickstation.
- O módulo Pickstation descobre qual plataforma está vazia e envia o veículo para lá (portanto, ele tem embutidas as funções do módulo Leave).

Comparando as duas formas de montar um mesmo modelo

a) Observe as semelhanças entre os dois modelos (PickSt2.doe e Station2.doe):

- Os módulos da chegada ao pátio são os mesmos (Create, Enter, Leave, Enter, Pickstation e Leave);
- Os módulos da saída do sistema são os mesmos (Enter e Dispose).

b) Observe as diferenças entre os dois modelos:

- Os módulos relacionados com a chegada à plataforma e seu atendimento foram simplificados: três sequências de módulos Enter + Process (Pickst2.doe) foram substituídas por uma única sequência (Conjunto1.doe). É aqui que aplicamos os conceitos de Conjuntos e Programação Literal.

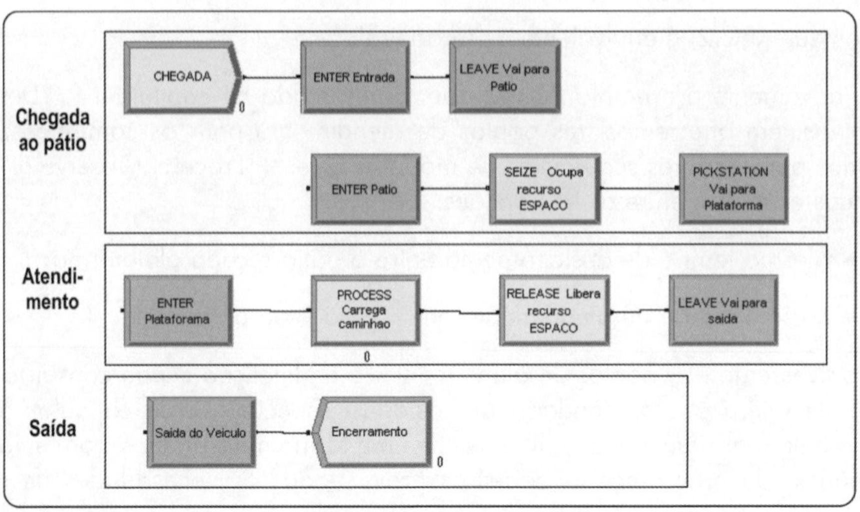

FIGURA 24.1 – Uso do módulo Enter para definir conjuntos (Conjunto1.doe)

Definindo o conjunto de estações de trabalho (módulo Enter)

Observe como codificamos o novo módulo Enter (FIG. 24.2):

- Informamos que se trata de um conjunto no campo *Station Type:*

  Station Type=Set

- Fornecemos o nome do conjunto no campo *Set Name:*

  Set Name =Plataforma.Set

- Fornecemos os nomes das estações membros clicando em *Set Members:*
  - Plataforma.Set(1) = P1.Station
  - Plataforma.Set(2) = P2.Station
  - Plataforma.Set(3) = P3.Station

  Observe também que os nomes definidos são os mesmos citados nos módulos Pickstation.

- Solicitamos guardar o índice de posição, quando da ocupação de um membro deste conjunto, no atributo "Numero_da_Plataforma". Assim, se o caminhão ocupar a plataforma P2.Station, teremos: Numero_da_Plataforma=2.

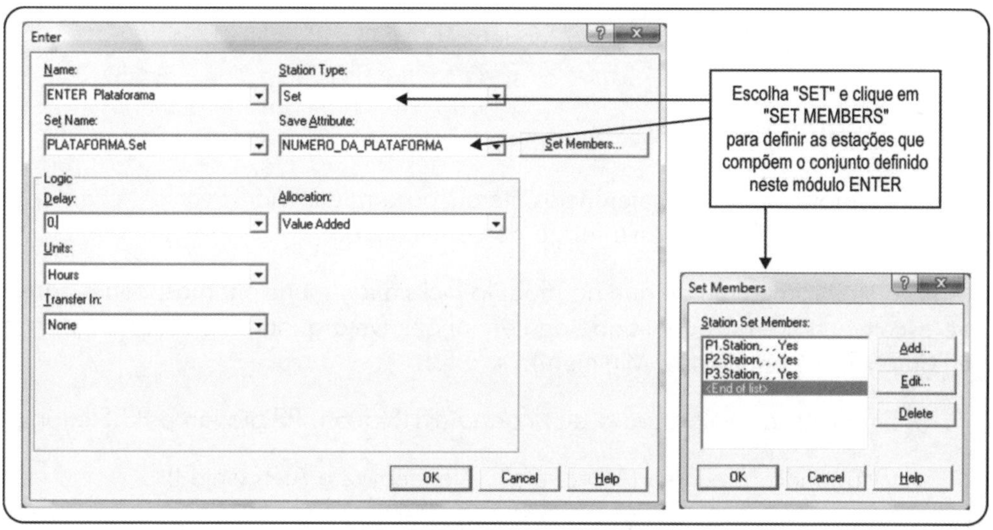

FIGURA 24.2 – Definindo um conjunto de estações com o módulo Enter (Conjunto1.doe)

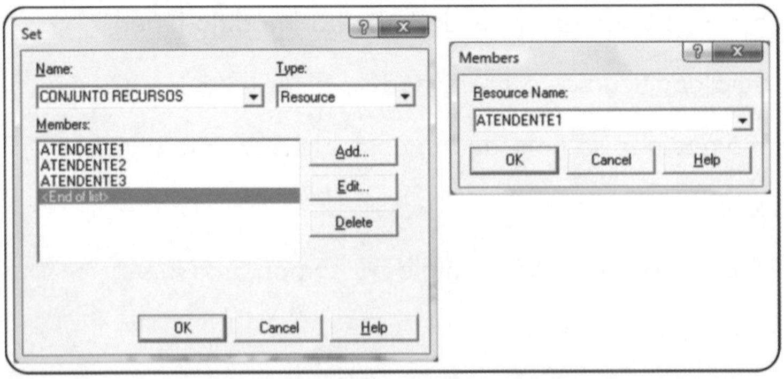

FIGURA 24.3 – Definindo um conjunto de recursos com o módulo Set (Conjunto1.doe)

Definindo conjunto de recursos (módulo *Set*)

O conjunto de recursos foi definido no módulo de dados Set do *template Basic Process* (FIG. 24.3):

- O nome desse conjunto é "Conjunto Recursos";
- Seus membros são Atendente1, Atendente2 e Atendente3. Assim, temos:
  - Conjunto Recursos(1) = Atendente1;
  - Conjunto Recursos(2) = Atendente2;
  - Conjunto Recursos(3) = Atendente3.

24.2 Programação literal

Neste exemplo utilizamos referências literais para referenciar recursos: chamamos de programação literal a essa forma de codificação.

Lembre-se inicialmente de que no módulo *Pickstation* mencionamos, como critério de escolha, a menor quantidade de caminhões (veja quadro *Selection Based On* e campo *Test Condition = Minimum*):

- Em deslocamento para a plataforma (P1.Station, P2.Station e P3.Station);
- Ocupando o recurso (Atendente1, Atendente2 e Atendente3).

Finalmente observe a FIG. 24.4 (módulo Process), onde referenciamos o recurso a ser ocupado:

- Informamos que se trata de um conjunto de recursos (campo *Type = Set*).

- Fornecemos o nome do conjunto de recursos tal como definido no módulo de dados Set.
- Informamos a regra de seleção: *selection rule = specific member* (membro específicos).
- Informamos que o membro específico é aquele cujo índice é igual ao valor do atributo "Numero_da_Plataforma" (conforme definido no módulo Enter). **Isso é o que chamamos de referência literal.**

Animação

Alguns comentários:

- Recursos: Veja que definimos e inserimos na animação os recursos Atendente1, Atendente2 e Atendente3.
- Contador de número de atendimentos de cada recurso: no modelo Pickst2 utilizamos o campo "Atendimento 1.NumberOut", que é o contador de cada módulo Process. Visto que aqui somente temos um único módulo Process, optamos por usar o contador "ResSizes(Atendente1)", etc., ou seja, o número de vezes que o recurso foi utilizado.

Diferenciando estações de trabalho

No próximo capítulo apresentaremos a situação em que as estações de trabalho de um mesmo conjunto têm características diferenciadoras, tais como:

- Tempos de atendimento diferentes;
- Deslocamentos após saída diferentes.

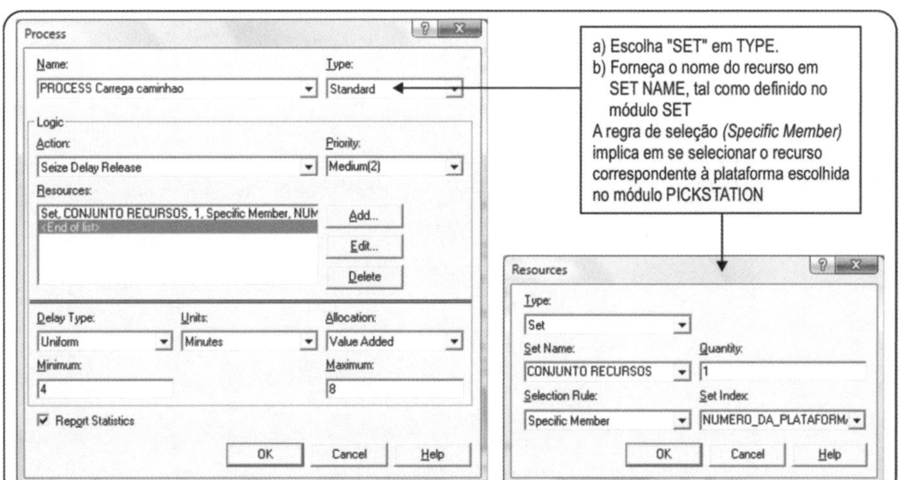

FIGURA 24.4 – Efetuando o atendimento no módulo *Process* (Conjunto1.doe)

24.3 Exercícios

1) Altere o exemplo *Conjunto1.doe* de modo a reduzir a quantidade de atendentes para 2. Uma sugestão: altere apenas o módulo de dados Resource do *template Basic Process* (definição da capacidade do recurso *Espaco*) e não altere a animação.

2) Navios chegam a cada EXPO(1.5) dia a um porto para carregar minério e para isso há dois cais de atracação. Quando um navio chega, ele espera na baía caso não haja cais disponível para atracação. Quando o cais está liberado, ele se desloca da baía para o cais, gastando 0.1 dia. O tempo de carga é TRIA(2.0,2.5,3.0)

   Pede-se:

   - Simule 1.000 dias;
   - Monte lógica separada da animação;
   - Crie menus de navegação.

Capítulo 25

Expressões

25 Expressões

Conforme afirmamos no capítulo 12 – *Os módulos Assign e Variables*, o ARENA possibilita a utilização de valores dentro das seguintes categorias: atributos, variáveis e expressões. Cada uma dessas categorias de armazenamento de valores tem suas características próprias:

- Os atributos estão diretamente relacionados com as entidades, ou seja, cada entidade carrega seus atributos com os respectivos valores, que podem ser alterados durante a simulação. Esse assunto foi abordado no capítulo 13 – *Trabalhando com atributos*.
- As variáveis são globais (ou seja, disponíveis para qualquer entidade), e seus valores podem ser modificados ou utilizados pelas entidades. Esse assunto foi abordado no capítulo 12 – *Os módulos Assign e Variables*.
- As expressões também são globais; porém, diferentemente das variáveis, quando as definimos, o ARENA não calcula os seus valores, mas apenas retém a expressão exatamente como definida. Além disso, sua definição não pode ser alterada durante uma simulação.

Além dessas categorias, temos as variáveis *statics*. Elas constituem um tipo especial, que pode ser utilizado conjuntamente com receitas e/ou sequências. O valor de uma variável *static* depende do local onde a entidade se encontra.

25.1 Trabalhando com expressões

Carregue o exemplo **Expressao1.doe**. Trata-se de uma alteração no exemplo *Conjunto1.doe* (capítulo anterior), na qual os tempos de processamento das estações de trabalho são diferentes, conforme tabela seguinte:

Plataforma	Tempo de processamento
P1	UNIF(8,12) min
P2	UNIF(3,6) min
P3	UNIF(6,10) min

Para atender essas necessidades, precisamos do módulo de dados "Expressions".

O módulo de dados Expression: duração do atendimento

Este módulo pertence ao *template Advanced Process*. Veja na FIG. 25.1 como definimos os elementos do conjunto de expressões para referenciar os tempos de atendimento:

- Tempo_Atendimento(1) = Unif(8,10);
- Tempo_Atendimento (2) = Unif(3,6);
- Tempo_Atendimento (3) = Unif(6,8).

Você pode observar ainda que o conjunto "Tempo_Atendimento" foi definido como sendo uma matriz de 3 linhas.

Efetuando referência a *Expression*: duração do atendimento

Veja no módulo como fornecemos o valor da duração do atendimento:

No módulo Assign efetuamos:

```
Variavel_Tempo_Atendimento(Numero_da_plataforma)=
Expressao_Tempo_Atendimento(Numero_da_Plataforma)
```

No módulo Process fornecemos (FIG. 25.2):

```
Delay Time = Expression

Expression = Variavel_ Tempo_Atendimento Numero_da_Plataforma)
```

Conforme visto no capítulo anterior, "Numero_da_Plataforma" é um atributo ativado no módulo Enter para conter o índice da plataforma que está sendo acionada.

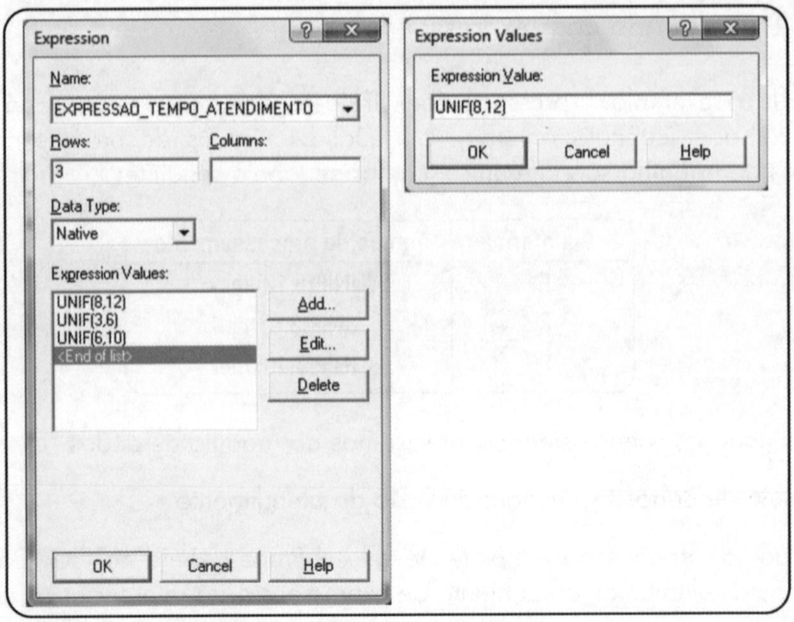

FIGURA 25.1 – Definindo expressões (Expressao1.doe)

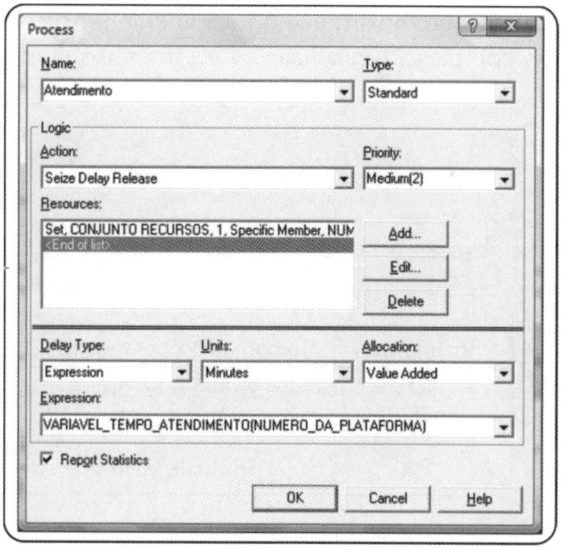

FIGURA 25.2 – Efetuando referência a uma expressão (Expressao1.doe)

É ainda importante frisar as características de funcionamento de *Expressions*:

- Quando definimos, no módulo *Expressions*, que

  Expressao_Tempo_Atendimento(2) = UNIF(3,6), o módulo *Expressions* **não calcula definitivamente** quanto vale UNIF(3,6), mas simplesmente **retém** essa definição.

- Quando, no módulo *Assign*, escrevemos

  ```
  Variavel_Tempo_Atendimento(Numero_da_plataforma)=
  Expressao_Tempo_Atendimento(Numero_da_Plataforma)
  ```

  no caso de Índice = 2, ocorrem os seguintes eventos:

- O módulo Assign solicita ao módulo *Expressions* o valor para

  Expressao_Tempo_Atendimento(2).

- O módulo *Expression* calcula quanto vale UNIF(3,6) (trata-se de um sorteio segundo a função uniforme). Suponhamos que o resultado do sorteio foi 5.

- O módulo *Assign* recebe o valor 5 em *Variavel_Tempo_Atendimento(2).*

- A seguir, o módulo *Process* utiliza como Delay Time a expressão

  Variavel_Tempo_Atendimento(2)

Todas as características que mostramos aqui somente funcionam com *Expressions*: seria bastante mais complexo reproduzir os mesmos resultados com *Variables* ou *Statics*.

25.2 Exercício

1) Altere o exemplo Expressao1 fornecendo os novos valores para tempo de processamento:

Plataforma	Tempo de processamento
P1	TRIA(4,8,12) min
P2	TRIA(3,6,8) min
P3	TRIA(5,9,14) min

Capítulo 26

Sincronismo

26 Sincronismo

Um aspecto bastante comum em modelagem é a necessidade de sincronizar operações. Exemplos:

- Quando um caminhão chega a um depósito e estaciona na plataforma, uma empilhadeira é acionada para efetuar o carregamento.
- Quando um navio de minério sai de determinado país para ser carregado em outro país, ele envia uma mensagem informando qual tipo de minério pretende carregar. Automaticamente aquele tipo de minério começa a ser enviado por trens da mineração para o porto.
- Quando se acaba de encher o forno de uma siderúrgica com minério, pode-se iniciar o processo de aquecimento.

26.1 Efetuando sincronização de operações

Carregue o modelo **Sinc1.doe** e execute-o. É o mesmo exemplo do pátio de caminhões dos capítulos anteriores, com uma novidade: quando o caminhão chega à plataforma, ele deve receber a carga vinda de uma região central existente na plataforma. A sincronização foi acionada no exato momento da chegada do caminhão à plataforma. Nesse instante inicia-se o transporte da carga, por uma empilhadeira, do estoque, na região central da plataforma, até o caminhão. Para cumprir sua missão, a empilhadeira deve realizar 6 viagens, com estes tempos:

- carregamento: UNIF(20,40) segundos;
- deslocamento de 20 metros desde a região central (estação "Estoque") até a plataforma a uma velocidade de 2m/s, o que equivale a levar 40 segundos.

No total temos um tempo de UNIF(60,80) segundos para cada viagem e de UNIF(360,480) segundos para as 6 viagens (ou UNIF(6,8) minutos). Após o carregamento completo do caminhão, ele é liberado. Neste exemplo, construímos a lógica com o uso de **dois tipos de entidades**, a saber (veja em *Edit + Entity Pictures*):

- caminhão;
- carga.

Na FIG. 26.1 vemos o desenho do *layout* do modelo, a relação de *stations* e a nomeação das entidades. Na FIG. 26.2 vemos a lógica completa desse exemplo. Podemos quebrar a lógica nas seguintes partes:

- chegada do caminhão ao pátio;
- transferência do caminhão do pátio para a plataforma;
    - sincronização da colocação da carga;
    - liberação do caminhão;
- saída do caminhão da plataforma.

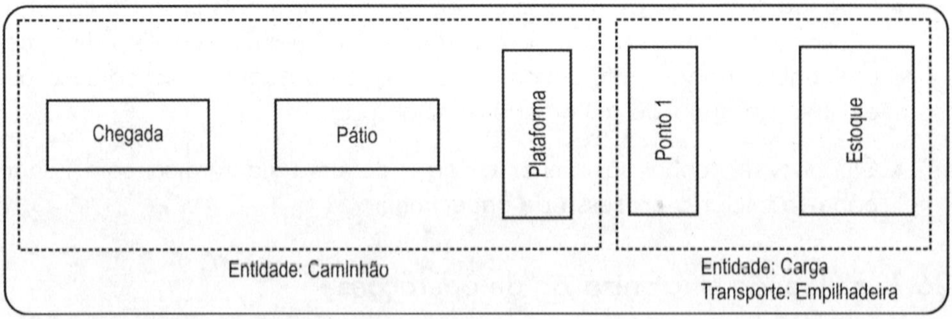

FIGURA 26.1 – *Layout* do exemplo Sinc.1doe

Da lista acima, somente o terceiro item (sincronização da colocação da carga) necessita de explicações, visto que os outros já foram abordados no capítulo 24 – *Conjuntos e programação literal*. Não se esqueça de que, para esse modelo, conforme visto naquele capítulo, o módulo PickStation sempre envia o caminhão para uma plataforma vazia. Ao chegar no módulo Enter (conjunto), usamos o atributo "Numero_da_Plataforma" para guardar o índice correspondente. Esse atributo será intensamente utilizado nas explicações que se seguem.

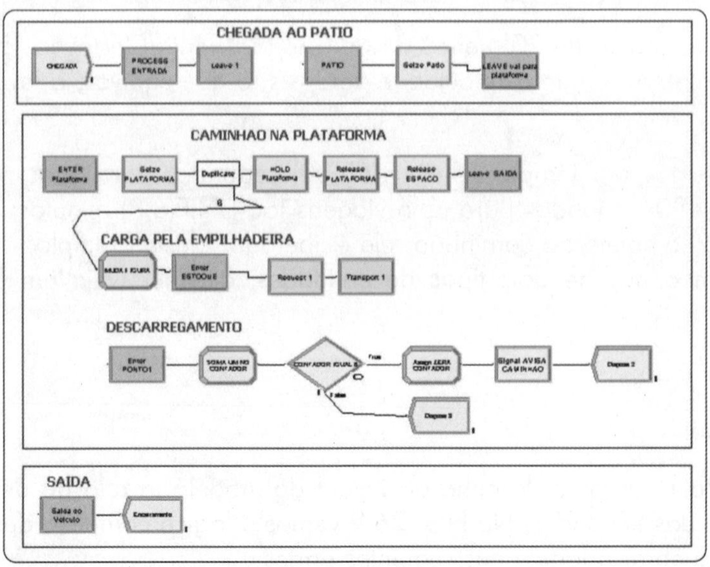

FIGURA 26.2 – Fluxograma do exemplo Sinc1.doe

a) Sincronização da colocação da carga

Quando o caminhão chega à plataforma, deve ocorrer o processo de carga pela empilhadeira. Podemos dividir essa lógica nas seguintes partes:

- Ocupação da plataforma pelo caminhão;
- "Replicação do caminhão" em 6 unidades de carga;
- Colocação do caminhão em espera até a conclusão da carga;
- Colocação das 6 unidades de carga em 6 viagens do transportador;
- Saída do caminhão e liberação da plataforma.

"Replicação do caminhão" em 6 unidades de carga

Logo após sua chegada à plataforma, utilizamos um artifício de programação para iniciar o movimento da empilhadeira: usamos o módulo DUPLICATE para produzir 6 cópias da entidade caminhão, conforme a FIG. 26.3. A entidade principal continua seu trajeto e encontra o módulo HOLD, **onde fica parada aguardando um sinal para continuar.** As entidades duplicadas têm todas as características da entidade que a originou. Observe que o primeiro módulo que elas encontram é o Assign. Lá é efetuada a operação:

Entity Picture = Carga_Picture

para trocar o símbolo da entidade de um caminhão para um retângulo azul, que simbolizará a carga (veja como definimos a figura da carga em *Edit + Entity Pictures*). A seguir ela entra na estação "Estoque".

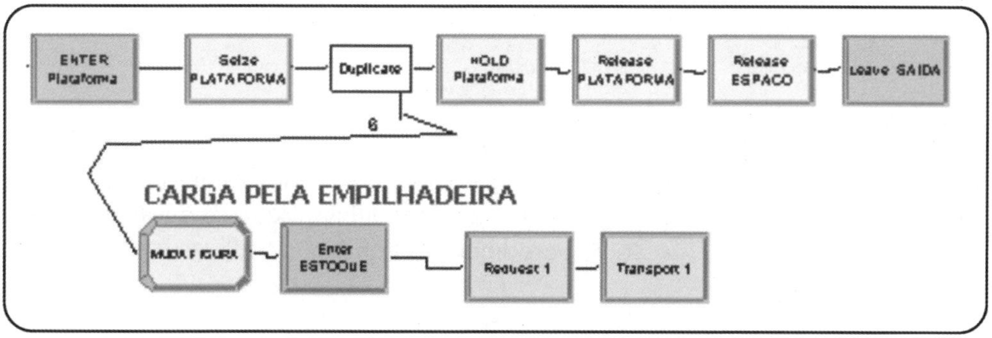

FIGURA 26.3 – "Replicação" do caminhão em 6 unidades de carga (Sinc1.doe)

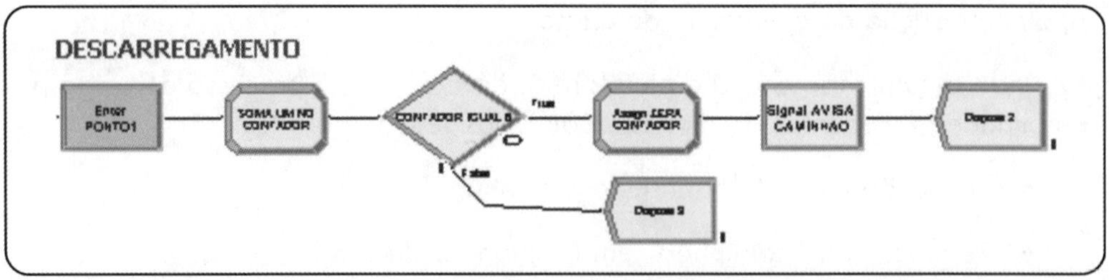

FIGURA 26.4 – Chegada da carga no ponto de descarga (Sinc1.doe)

Colocação das 6 unidades de carga em 6 viagens do transportador

Após "chegar" à estação estoque, cada carga solicita ao transportador para enviá-la até o caminhão (FIG. 26.3). Ao chegar ao ponto de descarga (colocação da carga no caminhão) (FIG. 26.4), no módulo Enter Ponto1, o transportador libera a carga dentro do caminhão. Os módulos seguintes têm a finalidade de verificar se todas as 6 cargas daquela plataforma já foram transportadas. Quanto isso ocorre, temos:

- o contador daquela plataforma é zerado (módulo *Assign*);
- é enviado um sinal para a liberação do caminhão (módulo *Signal*).

Sincronização com a saída do caminhão

Conforme dissemos anteriormente, o caminhão ficou esperando em um módulo *Hold* (FIG. 26.3). Esse módulo retém a entidade até receber um sinal de um módulo *Signal* o que, conforme vimos anteriormente (FIG. 26.4), é enviado assim que o transportador completa as 6 viagens. Após ser liberado no módulo *Wait*, o caminhão libera a plataforma *(Release)* e uma unidade de "Espaco" (veja maiores informações sobre esse aspecto no item 14.2 do capítulo *Desvios e escolhas*). Em seguida ele se dirige para a saída (Leave).

Os módulos *Signal* e *Hold*

Veja como codificamos os módulos *Hold* e *Signal* para esse exemplo na FIG. 26.5. Sempre que se completa a carga de um caminhão (FIG. 26.4), é enviado um sinal para o módulo Hold (FIG. 26.3) para liberar o caminhão.

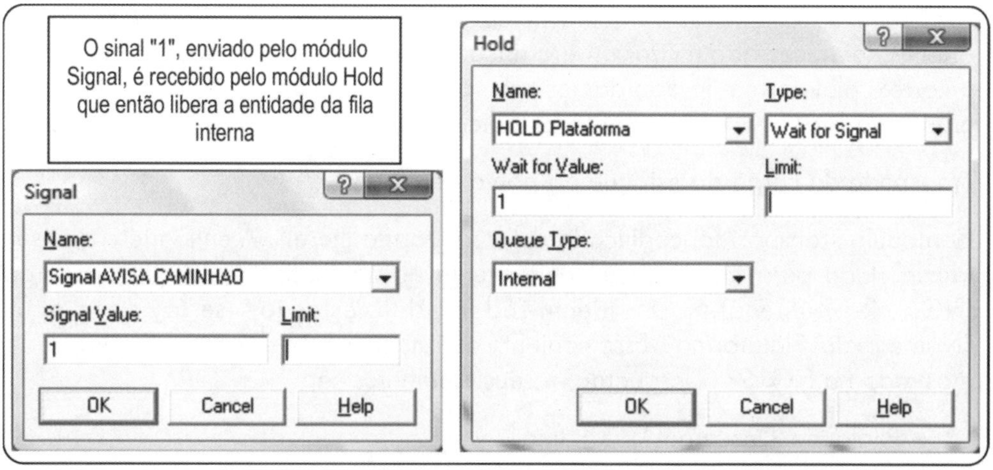

FIGURA 26.5 – Os módulos Hold e Signal (Sinc1.doe)

Importante! Para este caso, a fila deve ser informada como *Interna* (FIG. 26.5-direita); do contrário, pode ocorrer problema com a animação.

26.2 Programação literal

Veja agora o exemplo Sinc2.doe. Aqui temos 3 plataformas e 3 pontos de carga do caminhão (FIG. 26.6):

- Plataforma P1, Recurso Atendente2, Ponto de Carga 1;
- Plataforma P2, Recurso Atendente2, Ponto de Carga 2;
- Plataforma P3, Recurso Atendente2, Ponto de Carga 3.

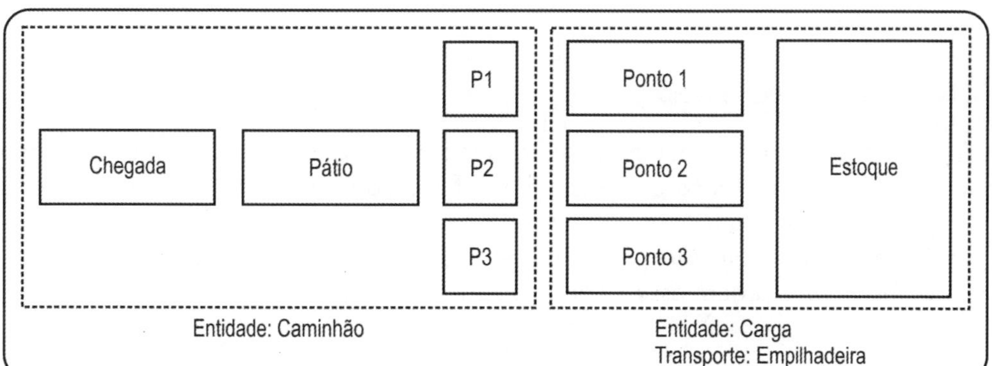

FIGURA 26.6 – O *layout* de Sinc2.doe

Para poder codificar esse modelo dentro das limitações da versão *Trainning* do ARENA, foi necessário utilizar programação literal. Sobre a chegada do caminhão à correta plataforma, já abordamos este tópico no capítulo 24 – *Conjuntos e programação literal*. Alguns comentários adicionais:

Transporte da carga do estoque ao ponto de carga

O módulo Transport foi codificado de uma "forma literal". A entidade carga será transportada para uma estação pertencente ao conjunto "Pontos_de_Descarga" (FIG. 26.7-direita). O identificador da estação será o atributo "Numero_da_Plataforma". Esse conjunto de estações foi definido no módulo Enter, mostrado na FIG. 26.7-esquerda, e seus elementos são:

- Ponto_de_Descarga(1) = Ponto1;
- Ponto_de_Descarga(2) = Ponto2;
- Ponto_de_Descarga(3) = Ponto3.

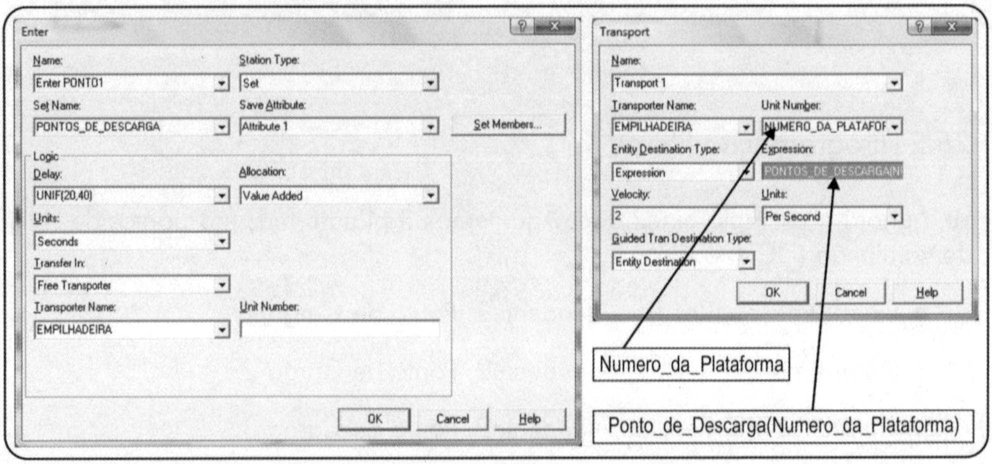

FIGURA 26.7 – Os módulos *Enter* e *Transport* (Sinc2.doe)

Os módulos *Signal* e *Hold*

Atente para o correto funcionamento dos módulos ***Signal*** e ***Hold***. O módulo *Signal* envia o sinal para todos os blocos *Hold* (FIG. 26.8-esquerda). O campo *Signal Value* deve conter um número e, no caso do exemplo Sinc1.doe, ele contém o valor do atributo "Numero_da_Plataforma", que pode valer 1, 2 ou 3. Todos os módulos *Hold* recebem esse sinal (FIG. 26.8-direita).

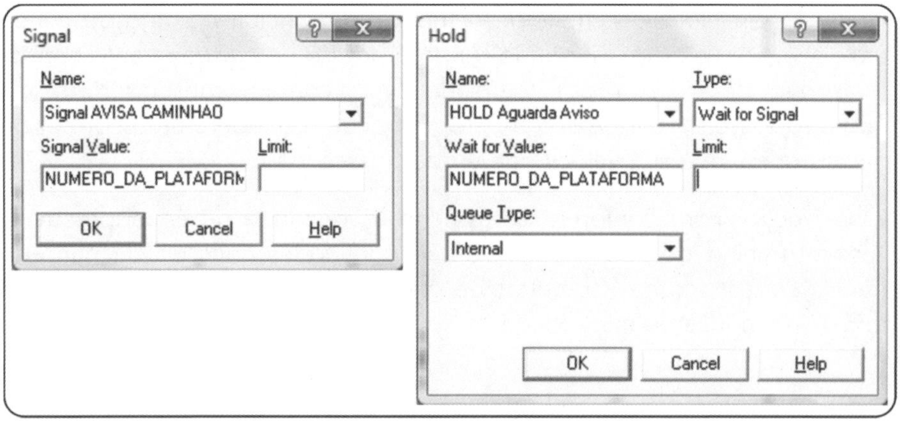

FIGURA 26.8 – Os módulos Signal e Hold (Sinc2.doe

Cada um dos módulos *Hold* analisa o sinal recebido e verifica se é o sinal que estava esperando. Por exemplo, suponhamos que o caminhão parou na plataforma número 2 (portanto o atributo "Numero_da_Plataforma" é igual a 2). Logo, o módulo *Hold* está esperando o sinal 2. Quando o bloco *Signal* enviar o sinal 2, todos os blocos *Hold* o receberão, mas somente aquele bloco *Hold*, que esperava pelo sinal 2, vai liberar a entidade caminhão que estava presa na fila interna do próprio bloco *Hold*.

Atenção:

Conforme vimos no capítulo 24 – *Conjuntos e programação literal*, estamos utilizando uma forma sofisticada de programação. Embora no fluxograma haja apenas um único módulo Hold, tudo se passa como se houvesse 3 módulos. Esse nível de conhecimento é necessário para a compreensão do próximo capítulo.

26.3 Exercícios

1) Suponha que, no exemplo do pátio de caminhões (Sinc2.doe), o ritmo de chegada de caminhões caiu para EXPO(10) e se deseja saber se 2 empilhadeiras atendem as necessidades do sistema, de tal forma que a fila média fique abaixo de 5.

   Observação: Deseja-se manter os 3 pontos de parada de caminhões na plataforma para futuras necessidades (portanto não reduza os pontos de parada na plataforma).

   Sugestão: Altere tão somente o valor da capacidade do recurso *espaço* (módulo de dados *Resource*).

2) Altere o exercício 2 do capítulo 24 (porto) para incluir a carga do minério de um pátio para o navio, supondo que o processo de carregamento consiste em transportar o minério por meio de uma correia transportadora durante TRIA(2.0,2.5,3.0). Para efeito de programação, considere uma correia de 250 metros que e que sua velocidade é de 1 m/seg.

   Observação: Para contornar a restrição "quantidade de entidades ativas" da versão Training do ARENA, considere quantidades unitárias de minério ocupando um espaço de 25 metros de correia (portanto toda a correia comportará 10 unidades de minério).

Capítulo 27

Lógica de controle

27 Lógica de controle

É bastante comum a situação de modelagem em que necessitamos testar a validade dos cenários de tempos em tempos ou em determinadas situações. Para conseguir isso, necessitamos construir uma programação auxiliar que controla a execução da programação principal do modelo. Nessa programação auxiliar, a entidade que se move recebe o nome de "entidade controladora".

27.1 Controlando a quantidade de atendentes

Veja o modelo **Controle1.doe**. É semelhante ao modelo do pátio de caminhões apresentado nos capítulos anteriores. Neste exemplo, incluímos uma programação de controle (ou lógica de controle) em que a quantidade de empilhadeiras disponíveis depende do tamanho da fila. Conforme vimos nos capítulos 14 – *Desvios e escolhas* e 26 – *Sincronismo*, para alterar a quantidade de atendentes do modelo do pátio de caminhões, basta alterar o valor da quantidade do recurso *espaco*. No exemplo Controle1.doe isso é feito automaticamente pela lógica de controle. Inicialmente colocamos uma única empilhadeira disponível. As regras são as seguintes:

Tamanho da fila	Quantidade de empilhadeiras
Menor ou igual a 10	1
Maior que 10	2

Sobre a lógica do movimento de caminhões e empilhadeiras não existe nenhuma diferença para com o modelo Sinc1.doe apresentado no capítulo anterior. A novidade aqui fica por conta da inserção de um conjunto independente de módulos que monitoram o tamanho da fila e alteram a quantidade de empilhadeiras disponíveis: chamamos de "lógica de controle" a esse conjunto de módulos (FIG. 27.1).

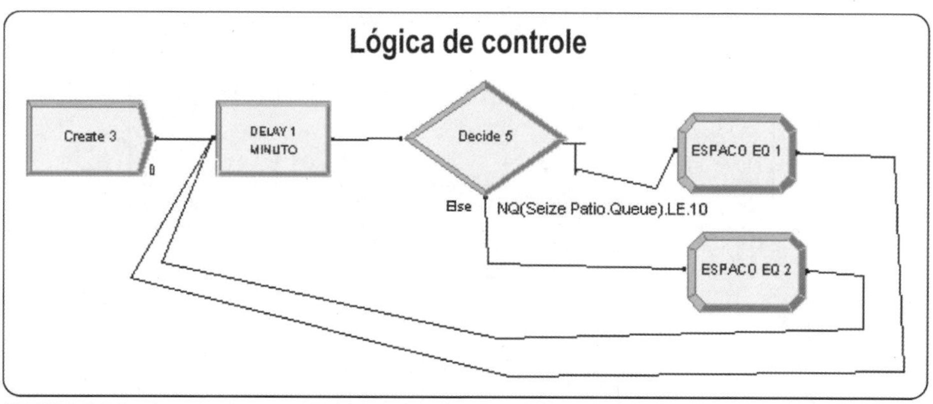

FIGURA 27.1 – Lógica de controle (Controle1.doe)

Inicialmente é importante informar que o recurso "Espaco" tem valor inicial igual a 1. A lógica de controle foi montada da seguinte forma:

- O módulo Create cria uma única entidade ("entidade controladora") no instante zero.
- Logo após, o módulo Delay segura a entidade durante 1 minuto.
- Após esse tempo, o módulo Decide faz um teste para verificar o tamanho da fila. Esse módulo efetua um teste do tipo "N-way by conditions", no qual se testa o tamanho da fila. Observe o formato especial do texto construído para efetuar o teste (FIG. 27.2). O texto

  ```
  NQ(Seize Patio.Queue).LE.10
  ```

  testa se o tamanho da fila é menor ou igual a 10.
- Após o teste, o módulo Assign altera o valor da capacidade do recurso "Espaco". O teste é efetuado na seguinte sequência:
  - Se a fila é menor que 10, temos "Espaco=1" (uma empilhadeira).
  - Do contrário, "Espaco=2" (duas empilhadeiras).
- Após o teste, a entidade controladora retorna ao módulo Delay (1 minuto).

Na FIG. 27.3 mostramos os gráficos de acompanhamento construídos para o modelo Controle1.doe e que mostram a evolução do tamanho da fila e da quantidade de atendentes.

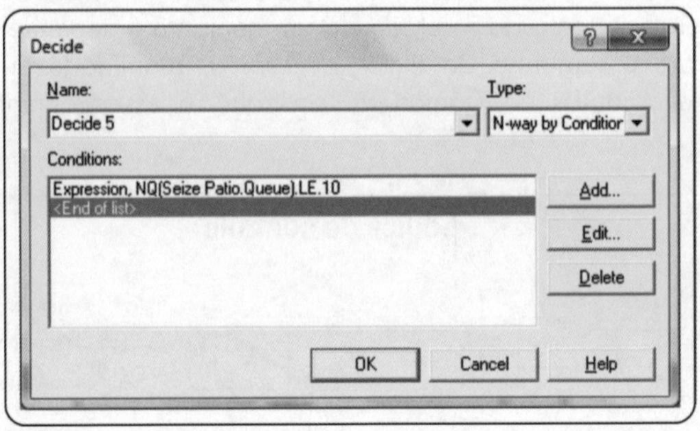

FIGURA 27.2 – Testando o tamanho da fila no módulo Decide (Controle1.doe)

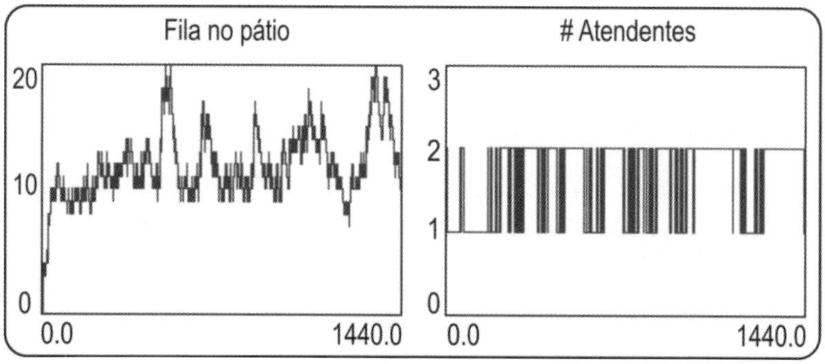

FIGURA 27.3 – Gráficos de acompanhamento (Controle1.doe)

O módulo SCAN

Veja agora o exemplo **Controle1A.doe**. É semelhante ao anterior, onde apenas alteramos o conteúdo da lógica de controle, conforme mostramos na FIG. 27.4. A novidade aqui fica por conta do módulo Scan.

Essa lógica de controle tem o seguinte funcionamento:

- O módulo Create cria uma única entidade ("entidade controladora") no instante 2.
- Logo após, o módulo Scan aguarda a ocorrência do evento em que a fila tem um tamanho menor ou igual a 10 com a seguinte codificação:

  ```
  NQ(Seize Patio.Queue).LE.10.
  ```

  Isso ocorre imediatamente, o que implica a execução do próximo comando (Assign), que é acionado para efetuar "Espaco=1", o que implica uma empilhadeira.
- A seguir, outro módulo Scan aguarda quando a fila tem um tamanho maior que 10 com a seguinte codificação:

  ```
  NQ(Seize Patio.Queue).GT.10.
  ```

- Após isso, o fluxograma retorna ao teste inicial (fila menor ou igual a 10).

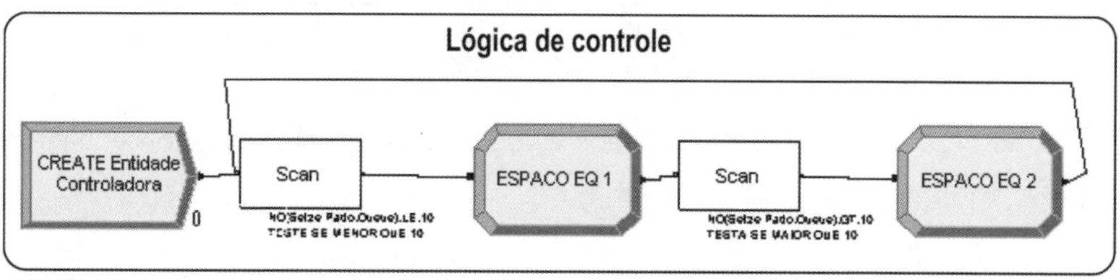

FIGURA 27.4 – Lógica de controle com bloco Scan (Controle1A.doe)

O bloco *Scan* pertence ao *template Blocks* e pode efetuar qualquer teste. Quando escrevemos

Condition: nq(Seize Patio_queue).gt.10

o bloco *Scan* vai reter a entidade controladora até que a fila no pátio seja maior que 10. Nesse momento, ele libera a "entidade controladora", que segue para o bloco *Assign*, onde escrevemos

MR(Espaco) = 2,

alterando a disponibilidade de empilhadeiras para 2.

O módulo *Scan* pode efetuar testes mais complexos que o mostrado. Por exemplo, para testar se a fila tem um tamanho entre 6 e 10, poderíamos escrever *Condition = nq(Seize Patio_queue).ge.6.**and**.nq(Patio_queue).le.10.*

É importante alertar que o bloco *Scan* somente aguarda o acontecimento do evento informado no campo *Condition* para, então, liberar a "entidade controladora".

27.2 Alterando dinamicamente o ritmo de chegada

Uma situação bastante comum em modelagem é o ritmo de chegada sofrer alterações durante o dia (ou durante a semana, etc.). Veja o exemplo **Controle1B.doe**. É o mesmo exemplo do pátio de caminhões mostrado anteriormente, no qual o ritmo de chegada de caminhões segue a distribuição exponencial de seguinte valor:

Horário		Intervalo_Entre_Chegadas
De	Até	
0:00	7:00	10
7:00	10:00	3
10:00	18:00	2
18:00	24:00	5

Veja na FIG. 27.5 como construímos a lógica de controle para conseguir essa especificação.

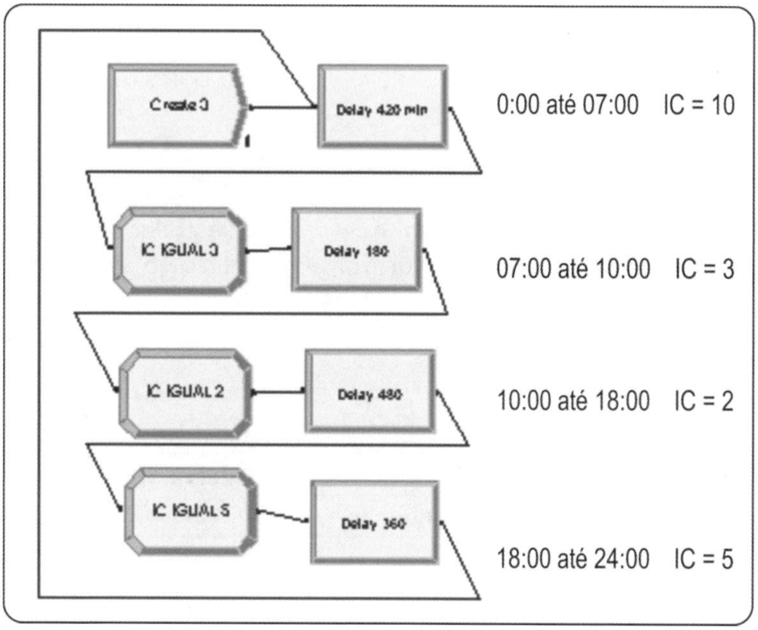

FIGURA 27.5 – Alterando o intervalo entre chegadas (Controle1B.doe)

Observe inicialmente que:

- Criamos a variável "Intervalo_Entre_Chegadas" (veja o módulo de dados Variables) com o valor inicial 10.
- **Observe principalmente que no módulo Create da lógica principal fornecemos *Time Beetween Arrivals* = Intervalo_Entre_Chegadas.**

Veja agora como montamos a lógica de controle (FIG. 27.5):

- No instante zero criamos uma única "entidade controladora".
- A seguir existe uma espera de 480 minutos (módulo Delay).
- A seguir, no módulo Assign, efetuamos: *Intervalo_entre_Chegadas=10.*
- A seguir existe uma espera de 180 minutos (módulo Delay).
- A seguir, no módulo Assign, efetuamos: *Intervalo_entre_Chegadas=3.*
- A seguir existe uma espera de 480 minutos (módulo Delay).
- A seguir, no módulo Assign, efetuamos: *Intervalo_entre_Chegadas=2.*
- A seguir existe uma espera de 480 minutos (módulo Delay).
- A seguir, no módulo Assign, efetuamos: *Intervalo_entre_Chegadas=5.*

- A seguir existe uma espera de 360 minutos (módulo Delay).
- A entidade retorna ao bloco Delay inicial para outro retardo de 480 minutos.

Uso do módulo Create associado ao módulo Schedule

Em uma situação como a anterior, em que o ritmo de chegada segue um padrão bem definido, é mais conveniente utilizar um recurso já existente no ARENA: chegada conforme uma programação (schedule). A tabela de chegadas mostrada pode ser ampliada para receber a coluna de ritmo de chegada (chegadas por hora).

Horário			Intervalo entre chegadas	Ritmo de chegada
De	**Até**	**Duração**		
0:00	7:00	7 horas	10	6
7:00	10:00	3 horas	3	20
10:00	18:00	8 horas	2	30
18:00	24:00	6 horas	5	12

Veja o exemplo **Controle1C.doe** e veja o módulo Create e o módulo de dados Schedule *(template Basic Process)*. Quando no módulo Create informamos que o processo de chegada obedece a uma programação *(Type=Schedule)*, é automaticamente criado um módulo de dados Schedule com o mesmo nome indicado em *Schedule Name* (FIG. 27.6).

Uma forma muito prática de fornecer essa programação é a utilização de um gráfico (FIG. 27.7-inferior). Para isso, basta clicar com o botão esquerdo na célula da coluna *Durations*, na linha do módulo de dados Schedule disponível na Área de Planilha (FIG. 27.7-superior). Observe também que esse gráfico é "sensível ao cursor", ou seja, conforme movimentamos o cursor por meio do *mouse*, a porção inferior da tela fornece informações referentes àquele ponto onde o cursor se posicionou.

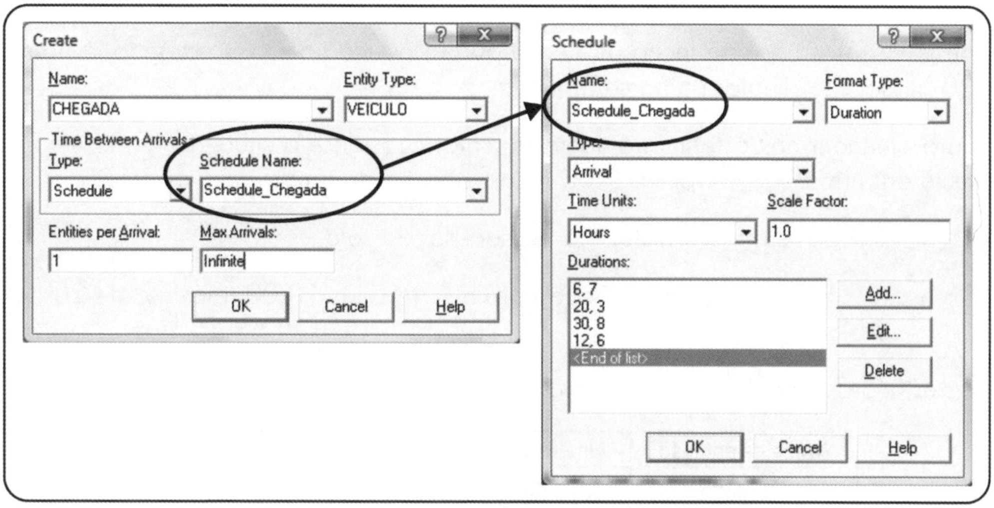

FIGURA 27.6 – Alterando o ritmo de chegadas (Controle1C.doe)

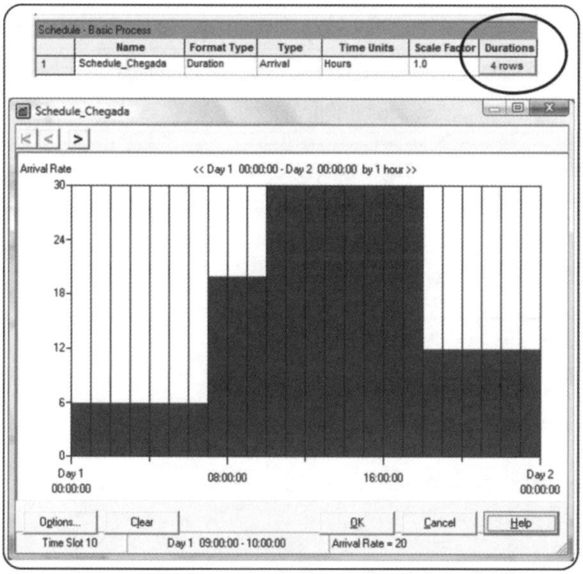

FIGURA 27.7 – Alterando graficamente o ritmo de chegadas (Controle1C.doe)

27.3 Controle de movimentação

Os módulos mostrados anteriormente (Scan, Hold e Signal) podem ser muito úteis no controle da movimentação em um sistema. É o que mostramos no exemplo **Controle2.doe**. Temos aqui um sistema no qual se usa uma sala para se aplicar um teste em candidatos. Os testes ocorrem a cada hora: a primeira turma inicia às 8:00, e a última, às 17:00. A sala de testes comporta até 20 pessoas. O portão da empresa é aberto às 7:00, e os candidatos chegam aleatoriamente a uma taxa de EXPO(3). O portão fecha às 17:00 ou um pouco antes, se no pátio já houver 20 pessoas (que lotam uma sala).

Para entendermos o funcionamento da sala, considere a situação de término do teste da turma que entrou às 9:00 e convocação da turma para as 10:00:

- Às 9:55 termina o teste, e o pessoal sai da sala.
- Às 9:57 se faz a convocação para a turma das 10:00 (máximo de 20 pessoas).

As estações definidas são (FIG. 27.7):

Nome da estação	Finalidade
Chegada	Chegada ao sistema (fora do pátio)
Entrada	Portão de entrada no pátio
Sala.Station	Sala de testes
Saida.Station	Saída do pátio para aqueles que fizeram o teste
Saida2.Station	Saída do sistema para aqueles que chegaram fora do período normal

Enter - Advanced Transfer

	Name	Station Type	Station Name	Parent Activity Area	Associated Intersection	Report Statistics	Delay	Allocation	Units	Transfer In
1	ENTER _ Chegada da	Station	CHEGADA			☑	0.	Value Added	Minutes	None
2	ENTER Saida do	Station	SAIDA2.Station			☑	0.	Value Added	Minutes	None
3	ENTER Sala de Testes	Station	SALA.Station			☑	0.	Value Added	Minutes	None
4	SAIDA DO PATIO	Station	SAIDA.Station			☑	0.	Value Added	Minutes	None
5	ENTER PORTAO	Station	ENTRADA			☑	0.	Value Added	Minutes	None

FIGURA 27.8 – Estações (Controle2.doe)

Movimentação das pessoas

Vejamos inicialmente o funcionamento da lógica do movimento das pessoas (FIG. 27.8):

- As pessoas chegam ao sistema e se dirigem para o portão de entrada (módulos Create, Enter e Leave);
- No portão de entrada (Enter) temos um teste para saber se o portão está fechado ou aberto (Decide). Se o portão estiver fechado, a entidade não entra no pátio e vai embora (bloco Depart, Saída2);
- Com o portão aberto, a pessoa entra no pátio e ocupa o módulo HOLD. Ela ficará retida na fila desse módulo até receber o sinal 111 da lógica de controle. Quando esse módulo recebe o sinal 111, ele libera uma entidade

que a seguir se dirige para a sala, e neste percurso cada pessoa gasta 0,5 minuto (módulo Leave);

- Ao chegar à sala de testes (módulo Enter), temos a troca da figura da entidade (módulo Assign) e a ocupação do espaço (módulo Hold). Assim, todas as entidades que ocuparam esse módulo ficam aguardando o sinal de abandonar a sala (Signal 222);
- No momento apropriado, elas são liberadas e se dirigem para a saída (*Leave* e *Depart*), gastando neste percurso 0,5 minuto (30 segundos).

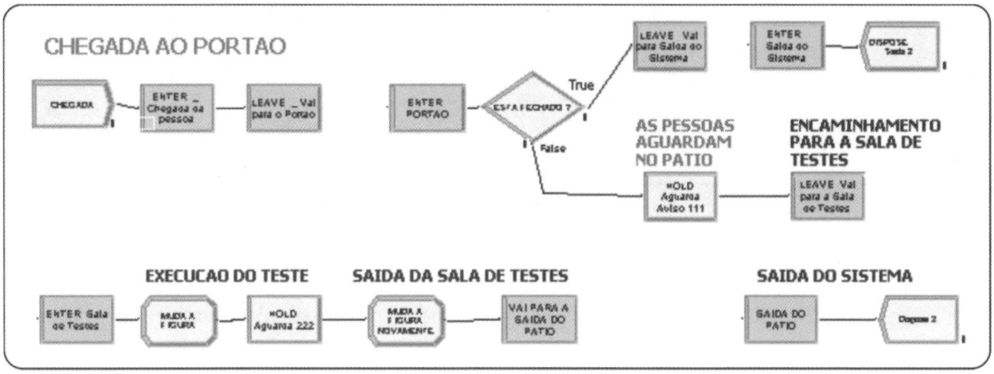

FIGURA 27.9 – Movimentação das pessoas (Controle2.doe)

Lógica de controle

A lógica de controle foi dividida em três partes:

- Sala de testes:
  - Autorização para dirigir-se à sala de testes.
  - Esvaziamento da sala de testes.
- Fechamento do portão.

Observe que a codificação do controle de entrada e saída na sala de testes foi montada colocando, em primeiro lugar, o esvaziamento da sala. Isso se prende à forma como construímos a lógica de controle.

Esvaziamento da sala de testes

Seu funcionamento é o seguinte (FIG. 27.9):

- São geradas 11 entidades controladoras: a primeira no momento 55 (7:55) e as seguintes a cada 60 minutos. Certamente a primeira entidade controladora não vai encontrar nada para liberar na sala de testes. No entanto, isso é necessário para facilitar a montagem da lógica visto que a mesma entidade controladora que esvaziou a sala de testes é utilizada para autorizar outras entidades a sair do pátio e se dirigir para a sala de testes.

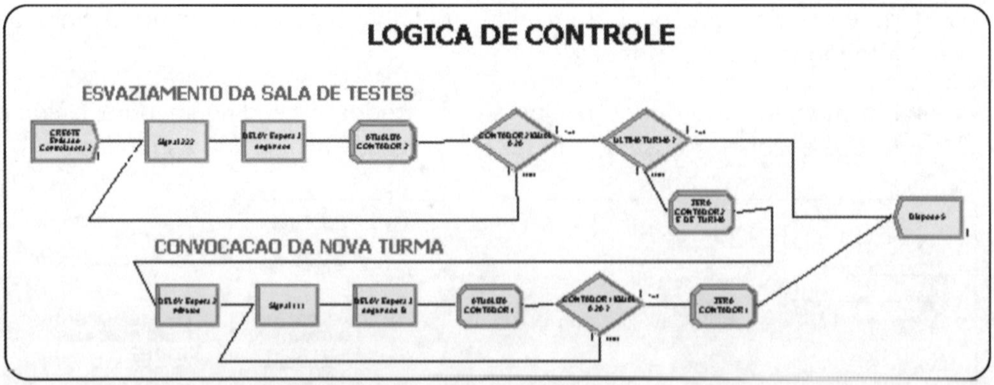

FIGURA 27.10 – Lógica de controle para entrada e saída na sala (Controle2.doe)

- Logo após ser criada, a entidade entra no bloco Signal 222, que significa enviar um sinal 222 para o bloco Hold 222, o qual controla a saída das pessoas na sala. A primeira ocorrência desse evento será às 7:55, e visto que não há ninguém esperando para sair da sala neste momento, os comandos seguintes não têm nenhum efeito. No entanto, quando o cronômetro estiver marcando 8:55, veja o que ocorre:
  - O bloco Signal envia um sinal para o bloco Hold, solicitando a liberação de uma pessoa.
  - A seguir existe uma espera de 3 segundos (bloco Delay) para o envio do próximo sinal. Isso faz com que todas as 20 pessoas abandonem a sala em um tempo total 1 minuto (o relógio estará marcando 8:56). Se não houver 20 pessoas na fila, o tempo será menor.
  - Após o bloco Signal temos o bloco Assign para somar 1 no *Contador2* e, então, testa-se o valor desse mesmo contador no bloco Decide:
    - ❑ Se Contador2 é menor que 20, vai se repetir o processo no bloco Signal, liberando mais uma pessoa e repetindo os procedimentos acima.
    - ❑ Se Contador2 = 20, zeramos o contador. A seguir testamos se atingimos o momento 655 (17:55): em caso positivo encerramos a lógica de controle; em caso negativo, zeramos "Contador2" (que gerencia a quantidade de pessoas a serem retiradas da sala) e atualizamos o contador de turmas (esse contador é usado apenas na animação).

Autorização para sair do pátio e dirigir-se à sala de testes

A mesma entidade controladora que esvaziou a sala de testes é utilizada para autorizar outras entidades a sair do pátio e se dirigir para a sala de testes. (FIG. 27.10):

- Temos inicialmente uma espera de 2 minutos (bloco Delay), o que leva o relógio para as 8:58.
- O bloco Signal 111 inicia a liberação de pessoas da fila (Hold 111) para entrar na sala. O processo é semelhante ao da saída da sala. Às 8:59 é liberada a última pessoa, que ainda gasta 30 segundos, para chegar à sala. Assim, às 8:59:30 todas as pessoas estão na sala.
- Observe que, nessa parte da lógica de controle, utilizamos a variável "Contador1" para contabilizar a quantidade de pessoas liberadas para entrar na sala de testes.

Fechamento do portão

Seu funcionamento é o seguinte (FIG. 27.10):

FIGURA 27.11 – Fechamento do portão após 16 horas (Controle2.doe)

- Create: Criamos uma entidade controladora no momento 540, correspondente a 16:00, quando a penúltima turma já entrou e estamos formando um contigente de 20 pessoas para a última turma.
- O bloco Scan *NQ(Hold 111.Queue).GE.20.OR.TNOW.GE.600* aguarda a ocorrência de um dos seguintes eventos:
  - A existência de 20 pessoas no pátio;
  - Tempo igual a 600, ou seja, 17:00.
- Quando isso ocorre, o portão é fechado com o bloco Assign: *Fecha-Portao = 0.*

- Observe, no fluxograma de movimentação de pessoas (FIG. 27.8), que o módulo Decide verifica o valor da variável "Fecha_Portao" para permitir ou não a entrada da entidade ao pátio.

Hold e Signal

Nesse modelo utilizamos os seguintes valores para comunicação entre os módulos Hold e Signal:

Aviso (Signal)	Quem envia (módulo Signal)	Quem recebe (módulo Hold) e o que é feito
111	Lógica de controle	Libera clientes na fila do pátio
222	Lógica de controle	Libera clientes na sala de testes

27.4 Variáveis globais

Você certamente observou que, em algum momento após as 16:00, o portão é fechado, e não se permite mais a entrada de nenhuma pessoa no pátio. O símbolo do portão fechado é uma **variável global**, que tem a finalidade de ser utilizada em animação (FIG. 27.11-direita). Dê um duplo clique nesse símbolo e obterá a tela da FIG. 27.11-esquerda. Observe que podemos definir vários desenhos para uma variável global e a cada um associar um valor numérico (campo *Trigger Value*). No caso do exemplo, a variável é "Fecha_Portão", que é alterada no fluxograma pelo módulo Assign.

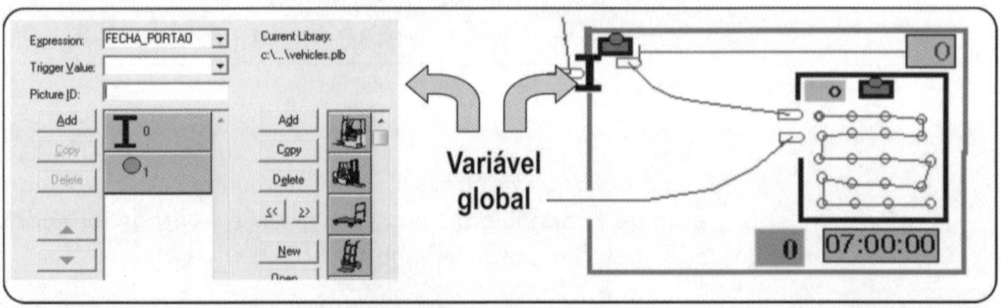

FIGURA 27.12 – Uso de variável global (Controle2.doe)

Para criar uma variável global:

- Defina a variável (por exemplo, no bloco Assign ou no módulo de dados Variables).

- Clique no símbolo Global da barra de ferramentas Animate (figura ao lado) e obterá uma tela semelhante à FIG. 27.11.

- Crie os desenhos necessários e associe a eles valores no campo *Trigger Value*.

- Após OK, coloque o símbolo na posição desejada.

O leitor deve agora resolver os exercícios 1 e 2.

27.5 *Debug* na lógica de controle

O assunto debug é tratado no capítulo 31 – *Ferramentas úteis*, cujo estudo recomendamos. Todavia, podemos alertar o usuário neste momento que o uso de *"Animate Connect"* para a "entidade controladora" da lógica de controle pode ser um recurso bastante útil.

27.6 Exercícios

1) Considere o modelo Controle1.doe e altere a lógica de controle para incluir a situação em que, após ativada a segunda empilhadeira (fila maior que 10), se o tamanho da fila diminuir abaixo de 6 unidades se deve tornar indisponível a segunda empilhadeira.

   Sugestão: Visto que após colocar a segunda empilhadeira a fila pode continuar crescendo ou então diminuir, o teste do bloco *Decide* adicional deve incluir *NQ(Seize Patio_queue).le.6*.

2) Considere o modelo Controle2.doe e coloque uma animação que mostre o movimento das seguintes portas (aberta e fechada): sala de aula e saída.

   Sugestão: Use duas novas variáveis globais para mostrar a porta aberta e fechada; use uma lógica de controle para efetuar essas operações no momento correto.

Capítulo 28

Acesso a arquivos

28 Acesso a arquivos

Muitos problemas de simulação exigem que se efetuem alterações em dados do modelo para avaliar modificações no cenário. Em outros, necessitamos testar o funcionamento de um sistema para diferentes quantidades de estações de trabalho, ou de servidores, ou de rotas, ou de *layout*, etc. À primeira vista, necessitaríamos criar diversos modelos de simulação para atender cada uma das solicitações. É prática comum entre programadores experientes criar um único modelo de simulação suficientemente amplo, para comportar o cenário "mais pesado" e utilizá-lo com dados diferentes para analisar variações de funcionamento do cenário em questão. Além disso, os dados são obtidos de arquivos externos. É o que veremos neste capítulo.

28.1 Lendo dados do teclado e escrevendo na tela

Carregue o modelo **Read1.doe** e execute-o. Trata-se do modelo do pátio de caminhões Controle1.doe, com uma pequena alteração: eliminamos a lógica de controle (que alterava dinamicamente a quantidade de empilhadeiras disponíveis) e incluímos uma codificação para leitura de dados do teclado. Vejamos inicialmente a codificação para leitura do teclado (FIG. 28.1), na qual temos o uso dos blocos *Write* e *Read (template Advanced Process).*

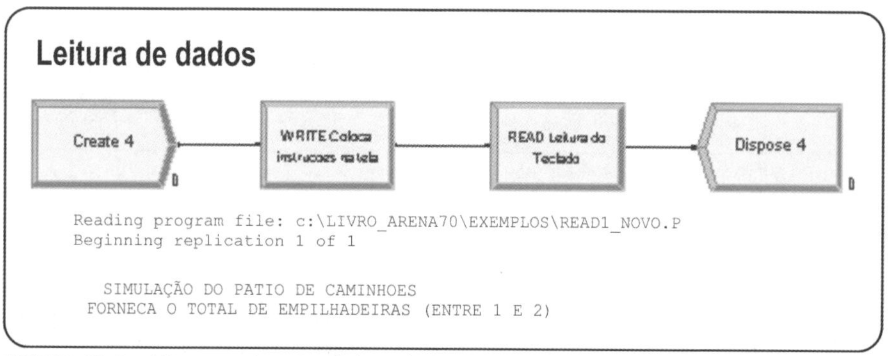

FIGURA 28.1 – *Write* na tela e *Read* do teclado (Read1.doe)

Módulo *Write*: Escrevendo na tela

Veja na FIG. 28.2-esquerda como preenchemos o primeiro módulo *Write*. Observe que preenchemos o campo *OverWriting File Format* com

```
"(3(/),5X,'SIMULACAO DO PÁTIO DE CAMINHOES ',/,3X, ´FORNEÇA O
TOTAL DE EMPILHADEIRAS (ENTRE 1 E 2))".
```

Inicialmente devemos informar que o conteúdo escrito no campo segue as normas do comando FORMAT do FORTRAN. Assim, temos:

- Todo o conteúdo da linha deve vir entre aspas duplas e parênteses:
  - Abertura com "(
  - Fechamento com)"
- 3(/) significa saltar 3 linhas;
- 5X significa saltar 5 espaços;
- `'SIMULAÇÃO DO PÁTIO DE CAMINHÕES'` significa que, por estar entre aspas simples, este texto será mostrado no display;
- / significa saltar mais uma linha;
- O texto restante tem explicação semelhante.

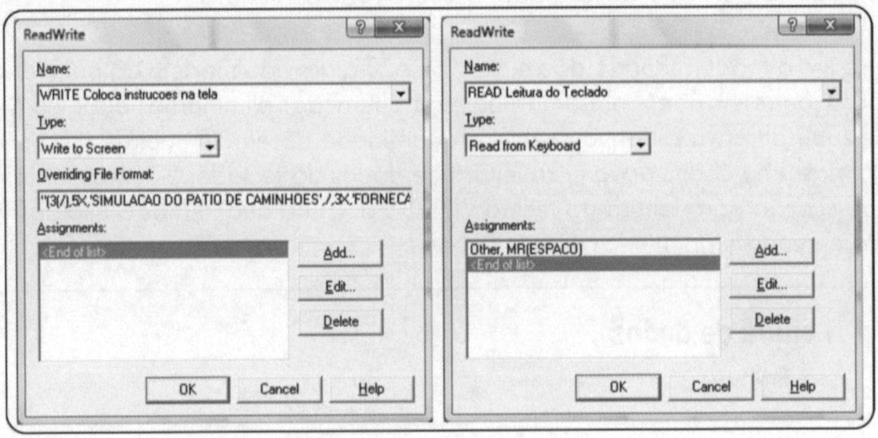

FIGURA 28.2 – O módulo *Read / Write* (Read1.doe)

O bloco *Read*: lendo do teclado

Neste exemplo devemos fornecer, via teclado, o total de empilhadeiras. Conforme visto em capítulos anteriores, basta fornecer o valor da variável *MR(espaco)* que indica o total disponível do recurso espaco, que, pela lógica, está diretamente ligado ao total de empilhadeiras. Veja na FIG. 28-2-direita como preenchemos o bloco Read para efetuar a leitura:

- *Type = Read from keyboard;*
- Inserimos o nome da variável a ser lida: *mr(espaco)*.

28.2 Lendo dados de um arquivo

Carregue agora o exemplo **Read2.doe** e veja a parte do fluxograma correspondente à leitura de dados de um arquivo (FIG. 28.3). Aqui iremos ler os seguintes dados, que constam do arquivo Read2_in.TXT:

2 6

Você pode acessar este arquivo usando o editor do DOS ou o "Bloco de Notas" ou Microsoft Word. O significado desses números é mostrado na tabela seguinte:

Conteúdo	Formato	Nome	Significado
2	Livre	MR(espaco)	Quantidade de empilhadeiras
5	Livre	Viagens	Número de viagens da empilhadeira para carregamento do caminhão

Portanto, a quantidade de empilhadeiras agora vai ser lida diretamente do arquivo **Read2_in.TXT** e não mais do teclado. Observe ainda que o exemplo Read2.doe foi alterado nos seguintes módulos, para fazer referência a valores literais que agora serão lidos do arquivo:

- Duplicate: incluiu o campo *Quantity to Duplicate = Viagens.*
- Decide: o teste agora passa a ser feito com relação à variável *Viagens*.

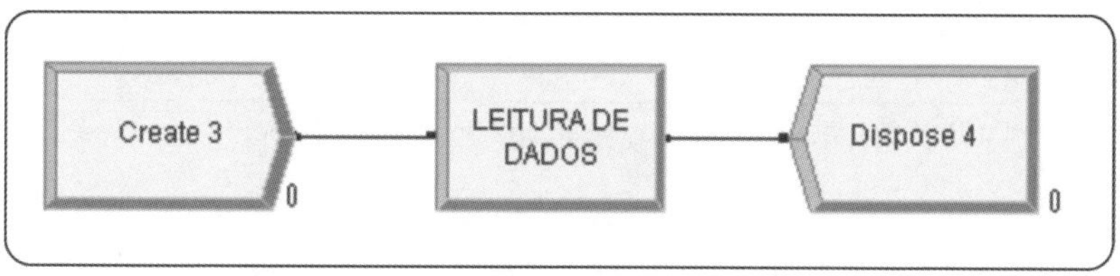

FIGURA 28.3 – Leitura de arquivo (Read2.doe)

Veja agora a lógica para leitura dos dados do arquivo (FIG. 28.3). Aqui, **criamos uma entidade no momento zero.** A seguir, o bloco Read lê do arquivo Read2_in.txt no formato livre os seguintes registros: *Mr(espaco)* e *Viagens*. Veja na FIG. 28.4-esquerda como preenchemos o módulo Read.

Este exemplo apresenta um novo aspecto do uso do ARENA relativamente a arquivos: sempre que utilizamos o módulo de fluxograma Read/Write, devemos também preencher o módulo de dados File (FIG. 28.4-direita). O nome que aparece em *Arena File Name* no módulo Read/Write é o mesmo que aparece no campo *Name* no módulo File. A esse nome devemos associar o **verdadeiro** nome do arquivo no campo *Operating System File Name*. Veja que, no caso, fornecemos:

```
C:\Livro_Arena12\Exemplos\Read2_in.txt
```

Comentários:

- Neste exemplo solicitamos apenas uma única replicação (veja o campo *Number of Replications* disponível em *Run + Setup +Replication Parameters*). Caso tivéssemos solicitado um número maior de replicações, a leitura do arquivo de dados deveria ser feita com a opção campo *End of File Action = Rewind* (veja FIG. 28.4-direita). Esse aspecto será abordado à frente.

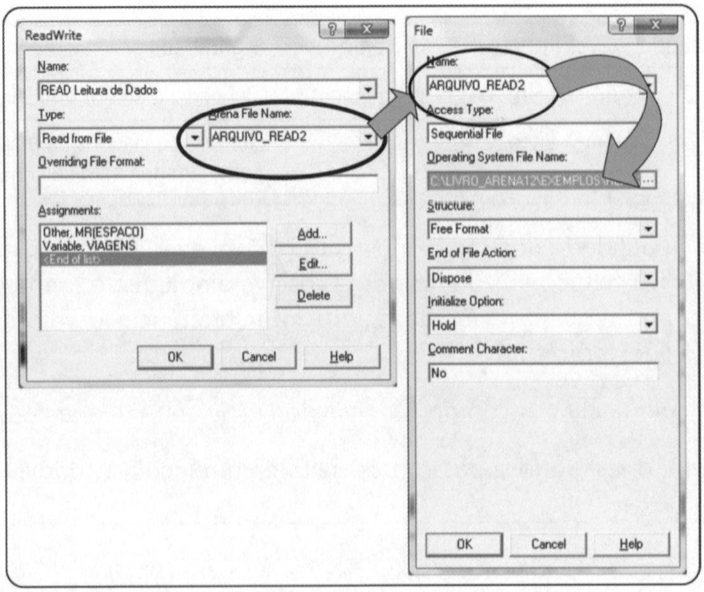

FIGURA 28.4 – Leitura do arquivo Read2_in.txt (Read2.doe)

28.3 Gravando em um arquivo: o "relatório personalizado"

Vejamos agora como criamos um arquivo personalizado com dados de 10 dias de simulação (FIG. 28.5). Os dados gravados são:

- "Encerramento.NumberOut": Quantidade de caminhões que passaram pelo pátio em 600 minutos, ou seja, número de viagens por dia (# Viagens).
- Tavg(Veiculo.TotalTime): Tempo médio do caminhão dentro do pátio.

Após executar o modelo **Read3.doe** (ao final da última replicação), clique em END e veja o relatório de resultados em

```
C:\Livro_Arena12\Exemplos\Read3_LST.txt
```

Para visualizar o conteúdo deste arquivo, pode-se usar o editor do DOS, o programa Bloco de Notas (NotePad) ou o Microsoft Word.

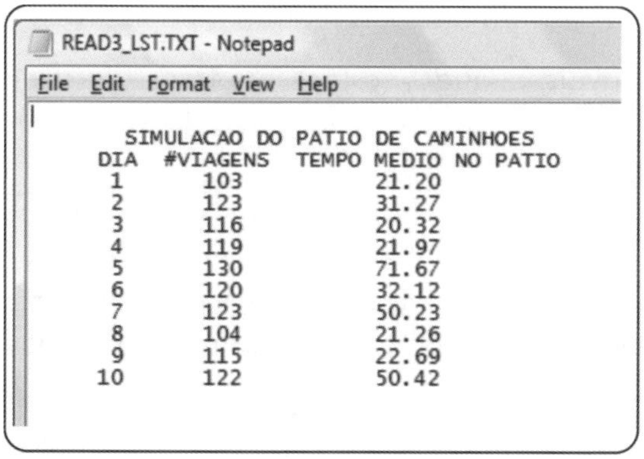


```
  SIMULACAO DO PATIO DE CAMINHOES
DIA  #VIAGENS  TEMPO MEDIO NO PATIO
 1      103         21.20
 2      123         31.27
 3      116         20.32
 4      119         21.97
 5      130         71.67
 6      120         32.12
 7      123         50.23
 8      104         21.26
 9      115         22.69
10      122         50.42
```

FIGURA 28.5 – Relatório personalizado (Read3.doe)

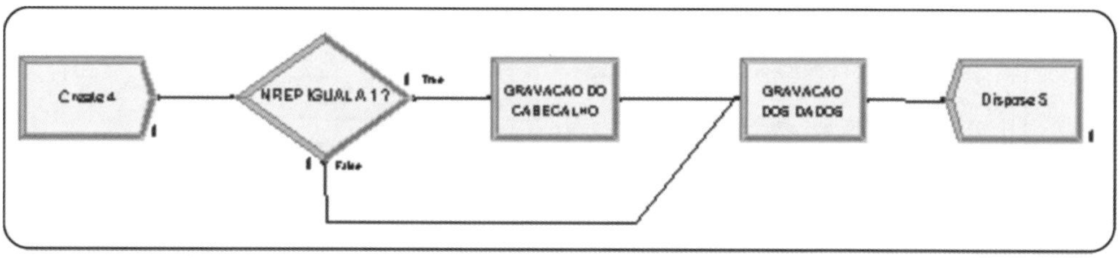

FIGURA 28.6 – Fluxograma para gravação de arquivo (Read3.doe)

Veja o fluxograma da FIG. 28.6:

- Solicitamos 10 replicações no campo *Number of Replications* disponível em *Run + Setup +Replication Parameters.* Este campo tem o nome de MREP.
- A entidade controladora foi criada no instante TFIN – 1, conforme podemos ver no campo *First Creation* do bloco Create. TFIN é a duração da simulação fornecida no campo *Replication Lenght* disponível em *Run + Setup +Replication Parameters*. Portanto, cada linha do relatório é gerada um minuto antes do final da simulação em cada dia. No caso deste exemplo, TFIN vale 600 (certamente, nesse caso poderíamos ter fornecido o valor 599 minutos no bloco Create).
- O módulo Decide permite a escolha da criação do cabeçalho do relatório e gravação das linhas-detalhes pelo teste do valor de NREP:
    - Se NREP=1 o módulo Write (FIG. 28.7-esquerda) cria o arquivo "Read2.LST com um cabeçalho com o seguinte conteúdo:

"(8X,'SIMULACAO DO PATIO DE CAMINHOES',/,5X,'DIA #VIAGENS TEMPO MEDIO NO PATIO')"

- As linhas-detalhes foram criadas com o módulo Write da FIG. 28.7-direita:
  - As variáveis que estão sendo gravadas são: NREP, Encerramento.NumberOut e Tavg(Veiculo.TotalTime).
  - O formato de gravação é "(6X,I2,5X,I4,10X,F5.2)"
- O módulo de dados File (FIG. 28.8) mostra o campo *End of Data Action = Ignore*. Isso significa que, ao encerrar cada replicação, o arquivo de saída deve permanecer aberto para continuar recebendo dados.

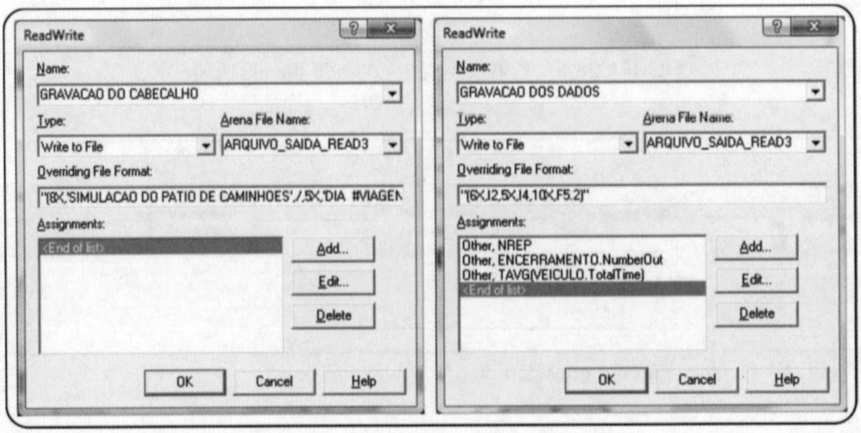

FIGURA 28.7 – Os módulos *Read / Write* (Read3.doe)

Um relatório como o da FIG. 28.5 é o que chamamos de **"relatório personalizado"**. Ele mostra informações que geralmente já estão contidas nos relatórios do ARENA, mas apresentadas de uma forma totalmente compreensível pelo cliente/usuário, que geralmente tem dificuldades em compreender os termos de teoria das filas ou simulação.

Para produzir relatórios personalizados, devemos utilizar as variáveis internas do ARENA. Veja no Apêndice C como obter os nomes das variáveis de um modelo.

28.4 A duração de uma corrida

Em muitas situações práticas, necessitamos efetuar corridas de diferentes durações ou necessitamos efetuar diferentes quantidades de replicações. Esse aspecto está abordado no exemplo **Read4.doe**, que é uma modificação dos exemplos anteriores (Read2.doe e Read3.doe);

Leitura de dados

O arquivo de dados agora tem o seguinte conteúdo:

```
12   500
```

que tem o seguinte significado (veja também o módulo Read):

Conteúdo	Formato	Nome	Significado
12	Livre	MREP	Total de replicações
500	Livre	Duracao_Corrida	Duração da corrida

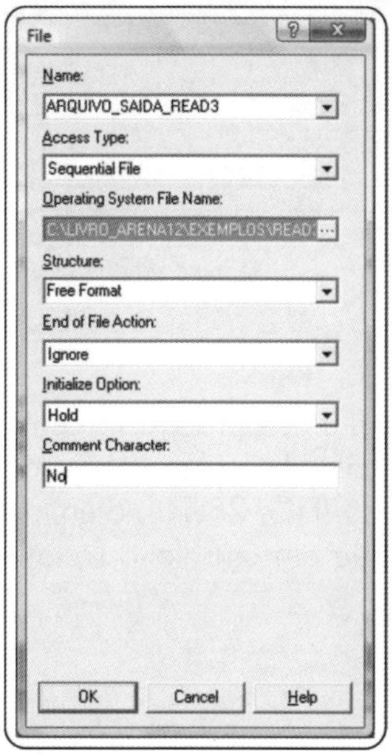

FIGURA 28.8 – O módulo de dados *File* (Read3.doe)

Duração da corrida

O comando *Run + Setup* foi alterado: (FIG. 28.9):

- *Replication Length:* deve conter um valor superior ao que normalmente será fornecido na leitura de dados.
- *Terminating Condition:* `TNOW>DURACAO_CORRIDA`.
- Portanto, o ARENA adotará a menor condição entre estas duas opções.

Assim, o término ocorrerá quando o valor do "relógio" (TNOW) for maior que o valor da variável "Duracao_Corrida". Observe, no módulo de dados Variables, que essa variável foi inicializada com o valor 10 (qualquer valor diferente de 0).

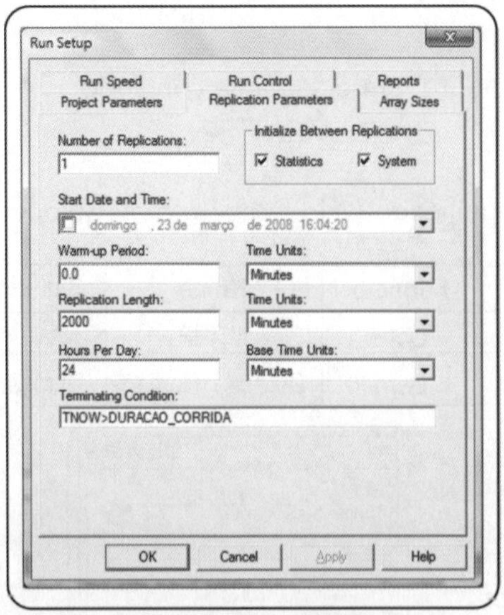

FIGURA 28.9 – Fornecendo condição de término (Read4.doe)

Gravação do relatório

Visto que agora a corrida tem uma duração somente conhecida após a leitura dos dados (realizada no momento 1), a gravação do relatório deve ser feita no momento adequado. No caso (FIG. 28.10), a entidade controladora foi criada no instante 2 e colocada a seguir em um bloco Delay. O valor do tempo de espera igual a

```
DURAÇÃO_CORRIDA - 3.
```

Esse tempo, somado aos 2 minutos iniciais, totaliza

```
DURAÇÃO_CORRIDA - 1.
```

Assim, garantimos que o relatório final será emitido 1 minuto antes do final da simulação.

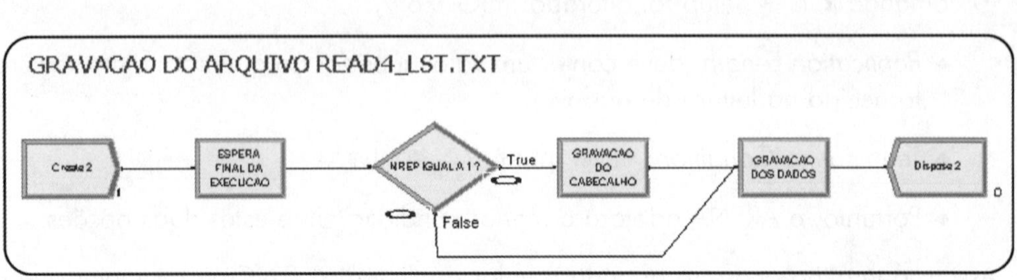

FIGURA 28.10 – Gravação do relatório personalizado (Read4.doe)

Quantidade de repetições

O valor máximo de replicações está contido na variável MREP. Observe que essa variável é lida pelo programa no instante 1.

Comentários

- É adequado rodar esse exemplo sem animação (veja *Run + Run Control + Batch Run*). Desejando ver a animação, desative a opção *Batch Run*).
- Ao final da última replicação, veja o relatório de resultados em

  `C:\Livro_Arena12\Exemplos\Read4_lst.txt`

  Pode-se usar o editor do DOS ou o programa Bloco de Notas.
- Fizemos uma pequena melhoria no cabeçalho do relatório Read4_lst.txt, incluindo a informação "Tempo de Simulação".

Momentos de leitura de dados e de gravação do relatório

Para que o modelo Read4.doe funcione corretamente, é necessário que as ações ocorram nos tempos adequados:

Tempo	Ações
0	Inicialização do modelo. Inicialização de todas as variáveis conforme valores fornecidos no bloco Variables. Variáveis escalares que não foram fornecidas ao bloco Variables são inicializadas com o valor zero (0).
1	Criação da entidade controladora para leitura de dados
2	Criação da entidade controladora para gravação de dados. Esta entidade vai esperar até o final da corrida.
Duracao_Corrida-1	Gravação do relatório personalizado.
Duracao_Corrida	Encerramento da simulação de cada dia (igual a TFIN).

28.5 Exercícios

1) Altere os dados de entrada Read2.txt do modelo Read2.doe para conter:

   1 (quantidade de empilhadeiras);

   3 (quantidade de viagens de cada empilhadeira)

   e verifique se o tamanho médio da fila é aceitável (abaixo de 10).

2) Considere o exercício 2 do capítulo 24 (porto) e faça as seguintes alterações:

   - Ler a quantidade de cais de atracação do arquivo EX282_IN.txt;
   - Simular por 365 dias e efetuar 5 replicações;
     - Gravar no arquivo EX282_LST.txt, para cada replicação:
     - NREP, total de viagens no período, tempo médio no porto.

3) Altere o modelo Read3.doe para imprimir no relatório personalizado uma coluna com o tamanho médio da fila que se forma no pátio.

Capítulo 29

Valores financeiros

29 Valores financeiros

Com o ARENA podemos calcular valores financeiros de um sistema em funcionamento, e isso é útil, por exemplo, em situações de escolha da solução menor custo. Com o ARENA podemos empregar valores financeiros utilizando variáveis definidas pelo usuário ou utilizar variáveis internas do próprio ARENA.

29.1 Variáveis criadas pelo usuário

Veja o exemplo **Valor1.doe**, em que fornecemos em blocos Assign e Variables todas as variáveis utilizadas pelo modelo. Trata-se de um cais de atracação de navios que se abastecem de minério, no qual temos chegada de navio segundo EXPO(24) horas e atendimento no cais segundo TRIA(24,48,72) horas. Execute-o da seguinte forma:

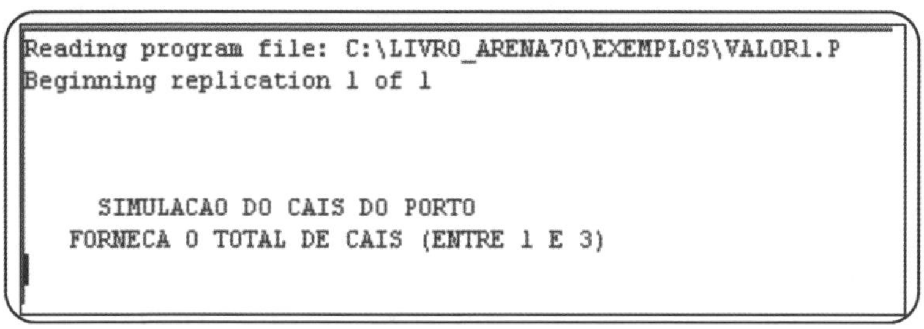

FIGURA 29.1 – Fornecendo a quantidade de cais de atracação (Valor1doe)

- Solicite execução *Fast Forward.*
- Quanto o programa abrir uma tela em branco, logo no início da execução, digite 2 seguido de Enter (FIG. 29.1).
- Ao final da execução (12 meses ou 8640 horas) veja a tela de estatísticas do modelo (FIG. 29.2).

FIGURA 29.2 – Cálculo de custos, faturamento e lucro (Valor1.doe)

Se compararmos a execução desse modelo para valores de 2 e 3 cais de atracação, teremos:

Item	**2 cais**	**3 cais**
Custo fixo	1.800.000	1.800.000
Custo operacional	1.720.000	1.780.000
Custo de multas	8.886.964	309.578
Custo total	12.406.964	3.889.578
Navios atendidos	344	356
Custo por navio	**36.067**	**10.926**
Faturamento total	17.200.000	17.800.000
Lucro total	4.793.035	13.910.421
Lucro por navio	**13.932**	**39.074**

Conforme mostrado, com 3 cais de atração o lucro por navio é muito maior.

Definindo variáveis

As variáveis do usuário foram criadas no bloco Variables *(template Basic Process):*

Variável	Incidência	Valor inicial
Taxa_Fixa_Diaria	Diária	5.000
Taxa_de_multa	Prazo excedente 24 horas (por navio)	10.000
Taxa_Operacional	Por navio carregado	5.000
Faturamento_Unitario	Por navio carregado	50.000

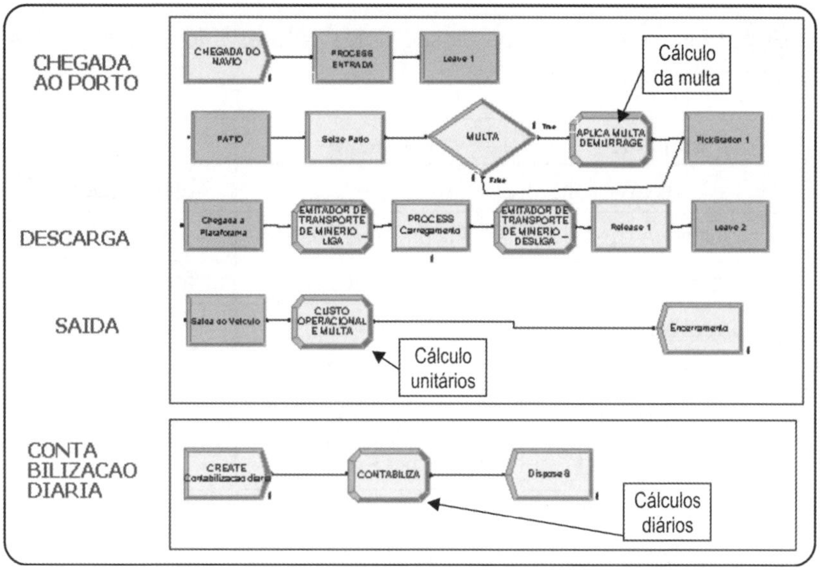

FIGURA 29.3 – Posicionamento dos cálculos no fluxograma (Valor1.doe)

Efetuando cálculos de custos da operação

Estes custos são efetuados nos seguintes momentos (FIG. 29.3):

- Após saída do navio da fila:
  - Custo da multa. A regra é que uma espera de até 1 dia (24 horas) não tem multa. Após esse período, a multa é calculada com base na taxa unitária mostrada na tabela anterior.
- Após saída do navio do porto (cálculos unitários)
  - Custo da operação: Cada navio carregado tem um custo unitário conforme taxa operacional fornecida na tabela anterior.
  - Faturamento: Cada navio carregado tem um faturamento conforme taxa de faturamento unitário fornecida na tabela anterior
- Após cada dia (cálculos diários):
  - Custo fixo: Conforme aluguel.

- Custo total: é o somatório de (custo de operação) + (custo de multas) + (custo fixo)
- Lucro: (faturamento) – (custo total)

29.2 Variáveis internas do ARENA

O ARENA permite que utilizemos os seguintes valores financeiros (custos) que ele calcula automaticamente:

Entidade	Processo	Recurso
Initial Hold Cost Rate	Accum VA Cost	Total Usage Cost
Initial VA Cost	Accum NVA Cost	Total Idle Cost
Average VA Cost	Accum Wait Cost	Total Busy Cost
Initial NVA Cost	Accum Other Cost	
Average NVA Cost	Total Accum Cost	
Average Transfer Cost	VA Cost Per Entity	
Initial Wait Cost	NVA Cost Per Entity	
Average Wait Cost	Transfer Cost Per Entity	
Initial Other Cost	Wait Cost Per Entity	
Average Other Cost	Other Cost Per Entity	
Total Cost	Total Cost Per Entity	

Atente para o significado de alguns termos (também já abordado no capítulo 9, item 9.2):

- *VA Time (Value Added Time):* tempo gasto em servidores.
- *NVA Time (Non Value Added Time):* tempo gasto em situações que não sejam a de atendimento por servidores (filas, transporte, etc.).
- *Transfer Time:* tempo de transferência.
- *Wait time:* tempo de espera
- *Other Time:* outros tempos que não os anteriores.

O fornecimento de valores unitários pode ocorrer em:

- Módulo de dados Entity
- Modulo de dados Resource

São os seguintes:

Entity	Resource
Holding Cost per hour	Busy Cost per hour
Initial VA Cost	Idle Cost per hour
Initial NVA Cost	Cost Per use
Initial Waiting Cost	
Initial Transfer Cost	
Initial Other Cost	

Esses valores podem ser alterados por módulos Assign.

Considere agora o modelo **Valor2.doe**, semelhante ao modelo Valor1.doe, no qual fornecemos a taxa de custo operacional no módulo de dados Resource (FIG. 29.4-superior-esquerda). No bloco Assign solicitamos o cálculo do custo operacional total por meio do uso da função Expression Builder da seguinte forma (FIG. 29.4-superior-direita):

```
CUSTO OPERACIONAL = ResUseCost(ATENDENTE1) +
ResUseCost(ATENDENTE2) + ResUseCost(ATENDENTE3)
```

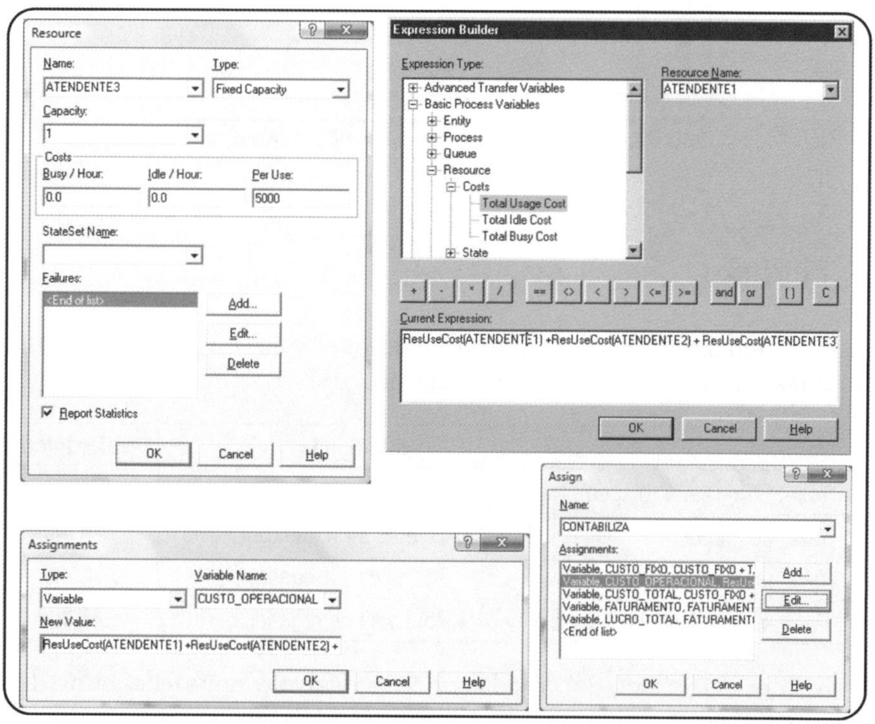

FIGURA 29.4 – Fornecendo custo por uso para o recurso Atendente3 e solicitando valores acumulados de uso dos recursos Atendente 1, 2 e 3 (Valor2.doe)

Ativando a produção de estatísticas internas de custo

Finalmente, é bom lembrar que, para obter dados estatísticos de custo, deve-se ativar essa função em *Run + Setup + Project Parameters* (FIG. 29.5).

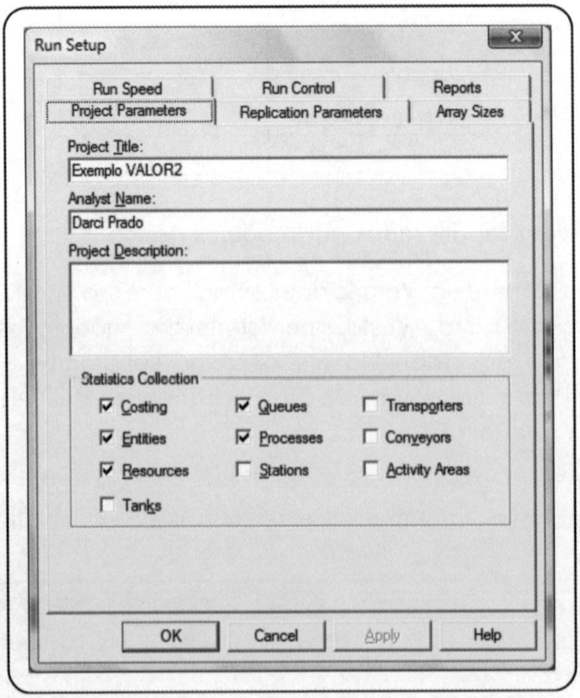

FIGURA 29.5 – Ativando a produção de estatísticas de custo (Valor2.doe)

29.3 Exercícios

1) Altere o exemplo Valor1.doe, introduzindo os seguintes valores de taxas e escolha a melhor opção (2 ou 3 cais de atracação):

Variável	Incidência	Valor inicial
Taxa_Fixa_Diaria (aluguel)	Diária	6.000
Taxa_de_multa	Prazo excelente 24 horas (por navio)	20.000
Taxa_Operacional	Por navio carregado	4.500
Faturamento_Unitario	Por navio carregado	47.000

2) Altere o exercício anterior, modificando o intervalo entre chegadas de navios para EXPO(40). Escolha a melhor opção (2 ou 3 cais de atracação).

3) Considere o exemplo Pickst2.doe e insira os seguintes custos unitários:

Variável	Incidência	Valor inicial
Taxa_Fixa_Diaria (aluguel)	Diária	1.000
Taxa_Operacional	Por navio carregado	80
Faturamento_Unitario	Por navio carregado	300

Imagine que o sistema funcione 24 horas por dia. Modifique a taxa de chegada par EXPO(5). Calcule o lucro do sistema.

Capítulo 30

Estocagem intermediária

30 Estocagem intermediária

Na moderna engenharia de produção existe o consenso de que se deve trabalhar com os menores valores possíveis para estoques, tanto os estoques de produto acabado quanto os de matéria-prima e de produtos em produção (estocagem intermediária). Para o último caso, entre as orientações que se aplicam às linhas de produção, temos as que enfatizam a política de estocar a matéria-prima ao lado de cada máquina em quantidades mínimas e suficientes para se manter o ritmo de produção.

30.1 Exemplo: a linha de produção

Seja o exemplo da FIG. 30.1, em que vemos uma parte de uma linha de produção com dois tipos de máquinas: 1 e 2. À frente de cada máquina temos uma pequena área de estocagem (também conhecida por *buffer*). O processo se comporta assim:

- A primeira máquina (Máquina 1) é abastecida pelo estoque geral de matéria-prima. O abastecimento é em *just-in time*. A máquina 1 tem um *buffer* de estocagem de entrada, conforme mostrado na FIG. 30.1, de 6 peças.
- Tão logo se completa o trabalho em uma peça na máquina 1, ela é enviada para o *buffer* de entrada da máquina 2, caso haja espaço. Se não houver espaço, a peça fica retida no *buffer* de saída da própria máquina 1. Quando o *buffer* de saída da máquina 1 atinge seu limite, a máquina 1 fica inativa até que surja um espaço no *buffer* de entrada de 2, capaz de aliviar o *buffer* de saída da Máquina 1. Veja, na FIG. 30.1 as capacidades máximas de estocagens dos *buffers*.
- Veja, na FIG. 30.1, os tempos de deslocamento e de fabricação (em minutos).

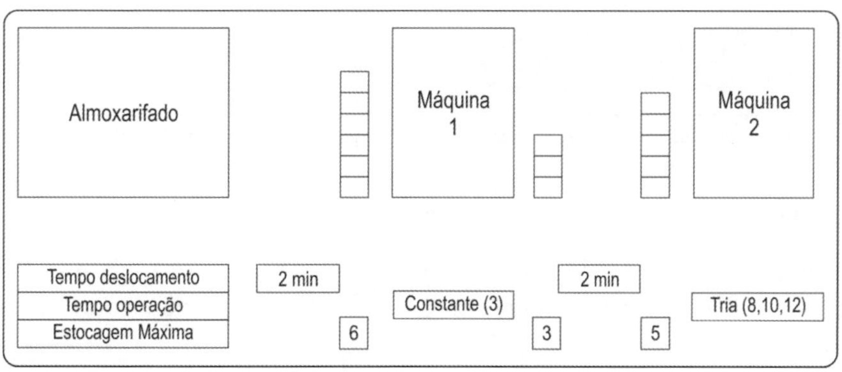

FIGURA 30.1 – O modelo de estocagem intermediária (Estoq1.doe)

Veja nas FIG. 30.2 e 30.3 o modelo ARENA para este caso. Carregue o exemplo **Estoq1.doe**, execute-o e veja o conteúdo de todos os módulos. Observe que a lógica desse modelo é composta de duas partes:

- Movimentação da peça (FIG. 30.2);
- Controle da movimentação da peça (ou lógica de controle) (FIG. 30.3).

Outros dados do modelo:

- Estações

Estação (Station)	Recurso (Process)	Filas de estocagem *(buffers)*
Chegada.Station		
Maquina1.Station	Atende1	Fila_Entrada_M1.Queue Fila_Saida_M1.Queue
Maquina2.Station	Atende2	Fila_Entrada_M2.Queue
Saida.Station		

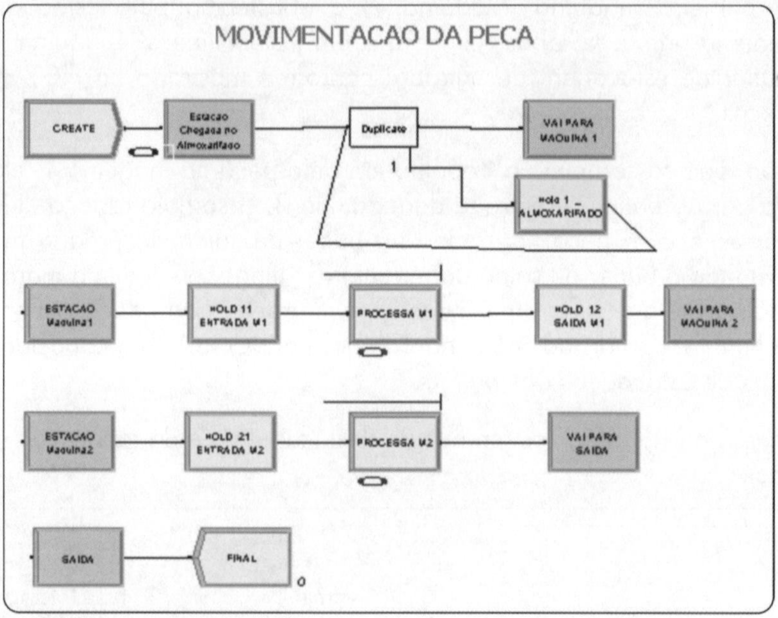

FIGURA 30.2 – Fluxograma para a movimentação da peça (Estoq1.doe)

Fluxograma da movimentação da peça

Observe que o módulo Create (FIG. 30.2) cria uma única peça que é enviada para a estação chegada (Almoxarifado) e é, então, duplicada no módulo Duplicate:

- Uma delas vai para a estação Máquina 1. A outra fica aguardando no módulo **Hold** (Hold 1). Esse módulo libera a peça sempre que recebe um aviso (Signal 1) da lógica de controle (FIG. 30.3, onde se lê "Fila Entrada Máquina 1 Disponível").

- Quando a peça chega à Estação Máquina 1, ela ocupa o *buffer* da máquina 1 (Hold 11) e fica aguardando ser liberada pela Lógica de Controle (FIG. 30.3, onde se lê "Máquina 1 Disponível").

- Ao ser liberada, ela é processada pelo Atendente 1 e vai para o *buffer* de saída (Hold12), onde fica aguardando a liberação pela Lógica de Controle (FIG. 30.3, onde se lê "Fila Entrada Máquina 2 Disponível".

- Ao ser liberada, ela é movimentada até a fila de entrada da Máquina 2, onde fica aguardando a liberação pela Lógica de Controle (FIG. 30.3, onde se lê "Máquina 2 Disponível").

- Ao ser liberada, ela é processada pelo Atendente 2 e vai para a saída do sistema.

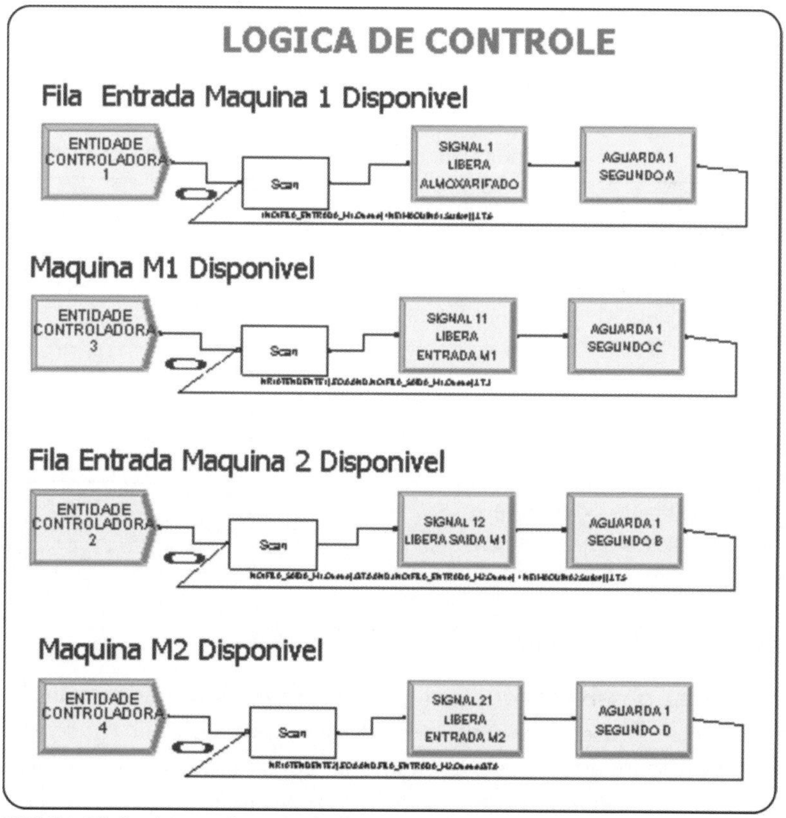

FIGURA 30.3 – Lógica do controle da movimentação (Estoq1.doe)

Aspecto básico da lógica de controle

O aspecto básico deste modelo é o seguinte:

> O Módulo SCAN controla toda a movimentação das peças, liberando-as nos momentos adequados.

Os sinais enviados pela Lógica de Controle são os seguintes:

Aviso (Signal)	Significado	Quem recebe (módulo Hold) e o que é feito
1	Libera peça no almoxarifado	Peça no almoxarifado. É duplicada uma nova peça para ser enviada para o buffer de entrada da máquina 1.
11	Libera peça na fila de entrada da máquina 1	Peça no *buffer* de entrada da máquina 1. Ela é liberada para ser atendida pelo Atendente1 no módulo Process.
12	Libera peça na fila de saída da máquina 1	Peça no *buffer* de saída da máquina 1. Ela é liberada para ser enviada para o *buffer* de entrada da máquina 2.
21	Libera peça na fila de entrada da máquina 2	Peça no *buffer* de entrada da máquina 2. Ela é liberada para ser atendida pelo Atendente2 no módulo Process.

A codificação dos módulos SCAN foi feita conforme tabela seguinte:

Aviso	Condições	Redação no módulo SCAN
1	Somatório de fila de entrada na máquina 1 com peças em movimentação para máquina 1 menor que 6.	`(NQ(FILA_ENTRADA_M1.Queue)+ NE(MAQUINA1.Station)).LT.6`
11	Atendente 1 disponível e fila de saída da máquina 1 menor que 3.	`NR(ATENDENTE1).EQ.0 .AND. NQ(FILA_SAIDA_M1.Queue).LT.3`
12	Somatório de fila de entrada na máquina 2 com peças em movimentação para máquina 2 menor que 5.	`NQ(FILA_SAIDA_M1.Queue).GT.0 .AND. (NQ(FILA_ENTRADA_M2.Queue) + NE(MAQUINA2.Station)).LT.5`
21	Atendente 2 disponível e existe peça na fila de entrada.	`NR(ATENDENTE2).EQ.0 .AND. FILA_ENTRADA_M2.Queue.GT.0`

Por que aguardar 1 segundo na lógica de controle?

O leitor deve ter observado que em cada ramo da lógica de controle existe um módulo Delay de 1 segundo. Sua existência é para garantir o correto funcionamento dos deslocamentos. Como exemplo, considere o módulo Signal emitido pela Lógica de Controle sempre que existe disponibilidade na fila de entrada da máquina 1:

- Ao emitir o aviso (Signal 1), o módulo "Hold 1" é acionado. Logo a seguir, a entidade controladora entra em um módulo Delay 1 segundo.

- O retardo anterior é para garantir que o módulo "Hold 1" libera uma peça que é enviada para o módulo Duplicate e, a seguir, vai para o módulo Leave "Vai para Máquina 1". Este último coloca a peça em movimento. Esse fato afeta o contador "quantidade de peças em movimento" para a estação Maquina1.Station, que é utilizado como teste no módulo Scan `(NE(MAQUINA1.Station))`.

- Do contrário, pode ocorrer de a entidade controladora ficar em *loop* no mesmo teste.

30.2 Animação e execução

Observe que, na animação, incluímos gráficos que mostram o tamanho real dos *buffers* para observarmos se o modelo realmente funciona conforme desejado. Após a execução do modelo, é possível verificar que o **gargalo** reside na capacidade de processamento da máquina 2, e a máquina 1 trabalha bastante folgada. Devido isso, todos os *buffers* trabalham em sua capacidade máxima quase a totalidade do tempo. Caso a situação fosse oposta (gargalo de processamento na máquina 1), os *buffers* localizados após a máquina 1 funcionariam vazios todo o tempo.

30.3 Outras opções de modelagem

Caso o leitor se interesse, temos ainda duas variações para o mesmo problema:

- Estoq1a.doe

- Estoq1b.doe

No exemplo **Estoq1A.doe** a lógica de controle é ativada pela movimentação da peça da seguinte forma:

> A lógica de controle é acionada sempre que:
>
> - uma peça chega a uma estação;
>
> - uma peça desocupa um atendente.

Neste modelo existe uma forte troca de avisos, conforme mostramos a seguir:

Aviso (Signal)	Quem envia (módulo Signal)	Quem recebe (módulo Hold) e o que é feito
1	Lógica de controle	Peça no almoxarifado. É duplicada uma nova peça para ser enviada para o *buffer* de entrada da máquina 1
2	Fluxograma de movimentação da peça. Sempre que uma peça chega a uma estação ou desocupa um atendente	Lógica de controle. Testa a situação do modelo para verificar necessidade de movimentos
11	Lógica de controle	Peça no *buffer* de entrada da máquina 1. Ela é liberada para ser atendida pelo Atendente1 no módulo Process
12	Lógica de controle	Peça no *buffer* de saída da máquina 1. Ela é liberada para ser enviada para o *buffer* de entrada da máquina 2
21	Lógica de controle	Peça no *buffer* de entrada da máquina 2. Ela é liberada para ser atendida pelo Atendente 2 no módulo Process

No exemplo **Estoq1B.doe** temos uma abordagem diferente das anteriores: aqui utilizamos recursos virtuais (Recurso_Entrada_M1, Recurso_Saida_M1 e Recurso_Entrada_M2) para controlar a ocupação dos *buffers*.

30.4 Exercício

1) Faça as seguintes alterações no exemplo Estoq1.doe e observe os resultados:

a) Altere a capacidade dos *buffers* da seguinte maneira:

- Entrada máquina 1: 2 unidades
- Saída máquina 1: 6 unidades
- Entrada máquina 2: 3 unidades

b) Mantendo a alteração do item a, aumente a capacidade de atendimento da máquina 2 para 2 atendentes

Sugestões:

- Altere o campo *Capacity* para Atendente2 no módulo de dados Resource);
- Altere o critério de seleção no módulo Scan referente ao teste de disponibilidade da Máquina 2.

c) Mantendo a alteração do item b, aumente o *buffer* da máquina 2 para 6 peças. Houve aumento de produção?

d) Mantendo a alteração do item b, coloque 3 atendentes na máquina 2. Houve aumento de produção?

Capítulo 31

Ferramentas úteis

31 Ferramentas úteis

O ARENA tem diversos recursos com o objetivo de facilitar a montagem de um modelo de simulação. Entre eles destacamos:

- Preparo da execução: Permite estabelecer opções de execução, tais como visualizar ou não a animação e sua velocidade.
- Controle da execução: São ferramentas úteis para efetuar *debug* (localização e correção de erros) do modelo.
- Criação de um módulo pronto para execução *(pack and go)* também chamado de "simulador".

31.1 Preparo da execução: *Setup*

Usando as opções de *Setup (Run+Setup)*, podemos:

- Fornecer parâmetros para a execução *(Run+Setup+Project Parameters)*: nesta tela (FIG. 31.1-esquerda) podemos ativar os conjuntos de estatísticas que desejamos capturar. Lembre-se de que a ativação de todas as estatísticas em um modelo "pesado" pode ocasionar um tempo maior de execução.
- Fornecer parâmetros para a replicação *(Run+Setup+Replication Parameters)*: Nesta tela (FIG. 31.1-direita) podemos fornecer:
  - *Number of Replications:* Quantidade de replicações.
  - *Warm-up period:* Tempo de aquecimento em que o modelo é executado sem coleta de estatísticas.
  - *Replication Length:* Duração da simulação.
  - *Hours per day:* Duração de um dia de trabalho.
  - *Termination Condition:* Condição para término da simulação (veja exemplo no capítulo *Acesso a arquivos*.
- *Speed*: Opções para comando da velocidade de execução.
- *Run Control:* Entre as diversas opções de controle da execução, temos *Run in Full-Screen Mode*, que permite executar o modelo em tela cheia.
- *Reports:* fornece opções para uso de relatórios.

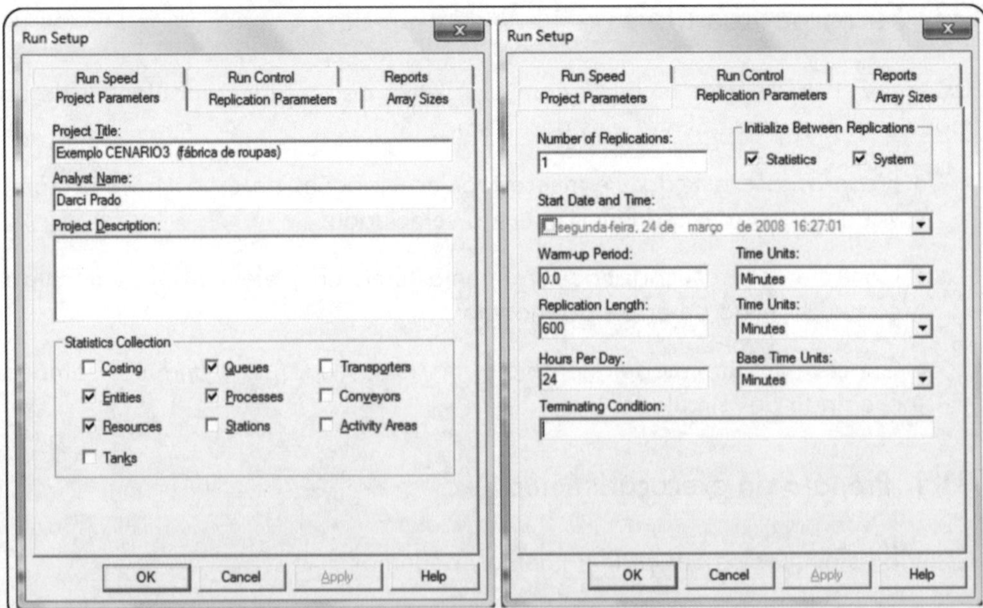

FIGURA 31.1 – Preparo da execução *(Setup)*

31.2 Controle da execução: *Run Control*

Usando as opções de *Run Control (Run+Run Control)*, podemos fornecer opções para *debug* (veja à frente) e/ou solicitar a execução sem animação (clique em *Run + Setup + Run Control + Batch Run (no animation)*). Essa opção é bastante útil quando desejamos obter apenas os resultados do modelo se não desejamos acompanhar a animação porque ela já foi validada.

31.3 *Debug*

Para efetuar *debug* (localização e correção de erros) no ARENA temos os seguintes recursos:

- Utilizar as opções disponíveis em *Run Control;*
- Efetuar "Acompanhamento da Entidade";
- Localizar objetos e entidades *(Find).*

31.3.1 Controle da execução: *Run Control*

As opções de *debug* em *Run Control* são:

- *Command:* Permite acompanhar a evolução do conteúdo dos relatórios de resultados;
- *Break:* Permite interromper a execução em:
    - Um momento (instante do tempo da simulação);
    - Uma condição (por exemplo, quando uma variável atinge determinado valor ou faixa de valores);
    - Quando uma entidade, identificada por seu número sequencial, surge no sistema);
    - Quando a entidade chega a um determinado módulo, identificado por seu *label*);
- *Watch:* Mostra os valores das variáveis selecionadas sempre que se interromper a execução (por exemplo, clicando em *Escape*);
- *Break on Module:* Permite que a simulação seja interrompida quando uma entidade atinge um modulo que foi destacado (basta clicar no módulo) antes do início da execução;
- *Highlight Active Module:* Permite acompanhar a lógica do modelo e é uma opção bastante útil quando temos uma lógica complexa, na qual existem inúmeras opções de decisão. Para que essa opção funcione corretamente, devemos ativar a animação.

31.3.2 Acompanhamento da entidade: Display

Durante a execução de um modelo, podemos ter necessidade de conhecer os valores dos atributos de uma entidade. Para conseguir isso:

- Interrompa a execução no momento em que a entidade desejada está no local desejado;
- Dê um duplo clique na entidade e veja o display Entity Summary (FIG. 31.2).

31.3.3 Acompanhamento da entidade – Animate Connect

Uma opção, que pode ser útil para visualizar o sequenciamento de blocos percorrido por uma entidade, é o uso de *Animate Connect*. Para ativar, clique em *Object* + *Animate Connect*.

31.3.4 Localizando nomes

A opção *Find* (clique em *Edit* + *Find*) é muito conveniente para localizar os blocos que contêm um nome de um label, de uma variável, de um atributo, etc.

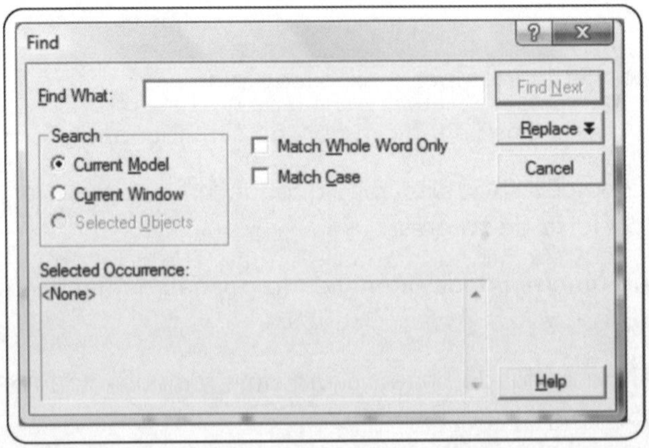

FIGURA 31.2 – Atributos de uma entidade durante a execução

31.4 Executando modelos complexos na versão *Training*

Para modelar cenários complexos, geralmente necessitamos da versão *Standard* ou *Professional* (veja Apêndice F), que são obtidas via contrato com o fornecedor. A versão *Training* permite executar modelos já compilados pelas versões *Standard* ou *Professional*, e isso é muito útil quando necessitamos executar frequentemente um modelo (já desenvolvido e testado) em outros computadores que não o utilizado no desenvolvimento.

Criando um módulo executável para um modelo complexo

Para criar um módulo executável de um modelo complexo (acima dos limites da versão *Training*, conforme mostrado no Apêndice F), é necessário compilar o modelo em uma versão *Standard* ou *Professional*. Transfira, então, para o outro computador todos os arquivos do modelo, a saber:

- doe
- mdb
- opw
- out
- p
- backup

31.5 Exemplos *Smart*

Junto com o software ARENA, são distribuídos também diversos exemplos *Smart*, os quais são particularmente importantes porque abordam a utilização dos blocos para usos específicos. Esses exemplos, quando instalados, ficam no diretório

C:\Arquivo de Programas\Rockwell Software\Arena\Smarts

e maiores informações podem ser obtidas clicando-se em *Help + Smart Files Library*. A familiaridade com esses exemplos, assim como com os exemplos deste livro, em muito ajuda no momento da montagem de um modelo real.

31.6 Visual Basic for Applications (VBA)

O ARENA tem uma interface com o Microsoft VBA, distribuído juntamente com o *software*. Com o VBA, o ARENA ganha um forte aliado, pois agora podemos ter, dentro de um modelo ARENA, por meio do bloco VBA (pertencente ao *Template Blocks*), muito do poderio do Visual Basic. A interface com o VBA é uma janela independente, ativada de dentro de um modelo ARENA por meio de **Alt + F11**. A seguir, dê um duplo clique em *ThisDocument* (quadro esquerdo-superior) (FIG. 31.3). Nessa janela é possível criar códigos e formulários VBA. Ademais, com a inclusão do VBA no ARENA, os programadores poderão integrar o ARENA com outros programas que suportam o *Microsoft ActiveX Automation Programming Interface.*

Veja o exemplo **VBA1.doe**. Trata-se do mesmo exemplo **Read4.doe**, apresentado no capítulo 28 – *Acesso a arquivos* no qual trocamos os comandos de leitura de dados e de criação do relatório personalizado por blocos VBA (FIG. 31.2). Observe que o módulo VBA, ao ser inserido no modelo ARENA, recebe números identificadores que, no caso do exemplo Read4a.doe, são "1" e "2". Na codificação VBA temos os correspondentes pontos de entrada:

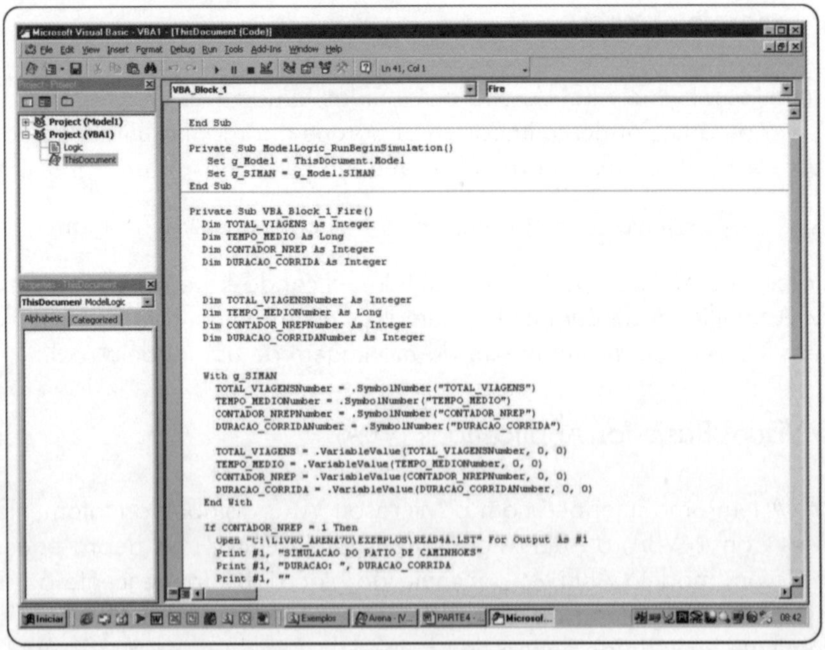

FIGURA 31.3 – VBA: Visual Basic for Applications (VBA1.doe)

- "Private Sub VBA_Block_1_Fire()": gravação do relatório VBA1.LST no diretório `C:\LIVRO_ARENA12\EXEMPLOS\VBA1.LST`. Esse relatório foi apresentado no capítulo 28 (veja FIG. 28.5).

- "Private Sub VBA_Block_2_Fire()": leitura dos dados do arquivo VBA1.DAT do diretório `C:\LIVRO_ARENA12\EXEMPLOS\VBA1.dat`

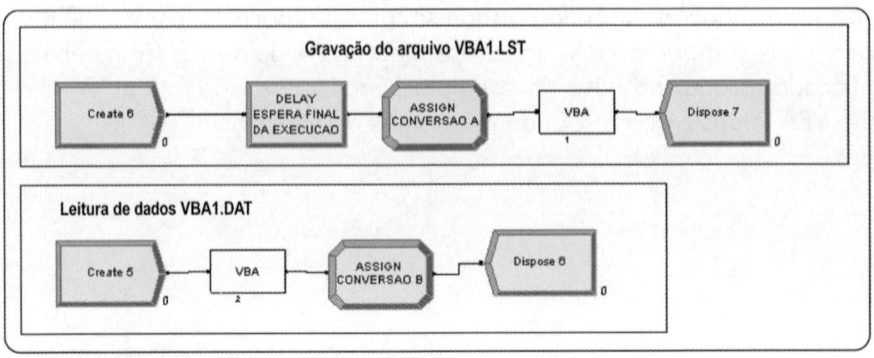

FIGURA 31.4 – Uso do bloco VBA para leitura de dados e gravação de relatório (VBA1.doe)

Algumas dicas para o correto uso do VBA

A FIG. 31.2 nos mostra que utilizamos alguns blocos ASSIGN:

- Leitura: logo após o bloco VBA-2;

- Gravação: antes do bloco VBA-1.

Isso foi feito para permitir uma "ponte" entre o VBA e o modelo ARENA, pela qual se criou uma correspondência entre variáveis do VBA e do ARENA em comandos tais como:

- Recebendo uma variável do ARENA:

```
TOTAL_VIAGENSNumber = .SymbolNumber("TOTAL_VIAGENS")
```

- Enviando uma variável para o ARENA:

```
TOTAL_REPLICACAO_Symbol = .SymbolNumber("TOTAL_REPLICACAO")
```

	VBA		ARENA	
	Variável interna	Ponte	Ponte	Variável Interna
GRAVAÇÃO	TOTAL_VIAGENS	TOTAL_VIAGENSNumber	TOTAL_VIAGENS	ENCERRAMENTO.NumberOut
	TEMPO_MEDIO	TEMPO_MEDIONumber	TEMPO_MEDIO	TAVG(VEICULO.TotalTime)
	CONTADOR_NREP	CONTADOR_NREPNumber	CONTADOR_NREP	NREP
	TOTAL_CORRIDA	TOTAL_CORRIDANumber	TOTAL_CORRIDA	
READ	TOTAL_REPLICACAO	TOTAL_REPLICACAO_Symbol	TOTAL_REPLICACAO	MREP
	TOTAL_CORRIDA	TOTAL_CORRIDA_Symbol	TOTAL_CORRIDA	

FIGURA 31.5 – Correspondência entre variáveis do VBA e ARENA (VBA1.doe)

Visualizando a codificação VBA

Para visualizar a codificação VBA, tecle **Alt + F11**. A tela obtida conterá os comandos a seguir:

```
Dim g_SIMAN As Arena.SIMAN

Private Sub ModelLogic_DocumentOpen()

End Sub

Private Sub ModelLogic_RunBeginSimulation()

    Set g_Model = ThisDocument.Model

    Set g_SIMAN = g_Model.SIMAN

End Sub

Private Sub VBA_Block_1_Fire()

  Dim TOTAL_VIAGENS As Integer

  Dim TEMPO_MEDIO As Long

  Dim CONTADOR_NREP As Integer

  Dim DURACAO_CORRIDA As Integer
```

```
  Dim TOTAL_VIAGENSNumber As Integer
  Dim TEMPO_MEDIONumber As Long
  Dim CONTADOR_NREPNumber As Integer
  Dim DURACAO_CORRIDANumber As Integer

  With g_SIMAN
    TOTAL_VIAGENSNumber = .SymbolNumber("TOTAL_VIAGENS")
    TEMPO_MEDIONumber = .SymbolNumber("TEMPO_MEDIO")
    CONTADOR_NREPNumber = .SymbolNumber("CONTADOR_NREP")
    DURACAO_CORRIDANumber = .SymbolNumber("DURACAO_CORRIDA")

    TOTAL_VIAGENS = .VariableValue(TOTAL_VIAGENSNumber, 0, 0)
    TEMPO_MEDIO = .VariableValue(TEMPO_MEDIONumber, 0, 0)
    CONTADOR_NREP = .VariableValue(CONTADOR_NREPNumber, 0, 0)
    DURACAO_CORRIDA = .VariableValue(DURACAO_CORRIDANumber, 0, 0)
  End With

  If CONTADOR_NREP = 1 Then
    Open "C:\LIVRO_ARENA12EXEMPLOS\READ4A.LST" For Output As #1
    Print #1, "SIMULACAO DO PATIO DE CAMINHOES"
    Print #1, "DURACAO: ", DURACAO_CORRIDA
    Print #1, ""
    Print #1, "DIA           VIAGENS    TEMPO NO PATIO"
    Print #1, ""
  Else
    Open "C:\LIVRO_ARENA12\EXEMPLOS\VBA1.LST" For Append As #1
  End If
  Print #1, CONTADOR_NREP, TOTAL_VIAGENS, TEMPO_MEDIO
  Close #1
End Sub
```

```
Private Sub VBA_Block_2_Fire()
Dim TOTAL_REPLICACAO As Double
Dim DURACAO_CORRIDA As Double

Dim TOTAL_REPLICACAO_Symbol As Long
Dim DURACAO_CORRIDA_Symbol As Long

Dim Var As Single

With g_SIMAN
    TOTAL_REPLICACAO_Symbol = .SymbolNumber("TOTAL_REPLICACAO")
    DURACAO_CORRIDA_Symbol = .SymbolNumber("DURACAO_CORRIDA")

    Open "C:\LIVRO_ARENA70\EXEMPLOS\VBA1.DAT" For Input As #2
    Input #2, Var
    .VariableArrayValue(TOTAL_REPLICACAO_Symbol) = Val(Var)
    Input #2, Var
    .VariableArrayValue(DURACAO_CORRIDA_Symbol) = Val(Var)

    Close #2
End With

End Sub
```

Capítulo 32

Alguma sugestões para a modelagem

32 Algumas sugestões para a modelagem

Quais são as etapas envolvidas na solução de um problema por simulação? Como gerenciar um projeto de simulação? Veremos neste capítulo que é necessário seguir uma metodologia para o uso eficiente dessa técnica, sob pena de se perder o foco em detalhes sem importância, consumir muito tempo, produzir um produto de baixa qualidade, etc.

32.1 O que é um projeto de simulação?

Utilizamos o termo *"Projeto"* para designar um esforço temporário, ou seja, um momento de início e de fim. Esse conceito é válido para qualquer tipo de esforço, tal como a construção de um edifício, a manutenção de um alto-forno, o desenvolvimento de um *software*, etc. Por outro lado, é bastante óbvio que o esforço "construção de um edifício" é bastante diferente do esforço "desenvolvimento de um *software*". Existe uma ciência que trata do gerenciamento de esforços como os acima chamada *gerenciamento de projetos (Project Management)*, que mostra como diferentes tipos projetos devem ser gerenciados e em que etapas esse gerenciamento se divide.

Projetos de simulação se parecem mais com certos tipos de projetos de desenvolvimento de *software*, cuja principal característica é a baixa estruturação, ou seja, os objetivos podem ser modificados com a evolução do próprio projeto. Para projetos desse tipo, a principal recomendação é, obviamente, a de se evitar ficar alterando os objetivos, pois isso pode implicar aumentos na duração do projeto.

O que é um projeto de simulação bem-sucedido?

Se fizermos essa pergunta a profissionais do ramo, as respostas obtidas certamente estariam entre as que se seguem:

- O cliente/usuário fica satisfeito com o produto recebido;
- O modelo desenvolvido deve:
    - resolver o problema;
    - gastar um tempo aceitável para ser desenvolvido;
    - ter um custo aceitável;
    - ser bem documentado;
    - aceitar alterações de dados do cenário sem alterações no código.

32.2 Etapas de um projeto de simulação

Apresentamos a seguir as etapas comuns a projetos de simulação:

a) Planejamento

- Identificação do problema
- Análise do fenômeno
- Montagem do plano do projeto

b) Execução

- Modelagem
    - Modelagem da situação atual
    - Modelagem da situação do novo cenário
- Validação dos resultados
- Apresentação dos resultados
- Confecção da documentação final

1) Planejamento

Identificação do problema

Esta etapa é certamente crítica. Ao iniciar um trabalho de simulação deve-se saber exatamente o que se deseja produzir. Parece simples, mas geralmente o próprio dono do problema, em suas primeiras abordagens, não o define corretamente. Há uma tendência de imaginar um cenário muito mais amplo do que aquele onde o problema real se encontra. Assim, acreditamos que as sugestões abaixo poderão ajudar nessa tarefa:

- Procure inicialmente descobrir quem é o verdadeiro dono do problema, pois ele é quem pode dizer o que realmente deseja resolver. Tenha cuidado nos envolvimentos com as pessoas que foram destacadas para fornecer os dados, pois é possível que elas não tenham uma perfeita consciência de qual é o problema e tenham uma tendência a aumentar a sua área de abrangência.

- Se o problema for complexo, tente dividi-lo em partes. Evite modelar cenários muito complexos: além de ser uma difícil tarefa de programação, existe maior probabilidade de que os resultados obtidos não sejam confiáveis. Sendo absolutamente necessário, prepare-se para um longo trabalho e, se possível, monte uma equipe (veja seção "A Equipe" à frente).

- Documentação: Ao final dessa etapa, produza o documento **"Definição do problema"**, tendo o cuidado de redigi-lo de uma maneira clara: é fundamental que não haja dúvidas entre executor e cliente quanto ao escopo do problema. Esse documento deve conter a meta e o escopo do projeto:
  - **Meta:** Uma meta é constituída de:
    - O objetivo gerencial: O que se espera resolver com o projeto de simulação. Exemplos:

      "O objetivo deste projeto é produzir um modelo de simulação que permita ao setor de atendimento a clientes uma redução de 30% no tempo de atendimento."

      "O objetivo deste projeto é produzir um modelo de simulação que permita redimensionar o layout e a quantidade de empilhadeiras que operam no setor de funilaria, para as novas metas de produção do automóvel XYZ."
    - O prazo esperado (data de início e de término).
    - O custo esperado.

      Observação: Os valores de prazo e custos deverão ser validados na etapa seguinte.
  - **Escopo:** O escopo de um projeto é o desdobramento do objetivo constante da meta e se divide na descrição de:
    - O que será feito: Exemplo: quais cenários serão analisados e quais documentos serão produzidos.
    - O que não será feito: Para não deixar dúvidas pendentes ao redigir o item anterior.

A etapa de "identificação do problema" costuma ser bastante rápida (um a dois dias), mas para projetos de simulação é sujeita a erros. Por isso, necessita ser validada, o que é feito na etapa seguinte.

Análise do fenômeno

Esta etapa pode ser dividida em três subetapas:

a) Coleta de dados do sistema a ser simulado, constituído de:

- *Layout* (preferencialmente algum desenho já pronto e arquivos tipo AutoCad ou Visio) mostrando localização de equipamentos, fluxos, filas, estocagens, etc.

- Identificação dos equipamentos e seus tempos de processamento;
- Identificação dos fluxos no sistema, suas distâncias e durações;
- Identificação dos transportadores;
- Produção e produtividade do cenário atual;
- Se adequado, deve-se levantar também dados das principais anomalias atuais (exemplos: perdas, congestionamentos, dificuldades de manuseio, etc.) existentes no cenário atual.

b) Validação da "identificação do problema": Após o levantamento de dados anterior, se procurará validar a coerência da meta e do escopo, ou seja, se o trabalho é passível de ser efetuado.

c) Confecção de um protótipo mostrando como o sistema será modelado.

Ao final dessa etapa, deve-se conseguir a aprovação do cliente/usuário antes de se partir para a próxima etapa.

Montagem do plano do projeto

a) Com base nos dados anteriores, é possível confeccionar a *versão inicial* do **"plano do projeto"** [1]. Este documento é constituído de:

- Meta do projeto (revista);
- Escopo do projeto (revisto);
- Plano de ação ou cronograma das atividades (veja FIG. 32.1, onde a unidade de tempo maior é mês, e a menor, semana);
- Equipe do projeto: relação de pessoas e sua dedicação ao projeto ("tempo integral" ou "tempo parcial");
- Conteúdo da documentação a ser produzida ao final do projeto;
- Análise de riscos e contramedidas.

Uma cópia desse documento (excluindo-se a seção sobre análise de riscos) deve ser entregue ao "dono do problema" para receber a aprovação.

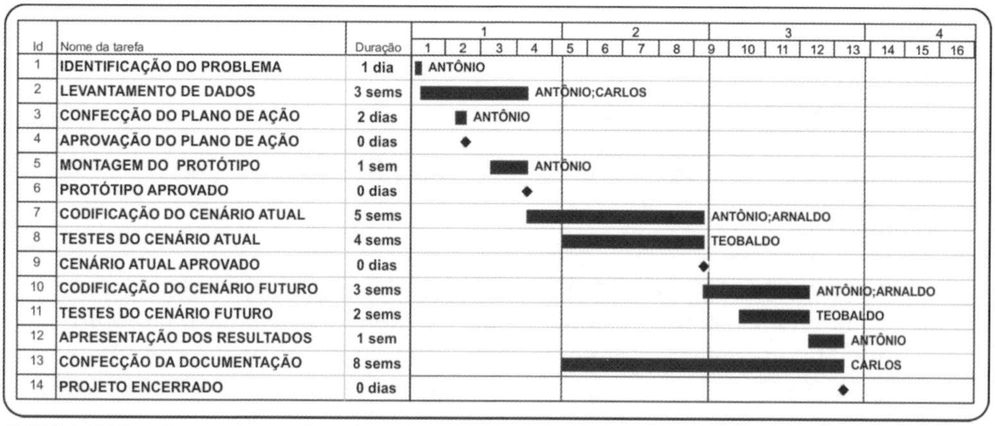

FIGURA 32.1 – O cronograma (ou plano de ação) para o projeto

2) Execução do plano de ação

Modelagem do sistema atual

A simulação de sistemas pode ser dividida em dois grandes grupos com relação à existência ou não de um sistema atual:

- Deseja-se alterar o sistema atual existente;
- Deseja-se criar um sistema novo, e não existe nenhum sistema em funcionamento atualmente.

Com relação ao primeiro caso, podemos dividi-lo nas seguintes classes:

- Melhorar o seu funcionamento;
- Incluir alterações;
- Incluir ampliações.

Antes de simular o cenário da situação futura, deve-se simular a situação atual, como forma de compreender corretamente o cenário existente e como forma de ter certeza de que o modelo da situação futura está assentado em uma base sólida.

Já o segundo caso (inexistência de cenário atual) é mais difícil e exige um cuidado redobrado na execução das etapas da modelagem e validação de resultados.

Preparo do cenário

Antes de começar efetivamente a programar, devemos montar o cenário. Essa etapa vai facilitar muito o processo de programação. Esse assunto já foi abordado no capítulo 10 – *Animação de cenários* e recomendamos agora uma leitura do item "Etapas para se criar um modelo ARENA", subitens:

- Criando o *Layout* do sistema a ser simulado;
- Criando tabelas dos elementos da simulação.

Programação

Este assunto também já foi abordado em diversos capítulos anteriores. Alertamos sobre a importância de, simultaneamente ao desenvolvimento da programação com o ARENA, ir confeccionando o "manual do modelo" (inclui descrição da lógica, descrição de todas as variáveis utilizadas no modelo, etc.). A ferramenta apropriada é um editor de textos (tal como o MS Word). Em casos de modelos complexos (de lógica complexa ou nos quais se gasta mais de três meses no desenvolvimento), esta documentação se mostra de extrema importância.

Validação dos resultados

Os resultados devem ser validados para checar a sua correção. Esse processo deve ser efetuado diversas vezes, conforme avança o desenvolvimento do modelo. Um representante do cliente/usuário deve participar da análise dos resultados. Ao final, quando o modelo apresentar os resultados finais para a tomada de decisão, ele deve ser apresentado ao dono do problema.

Apresentação dos resultados

Parte desta etapa já foi feita na etapa anterior. Aqui estamos nos referindo à última apresentação ao cliente. Os resultados finais devem ser apresentados ao cliente/usuário nas seguintes formas:

- Visualização (usando os próprios recursos de animação do ARENA).
- "Relatório personalizado" de resultados (veja capítulo 28 – *Acesso a arquivos*).
- Relatório final.

A visualização é muito poderosa para convencer o usuário/cliente da correção do modelo criado. O "relatório personalizado" é a consolidação dos resultados na forma impressa. Preferencialmente, ele deve ser produzido em um formato capaz de ser perfeitamente compreendido pelo usuário/cliente. Para isso, veja o exemplo de relatório produzido por Read2.doe (capítulo 28 – *Acesso a arquivos*). O "relatório final" mostra as conclusões a que se chegou com a simulação. Preferencialmente, os dados dos relatórios devem ser resumidos em uma palestra, confeccionada com um *software* específico, tipo "MS Power Point".

Confecção da documentação final

Uma vez que os resultados apresentados ao cliente/usuário foram aceitos, deve-se produzir a versão definitiva da documentação do trabalho. O material a ser produzido é composto de:

- Manual "Guia do usuário";
- Manual "Descrição do modelo" (inclui descrição da lógica, de todas as variáveis utilizadas no modelo, etc.);
- Manual "Resultados dos testes efetuados";
- Descrição do "Relatório personalizado" de resultados obtidos na simulação;
- Relatório final;
- Disquetes ou CDs com o modelo ARENA.

Criando um "simulador"

Quando tudo estiver pronto, crie um "simulador", ou seja, uma *cópia executável* do modelo ARENA. Conforme vimos no capítulo anterior, essa cópia funciona sem necessidade da chave do produto (veja também Apêndice F). Assim, caso o modelo tenha sido preparado para rodar diferentes cenários com base em uma leitura de um arquivo de dados, ele poderá ser útil por muito tempo.

Natureza cíclica de um projeto de simulação

A sequência de etapas mostrada na FIG. 32.1 dá a ideia de que um projeto de simulação é constituído de um conjunto de etapas sequenciais, tal como na construção de um prédio. Isso geralmente não ocorre, pois tal como no desenvolvimento de qualquer *software*, os projetos de simulação têm uma natureza fortemente cíclica, ou seja, as etapas são repetidas ao se descobrir dados novos que invalidam as premissas antigas. Assim, a sequência de etapas de um projeto de simulação mais se assemelha a uma espiral tridimensional. Há que estar preparado para aceitar esse fato, mas há que ter o cuidado de evitar o excesso de alterações, que podem implicar longos prazos que desmoralizam o trabalho e a equipe.

32.3 A equipe

Modelos pequenos ou médios de simulação podem ser enfrentados com sucesso por uma única pessoa. Modelos grandes e complexos podem exigir um trabalho em equipe. Conforme dissemos no item anterior, deve-se evitar modelar cenários complexos, por exemplo, **toda** a fábrica de automóveis. Projetos desse tipo podem consumir até 12 meses de trabalho integral de uma equipe de 5 pessoas. Para os casos em que isso seja absolutamente necessário, fornecemos, a seguir, uma sugestão para a composição da equipe.

a) Equipe desenvolvedora do modelo ARENA:

- **Arquiteto ou analista de sistemas:** É responsável pelo levantamento de dados e criação da ideia da solução a ser modelada em ARENA. Geralmente essa função é exercida pelo programador principal (sênior).
- **Programadores:** Preferencialmente um modelo complexo deve ser programado em um esforço simultâneo de duas pessoas, em que um atua como "piloto" e o outro como "copiloto", conferindo o trabalho do piloto a todo instante (ou seja, a programação é feita por duas pessoas ao mesmo tempo). Essas posições podem ser alternadas com o desenrolar do trabalho. A importância dessa sugestão pode ser mais bem observada após um mês de trabalhos, quando a quantidade de programação efetuada já é significativa e fica difícil memorizar tudo.
- **Programadores auxiliares:** É conveniente a existência de programadores auxiliares para criar pequenas lógicas que atendam as necessidades do modelo principal.
- **Relator:** É conveniente a existência de um profissional para efetuar a documentação de:
  - cenários;
  - dados de funcionamento do cenário real;
  - dados do programa;
  - documentação final.
- **Testador:** É conveniente a presença de um profissional para efetuar testes no modelo. Preferencialmente os testes mais avançados devem ser efetuados na presença de um representante do cliente.

b) Equipe de apoio do cliente

Esta equipe, trabalhando em "tempo parcial", atuará junto com a equipe anterior nas fases de "levantamento de dados" e "testes".

Projetos pequenos e simples certamente não necessitam de uma equipe dessa dimensão. Assim, um projeto pequeno e simples (2 semanas de duração) pode ser realizado por uma única pessoa, e a documentação pode ser muito simplificada. Por outro lado, entregar um projeto grande e complexo para uma única pessoa, mesmo que ela seja "fora de série", é correr riscos que envolvem a qualidade dos resultados e a duração do projeto. A experiência, o profissionalismo e o bom senso são fundamentais no momento de iniciar um projeto de simulação.

Referências

1 Prado, D. *Planejamento e Controle de Projetos*. 8ª ed. Nova Lima: Editora Falconi, 2014

Bibliografia

Bibliografia

BARTON, R. F. *Manual de simulação e jogo*. Petrópolis: Vozes, 1971.

GORDON, G. *System Simulation*. New Jersey: Prentice-Hall, 1969.

GREENBERG, S. *GPSS Primer*. New Jersey: Wiley Interscience, 1972.

IBM. *Analysis of Some Queueing Models in Real-Time Systems*. GF20-0007.

KEINROCK, L. *Queueing Systems*. New Jersey: John Wiley & Sons, 1976, 2 v.

KELTON, W. D.; LAW, A. M. *Simulation Modeling and Analysis*. 2nd ed. New York: Mc Graw-Hill, 1991.

NAYLOR, T. H. et al. *Computer Simulation Techniques*. New Jersey: John Wiley & Sons, 1966.

PARAGON. *Introdução à simulação com o Arena 5.0*. Publicação interna, 2001.

PEGDEN, C. D. et al. *Introduction to Simulation Using Siman*. New York: McGraw Hill, 1995.

PRADO, D. *Planejamento e controle de projetos*. 8ª ed. Nova Lima: Editora Falconi, 2014.

PRADO, D. *Teoria das filas e da simulação*. 5ª ed. Nova Lima: Editora Falconi, 2020.

REITMAN, J. *Computer Simulation Applications*. New Jersey: Wiley Interscience, 1971.

ROCKWELL SOFTWARE. *Manuais do ARENA*. 2019.

SALIBY, E. *Repensando a simulação - a amostra descritiva*. São Paulo: Atlas, 1989.

SYSTEMS MODELLING. *Manuais do ARENA*, 2001.

Apêndice A

Variáveis do ARENA

Apêndice A: Variáveis do ARENA

Para cada modelo desenvolvido, o ARENA cria automaticamente variáveis relacionadas com o tamanho da fila, a taxa de ocupação de servidor, etc. Durante a execução do modelo, o ARENA automaticamente atualiza os valores dessas variáveis. Por exemplo, uma vez inserido o bloco PROCESS para o recurso costureira na área de trabalho e fornecido seu nome (veja exemplo Cenario3.doe), o ARENA criou automaticamente variáveis tais como:

- NQ(Processo Costura.Queue): valor instantâneo do tamanho da fila.
- Costureira.Utilization: taxa de ocupação instantânea do servidor.

Assim, podemos fazer referência a essas variáveis ao criar gráficos ou efetuar cálculos, etc. O conhecimento e o uso das variáveis do ARENA é **absolutamente** importante para o programador experiente que trabalha com modelos complexos.

Descobrindo os nomes das variáveis de um modelo

O ARENA tem um recurso muito conveniente para se obter o nome de qualquer variável disponível para um modelo. Por exemplo, considere a construção do gráfico do tamanho instantâneo da fila existente em frente à costureira. Efetue os seguintes passos (veja o exemplo Cenario3.doe). Clique no ícone *Plot* e execute estas ações (siga a numeração da FIG. A.1):

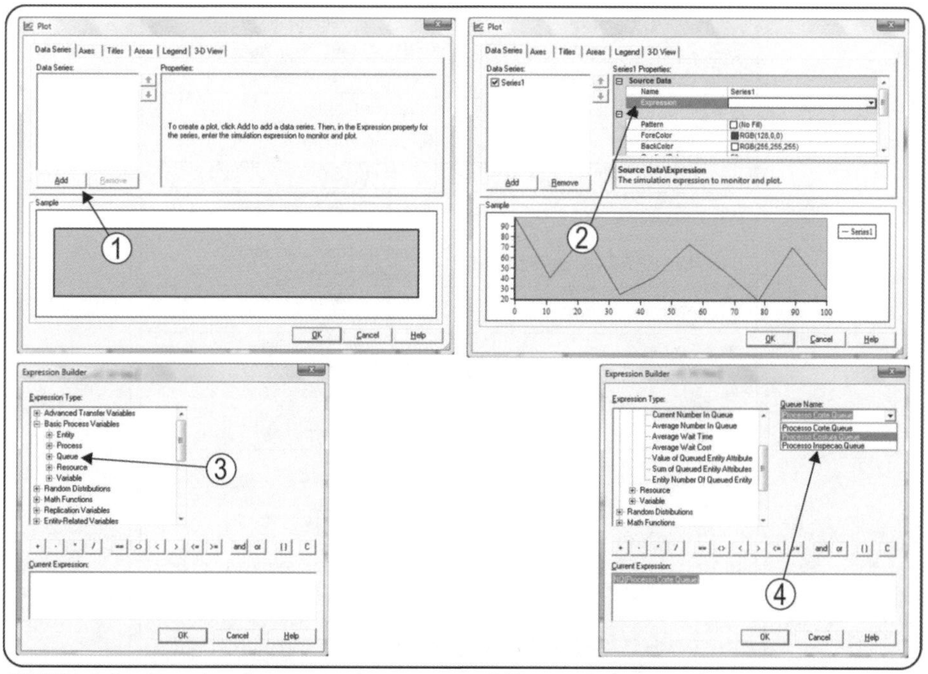

FIGURA A.1 – Descobrindo o nome de uma variável (Cenario3.doe)

1) Clique em *ADD*.

2) Na tela que surge, espaço *Source Data*, campo *Expression*, clique na seta-para baixo do espaço vazio. Escolha ***Build Expression.***

3) Na tela que surge, localize Queue e clique no sinal +. Procure por *Current Number in Queue*, ou seja, o tamanho instantâneo da fila.

4) Localize no campo *Queue Name* para qual atendente se refere a fila ("Processo Costura.Queue".).

5) Continue montando o gráfico.

Outras opções

O recurso mostrado anteriormente não esgota todas as opções. Temos ainda as seguintes fontes de informação:

- Ajuda *(help)*;
- Manuais *online* distribuídos junto com o material disponível na internet (veja Apêndice B).

Alguns exemplos

Mostramos a seguir alguns exemplos referentes ao modelo Cenario2.doe.

Exemplos	Significado
Filas	
(NQ(Processo Costura.Queue)	Tamanho da fila no momento
DAVG (Processo Costura. Queue)	Tempo médio da fila
TAVG (Processo Costura.Queue)	Tempo médio na fila
Recursos	
(MR (Costureira)	Total de costureiras (capacidade de atendimento)
DAVG (COSTUREIRA.NumberScheduled)	Número médio de costureiras designadas para trabalhar
NR (Costureira)	Total de costureiras ocupadas no momento
NP (Costureira)	Número médio de costureiras ocupadas
NP (Costureira)	Número de entidades a caminho do recurso costureira (ainda não chegaram a ocupar a fila)
ResUtil (COSTUREIRA)	Utilização corrente
Geral	
TNOW	Tempo no momento (relógio de simulação)
MREP	Número máximo de replicações
NREP	Número da replicação atual
TFIN	Tempo de duração da simulação
Outras	
ANINT (Custo_por_Navio)	Arredondamento para número inteiro

Apêndice B

Material disponível na internet

Apêndice B: Material disponível na internet

Após instalado todo o conteúdo do material disponível na internet, conforme instruções apresentadas no Apêndice F, teremos os seguintes diretórios no disco rígido:

- *C:\Arquivo de Programas\Rockwell Software\Arena* e subdiretórios:
  - *Add-ins*
  - *Examples*
  - *Online Books*
  - *Reports*
  - *SFImages*
  - *Smarts*
  - *Template*
- *C:\Livro_Arena15:*
  - *C:\Livro_Arena15\Demonstracao:* contém os 5 exemplos de demonstração apresentados neste livro.
  - *C:\Livro_Arena15\Exemplos:* contém os 50 exemplos e 5 arquivos de dados apresentados neste livro;
  - C:\Livro_Arena15\Exercicios: contém as soluções dos 70 exercícios propostos neste livro (modelos ARENA e arquivos de dados);

A seguir temos a lista dos arquivos de modelos mencionados neste livro.

Capítulo	Título do capítulo	Exemplos citados no capítulo
3	Modelos de demonstração	Banco.doe, Mina.doe, Porto.doe, Sala.doe, Patio.doe
4	Os espaços do ARENA	
5	Constr. um modelo simples	Pedagio.doe
6	Relatórios do ARENA	
7	Efetuando Alt. no modelo	Pedagioc.doe, Pedagiod,doe
8	A estação de trabalho	Station1.doe
9	O módulo Decide	Decide1.doe
10	Animação de cenários	Cenario1.doe
11	Animação de estatísticas	Cenario2.doe
12	Os módulos Assign e Variables	Assign1 e Matriz1
13	Trabalhando com atributos	Transito.doe, Cenario3.doe
14	Desvios e escolhas	Choose1.doe, Choose2.doe, Pickst1.doe, Pickst2.doe
15	Navegação	
16	Transportadores	Transp1.doe, Transp2.doe
17	Correias transportadoras	Correia1.doe
18	Rotas de sequência	Seq1.doe, Seq2.doe
19	Interrupções no serviço	Parada1.doe, Parada2.doe
20	Prioridades	Prioridade1.doe, Prioridade2.doe
21	Junção e desmembramento	Batch1.doe, Batch2.doe
22	Análise de dados de entrada	Pedagio.doe
23	Análise de dados de saída	Fabrica_Roupa.doe
24	Conjuntos e Progr. literal	Conjunto1.doe
25	Expressões	Expressao1.doe
26	Sincronismo	Sinc1.doe, Sinc2.doe
27	Lógica de controle	Controle1.doe, Controle1a.doe, Controle1b.doe, Controle1c.doe, Controle2.doe
28	Acesso a arquivos	Read1.doe, Read2.doe, Read3.doe, Read4.doe
29	Valores financeiros	Valor1.doe, Valor2.doe
30	Estocagem intermediária	Estoq1.doe, Estoq1A.doe e Estoq.1B.doe
31	Ferramentas úteis	VBA1.doe
32	Algumas sugestões para a modelagem	

A seguir temos a lista dos arquivos de dados utilizados neste livro:

Capítulo	Título do capítulo	Arquivos de dados
22	Análise de dados de entrada	Chegada.dst, Chegada2.dst, Atendim.dst, Ex211.dst, Ex212.dst
28	Acesso a arquivos	Read2.TXT, Read4.TXT, VBA1.TXT Ex221.dst, Ex222.dst

Apêndice C

Diretórios úteis

Apêndice C: Diretórios úteis

Após instalado, o ARENA Versão disponibiliza diversos diretórios de conteúdo bastante úteis:

- Livros *online*;
- Exemplos completos;
- Exemplos específicos.

Livros *online*

O diretório

`C:\Arquivo de Programas\Rockwell Software\Arena\Online books`

contém os seguintes manuais:

- Arena Basic Edition User´s Guide
- Arena Contact Center Edition User´s Guide
- Arena Factory Analyser User´s Guide
- Arena Packing Edition User´s Guide
- Arena Professional Edition Reference User´s Guide
- Arena Standard Edition User´s Guide
- Arena Variables Guide
- Optquest for Arena User´s Guide

Para seu uso é necessário o utilitário Adobe Reader.

Exemplos

O diretório

`C:\Arquivo de Programas\Rockwell Software\Arena\Examples`

contém diversos exemplos completos sobre o uso do ARENA em ambientes da vida real distribuídos pelas áreas:

- ContactCenter
- FactoryAnalyser
- Packing

Arquivos Smart

O diretório

`C:\Arquivo de Programas\Rockwell Software\Arena\Smarts`

contém diversos exemplos específicos sobre o uso do ARENA distribuídos pelas áreas:

- ContactCenter
- FactoryAnalyser
- Packing

Apêndice D

Solução dos exercícios

Apêndice D: Solução dos exercícios

A solução dos exercícios encontra-se no diretório (vide o apêndice Instalação):

C:\Livro_Arena15\Exercicios

O nome genérico de cada arquivo é Exccn.doe, em que "cc" é o número do capítulo, e "n" é o número do exercício.

Capítulo 7

3) Veja Ex073.doe

Taxa de ocupação do porto: 79% (Relatório Resources)

Tamanho médio da fila: 1,36 navio (Relatório Queues)

Tempo médio na fila: 10,38 horas (Relatório Queues)

4) Veja Ex074.doe

Tamanho médio da fila: 0,71 geladeira (Relatório Queues)

Capítulo 8

1) Veja Ex081.doe

2) Veja Ex082.doe

Capítulo 9

1) Veja EX091.doe

Servidor	NF (Queues)	Taxa de ocupação (Relatório resources)	TF (Queues)
Produção	2,45	0,91	49,47
Inspeção	0,03	0,77	0,67
Reparo	0,00	0,26	0,00

O tempo para produzir uma peça é de 98,29 minutos (Relatório *Entities*, coluna *Total Time*).

2) Veja EX092.doe

Servidor	NF	TF
Corte	13,10	196,47
Costura	0,39	4,52
Inspeção	0.00	0,04

Motivo das diferenças: tamanho da amostra. Para se ter maior segurança nos cálculos deveria ser utilizada a replicação de diversos dias.

3) Veja EX093.doe

Servidor	NF	TF
Cabelo	0,16	1,46
Unha	0,01	0,44

O tempo no sistema é 24,49 minutos (relatório *Entities*).

Total de clientes: 45 (em 8 horas) (relatório *Entities*).

4) Veja EX094.doe

a)

Servidor	TF	NF	Ocupação
1	4,66	0,76	0,65
2	0,21	0,02	0,21
3	5,54	1,45	0,81

b) Para o sistema como um todo, temos:

NS (Número Médio no Sistema)= 3,89 (Relatório *Entities*, página 2, campo WIP – Within Process).

TS = 14,90 (Coluna *Total Time* do relatório *Entities*).

5) Veja EX095.doe

Quantidade de atendentes			Tamanho da fila (NF)		
S.1	S.2	S.3	Servidor 1	Servidor 2	Servidor 3
2	1	2	2,44	0,16	5,56
3	1	2	0,37	0,12	6,75
3	1	3	0,29	0,14	0,24

Portanto, a quantidade de atendentes em cada estação de trabalho, para atender ao solicitado, está mostrada na última linha da tabela acima.

6) Veja EX096.doe

Foram testadas as seguintes opções:

Opção	S1	S2	S3	NS	Custo atendentes	Custo peça parada	Custo total
1	2	1	2	12,15	25,00	97,20	122,20
2	3	1	2	11,09	30,00	88,72	118,72
3	3	1	3	4,50	35,00	36,00	71,00
4	4	1	3	4,30	40,00	34,40	74,40
5	4	1	4	3,59	45,00	28,72	73,720

Conclusão: o dimensionamento de menor custo é o da Opção 3.

Observações:

NS (Número médio no sistema) foi obtido do relatório *Entities*, página 2, campo WIP.

O custo da peça parada é igual a NS * 8.

Capítulo 10

1) Veja Ex101.doe

2) Veja Ex102.doe

3) Veja Ex103.doe

Capítulo 11

1) Veja Ex111.doe

2) Veja Ex112.doe

3) Veja Ex113.doe

Solução: Corte=1, Costura=4 e Inspeção=1

Capítulo 12

1) Veja Ex121.doe

2) Veja Ex122.doe

Capítulo 13

1) Veja Ex131.doe

2) Veja Ex132.doe

Capítulo 14

1) Veja Ex141.doe

2) Veja Ex142_a.doe: o novo critério privilegia fortemente a Plataforma 1.

   Veja Ex142_b.doe: o novo critério privilegia fortemente a Plataforma 1.

3) Veja Ex143.doe: o novo critério ocasionou formação de fila em frente a cada plataforma.

Capítulo 15

1) Veja Ex151.doe

Capítulo 16

1) Veja Ex161.doe

2) a) Veja Ex162A.doe

b) Veja Ex162b.doe: Um transportador de velocidade 0,3 m/seg não é adequado ao modelo visto que a fila de entrada para o transportador (após a Maq. A) aumenta de tamanho indefinidamente, o que exigiria um enorme espaço de estocagem.

3) Veja Ex163.doe

4) Veja Ex164.doe

Capítulo 17

1) Veja Ex171.doe

2) a) Veja Ex172a.doe – Produção: 311 peças

b) Veja Ex172b.doe – Produção: 286 peças

Capítulo 18

1) Veja Ex181.doe

2) Veja Ex182.doe

Tamanho da fila nas bombas:

Gasolina comum: 1,35

Gasolina especial: 0,40

Diesel: 0,46

Capítulo 19

1) Veja Ex191.doe

2) Veja Ex192.doe

3) Veja Ex193.doe

Tamanho Médio da Fila: Máq.1: 1,59 Máq.2: 3,61

4) Veja Ex194.doe

Recurso	Quantidade (capacity)	Ocupado *(Inst Util)*	Disponível *(Num Sched)*	Utilização *(Sched Util)*
Operador (Maq1)	1	0,78	94%	0,83
Maquinas 2	2	0,96	100%	0,96

5) Veja Ex195.doe

Recurso	Quantidade (capacity)	Ocupado *(Inst Util)*	Disponível *(Num Sched)*	Utilização *(Sched Util)*
Operador (Maq1)	1	0,73	93%	0,78
Maquinas 2	2	0,88	100%	0,88

6) Veja Ex196.doe

Taxa de ocupação das máquinas:

Recurso	Quantidade (capacity)	Ocupado *(Inst Util)*	Disponível *(Num Sched)*	Utilização *(Sched Util)*
Máquina A	1	0,69	100%	0,69
Máquina B	2	0,63	100%	0,63

Capítulo 20

1) Veja Ex201.doe

Capítulo 21

1) Veja Ex211.doe

2) Veja Ex212.doe

Capítulo 22

1) Melhor distribuição: Beta

Expressão: 3 + 27 * BETA(1.17, 3.33)

2) Melhor distribuição: Erlang

Expressão: -0.5 + ERLA(1.1, 5)

Capítulo 23

1) Gargalo na estação costura.

Capítulo 24

1) Veja Ex241.doe

2) Veja Ex242.doe

Capítulo 25

1) Veja Ex251.doe

Capítulo 26

1) Veja Ex261.doe – duas empilhadeiras são suficientes.

2) Veja Ex262.doe

Capítulo 27

1) Veja Ex271.doe

2) Veja Ex272.doe

Capítulo 28

1) Veja Ex281.doe – Fila média = 3,2

2) Veja Ex282.doe

3) Veja Ex283.doe

Capítulo 29

1) Veja Ex291.doe

	2 cais	3 cais
Custo fixo	2.160.000	2.160.00
Custo operacional	1.548.000	1.602.000
Custo de multas	17.773.928	619.156
Custo total	21.481.928	4.381.156
Navios atendidos	344	356
Custo por navio	**62.447**	**12.307**
Faturamento total	16.168.000	16.732.000
Lucro total	-5.313.928	12.350.844
Lucro por navio	**-15.447**	**34.692**

2) Veja Ex292.doe

	2 cais	3 cais
Custo fixo	2.160.000	2.160.000
Custo operacional	913.500	891.000
Custo de multas	1.142.659	14.506
Custo total	4.216.159	3.065.506
Navios atendidos	203	198
Custo por navio	**20.762**	**15.482**
Faturamento total	9.541.000	9.306.000
Lucro total	5.324.840	6.240.493
Lucro por navio	**26.231**	**31.518**

3) Veja Ex293.doe – Lucro Bruto Total: R$624.040,00

Capítulo 30

Veja Ex301a.doe – Produção: 144

Veja Ex301b.doe – Produção: 284

Veja Ex301c.doe – Produção: 284

Veja Ex301d.doe – Produção: 426

Apêndice E

Trabalhos práticos

Apêndice E: Trabalhos práticos

Aos professores que adotarem este livro em seus cursos, sugerimos os trabalhos práticos mostrados a seguir:

- Trabalho 1: Abrange os capítulos 1 a 11.
- Trabalho 2: Abrange os capítulos 12 a 14.

Trabalho prático 1 (TP-1)

Em um setor de uma fábrica, o produto que está sendo fabricado chega para receber componentes adicionais por meio de um instalador. Após instalados os componentes, o produto é inspecionado por um profissional qualificado. Os produtos que passam na inspeção vão para outro setor da fábrica, e os que são rejeitados (20%) vão para um setor de reparo, após o que também vão para o outro setor. Os dados do cenário atual são os seguintes:

- A cada EXPO(40) minutos chega um novo produto ao setor (exponencial negativa).
- O instalador gasta UNIF(25,30) para instalar os componentes.
- O inspetor gasta UNIF(5,10) para inspecionar o trabalho realizado.
- O reparador gasta UNIF(5,15) para efetuar os reparos necessários.
- Todos os tempos de deslocamentos são iguais a 1 minuto.

É previsto um aumento das vendas, e o novo intervalo entre chegadas está mostrado na tabela abaixo, na qual mostramos, para cada valor do último dígito da matrícula do estudante, o correspondente valor do intervalo médio entre chegadas:

Matrícula	0	1	2	3	4	5	6	7	8	9
Intervalo	5	6	7	8	9	10	11	12	13	14

Pede-se:

Redimensione, para o cenário futuro, a quantidade de funcionários de cada seção de modo que a **fila máxima seja menor ou igual a 4.**

- Adicione animação de cenário ao modelo, mostrando: Título/ rotas do produto/desenho da máquina do operário.
- Adicione animação de estatísticas, mostrando gráfico *(plot)* das filas que se formam antes dos funcionários e mostre ainda um relógio analógico.

Obs.: Efetue a simulação com duração de 480 minutos.

Forneça ao professor o seguinte material:

- A solução do problema (em *pendrive* ou e-mail);
- Relatório do TP, conforme modelo fornecido pelo professor, contendo (veja também modelo instalado conforme instruções do Apêndice F):
  - Nome/matrícula do aluno;
  - Quantidade de atendentes em cada estação de trabalho.
  - Fila média e máxima em cada estação de trabalho e tempo médio em Fila em cada estação de trabalho.
  - Produção obtida em 480 minutos e tempo médio de produção de uma unidade do produto.
  - Relatórios do ARENA para a opção ótima encontrada:
    - ❑ Queues
    - ❑ Resources

Trabalho prático 2 (TP-2)

O setor de escavação e britagem de uma mineração é constituído dos seguintes equipamentos (veja figura), cujas quantidades mostramos a seguir:

- Escavadeiras (escavam o minério e o colocam nos caminhões);
- Caminhões (transportam o minério entre a escavadeira e o britador);
- Britador (recebe o minério dos caminhões, brita e o envia para processamento).

A mineração inicia seu funcionamento à 0:00 horas e trabalha 24 horas/dia. O tempo de carga de um caminhão pela escavadeira é de TRIA(3,4,7) minutos, e o tempo de descarga da carga do caminhão no britador é de TRIA(2,3,4). A mina tem o seguinte *layout*:

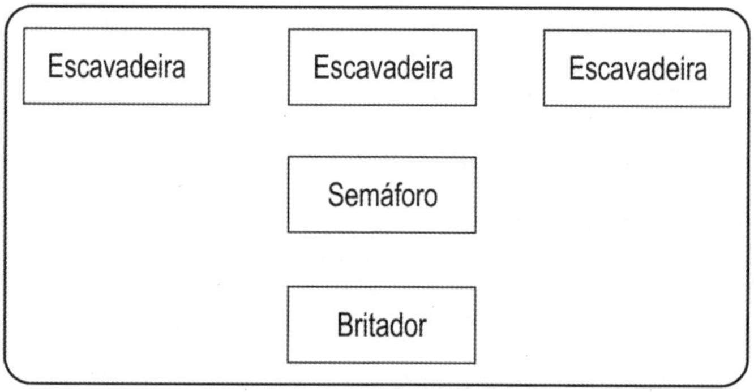

Quando um caminhão sai do britador e chega ao semáforo, ele recebe a instrução de para onde deve se dirigir, cujo critério é: menor fila + menor número de caminhões em trânsito + escavadeira livre.

Os tempos de deslocamento são (em minutos):

Origem	Destino	Tempo
Britador	Semáforo	UNIF(1,2)
Semáforo	Escavadeira	UNIF(2,4)
Escavadeira	Britador	UNIF(6,10)

As quantidades de equipamentos são as seguintes ("Matrícula" é o último dígito da matrícula do aluno):

Matrícula	Britadores	Escavadeiras	Caminhões
0	1	2	5
1	1	3	5
2	1	2	6
3	1	3	6
4	2	3	6
5	2	3	7
6	2	3	8
7	2	3	9
8	2	3	10
9	2	4	10

Pede-se:

- Simule 10 dias (14.400 minutos)
- Após acertar o modelo, obtenha o relatório (sugestão: rode sem animação)
- Monte a lógica separada da animação e crie *menus* conforme capítulo 14.

- Utilize os recursos de animação apresentados nos capítulos 6 e 7.

Forneça ao professor o seguinte material

- A solução do problema (em pendrive ou e-mail);
- Relatório do TP, conforme modelo fornecido pelo professor, contendo (veja também modelo instalado conforme instruções do Apêndice F):
  - A quantidade de viagens efetuadas em 10 dias.
  - A quantidade de viagens/dia.
  - A quantidade de viagens/dia/caminhão.
  - A duração do ciclo do caminhão.
  - Fila média e máxima em cada estação de trabalho.
  - Tempo médio em fila em cada estação de trabalho.
  - Relatórios do ARENA para a opção ótima encontrada:
    - ❑ Queues
    - ❑ Resources
- Pergunta-se: O dimensionamento fornecido é adequado? Para responder essa pergunta, considere a possibilidade de:
  - Obter a máxima produção;
  - Manter cada caminhão efetuando no mínimo 50 viagens por dia.

Apêndice F

Instalação do ARENA

Apêndice F: Instalação do ARENA

O ARENA é distribuído nas seguintes versões:

- *Training / Evaluation (Student):* Tem limitada capacidade de modelagem no que se refere à quantidade de entidades e servidores em ação. É a versão que acompanha este livro;
- *Academic:* Também chamado de Microlab, tem capacidade um pouco superior à versão anterior;
- *Standard;*
- *Professional:* Inclui a possibilidade de se criarem *templates*.

A diferença entre as versões reside nas limitações de processamento para as versões Training e Academic, e não há limites para as versões *Standard* ou *Professional*. Além dessas opções, a *Rockwell Software* comercializa *templates* de indústria, para melhor adaptar o produto a uma determinada indústria.

Instalando o ARENA, Versão 15.10.01 "Training / Evaluation" sob Windows 8 e 10 (versão 32 bits)

No site da Falconi Editora temos alguns conteúdos complementares a este livro. Para acessar o diretório que contém os arquivos do Arena, acesse o *link*:

https://falconi.com/editora/usando_arena_6a_edicao.html

Realize o *download* do "Arena 15" em um diretório a sua escolha. O tempo de *download* pode variar dependendo das características da rede e pode ser, até mesmo, bastante expressivo (por exemplo, até 1 hora). A seguir, procure o arquivo **"Setup.exe"** que se encontra nos subdiretórios **Arena15 > Arena15 > Install > Arena** e siga os procedimentos que serão apresentados para a instalação do software.

Recomenda-se que o ARENA seja instalado em uma pasta diferente das versões anteriores e que isso seja feito em um *drive* com pelo menos 2 GB de espaço disponível. Outras informações podem ser obtidas com a empresa Paragon (representante do programa para a América Latina), fone (0xx11)3849-8757 ou no e-mail <helpdesk@paragon.com.br>

Obtendo os arquivos de exemplos, exercícios e demonstrações

Ainda no mesmo site da Falconi Editora

https://falconi.com/editora/usando_arena_6a_edicao.html

escolha a opção "Arquivos Arena 15" para efetuar um *download* em um diretório a sua escolha. Após isso, execute o arquivo **"ArquivosArena15.exe"**. Serão criados os seguintes diretórios em seu computador contendo todos os arquivos citados no livro:

- C:\Livro_Arena15\Demonstracao
- C:\Livro_Arena15\Exemplos
- C:\Livro_Arena15\Exercicios

Apêndice G

Índice remissivo

Apêndice G: Índice remissivo

A

C

U

V